Vorläufige Beurteilung des Internen Kontrollsystems
im Rahmen der Jahresabschlußprüfung

Europäische Hochschulschriften
Publications Universitaires Européennes
European University Studies

Reihe V
Volks- und Betriebswirtschaft

Série V   Series V
Sciences économiques, gestion d'entreprise
Economics and Management

Bd./Vol. 2523

PETER LANG
Frankfurt am Main · Berlin · Bern · Bruxelles · New York · Wien

Britta Göckeritz

Vorläufige Beurteilung des Internen Kontrollsystems im Rahmen der Jahresabschlußprüfung

Die Deutsche Bibliothek - CIP-Einheitsaufnahme

Göckeritz, Britta:
Vorläufige Beurteilung des Internen Kontrollsystems im Rahmen der Jahresabschlußprüfung / Britta Göckeritz. - Frankfurt am Main ; Berlin ; Bern ; Bruxelles ; New York ; Wien : Lang, 1999
 (Europäische Hochschulschriften : Reihe 5, Volks- und Betriebswirtschaft ; Bd. 2523)
 Zugl.: Bamberg, Univ., Diss., 1999
 ISBN 3-631-35322-7

Gedruckt auf alterungsbeständigem,
säurefreiem Papier.

D 473
ISSN 0531-7339
ISBN 3-631-35322-7
© Peter Lang GmbH
Europäischer Verlag der Wissenschaften
Frankfurt am Main 1999
Alle Rechte vorbehalten.

Das Werk einschließlich aller seiner Teile ist urheberrechtlich geschützt. Jede Verwertung außerhalb der engen Grenzen des Urheberrechtsgesetzes ist ohne Zustimmung des Verlages unzulässig und strafbar. Das gilt insbesondere für Vervielfältigungen, Übersetzungen, Mikroverfilmungen und die Einspeicherung und Verarbeitung in elektronischen Systemen.

Printed in Germany 1 2 3 4 5 7

Vorwort

Die vorliegende Arbeit, die während meiner Tätigkeit als wissenschaftliche Mitarbeiterin am Lehrstuhl für Betriebswirtschaftslehre, insbesondere Betriebliche Steuerlehre und Wirtschaftsprüfung, der Otto-Friedrich-Universität Bamberg entstand, wurde von der Fakultät Sozial- und Wirtschaftswissenschaften der Universität Bamberg im Sommersemester 1999 als Dissertation angenommen. Das Manuskript wurde im März 1999 abgeschlossen.

Zu besonderem Dank bin ich dem Lehrstuhlinhaber, Herrn Wirtschaftsprüfer und Steuerberater Professor Dr. Peter Kupsch verpflichtet, der durch seine motivierende, wissenschaftliche Betreuung und großzügige Unterstützung die Entstehung und den Abschluß dieser Arbeit entscheidend gefördert hat. Für die freundliche Übernahme und rasche Erstellung des Zweitgutachtens danke ich Herrn Professor Dr. Elmar Sinz, Inhaber des Lehrstuhls für Wirtschaftsinformatik, insbesondere Systementwicklung und Datenbankanwendung an der Universität Bamberg.

Meine ehemaligen Kolleginnen und Kollegen am Lehrstuhl für Betriebswirtschaftslehre, insbesondere Betriebliche Steuerlehre und Wirtschaftsprüfung, haben mich in fachlicher und persönlicher Hinsicht sehr unterstützt. Neben den Anregungen und der stetigen Diskussionsbereitschaft von Frau Dipl.-Kffr. Gabi Rautenstrauch, Frau Dipl.-Kffr. Heike Strauß und Herrn Dr. Frank Achtert war mir die konstruktive Kritik von Herrn Dipl.-Kfm. Bernd Kliem und Herrn Dipl.-Kfm. Matthias Keim besonders wertvoll.

Ganz besonders danken möchte ich meiner Familie und meinem Freund Matthias, deren Verständnis und Unterstützung wesentlich zum Gelingen dieser Arbeit beigetragen haben.

Inhaltsverzeichnis

Abkürzungsverzeichnis IX
Abbildungsverzeichnis XIII
Tabellenverzeichnis XV

1 Organisation, Überwachung und Jahresabschlußprüfung 1
   1.1 Ordnungsorientierte Überwachung 1
      1.1.1 Überwachung als Teilprozeß betrieblicher Aufgaben-
           erfüllung 1
      1.1.2 Organisationsüberwachung als Element des Organi-
           sationsprozesses 3
      1.1.3 Das ordnungsorientierte Überwachungssystem als
           Objekt organisatorischer Gestaltung 5
   1.2 Ordnungsorientiertes Überwachungssystem als Gegen-
      stand der Jahresabschlußprüfung 10
   1.3 Beziehungen zwischen dem Organisationsprozeß des
      Internen Kontrollsystems und seiner Prüfung im Rah-
      men der Jahresabschlußprüfung 14
   1.4 Problemstellung und Gang der Untersuchung 20

2 Anforderungen an das Interne Kontrollsystem 23
   2.1 Zielsystem 23
      2.1.1 Zielinhalt, Zielvariable und zeitlicher Zielbezug 23
      2.1.2 Inhaltliche Konkretisierung des Sachzieles der
           Sicherung der Ordnungsmäßigkeit des Rechnungs-
           legungsprozesses 32
   2.2 Aufgabensystem 48
      2.2.1 Außensicht von Überwachungsaufgaben 48
      2.2.2 Entwicklung des Aufgabensystems 51
   2.3 Innensicht von Überwachungsaufgaben 61

3 Vorläufige Beurteilung des Internen Kontrollsystems 69

   3.1 Struktur eines Scoring-Modells zur Quantifizierung des Kontrollrisikos 69

      3.1.1 Die Entscheidungssituation des Abschlußprüfers 69

      3.1.2 Zielsystem und Zielkriterien 74

      3.1.3 Nutzenabhängigkeiten im Zielsystem 83

      3.1.4 Meßskalen und beurteilungsrelevante Skalenbereiche der Zielkriterien 86

      3.1.5 Nutzenskalen zur Bewertung der Kriterienausprägungen 89

      3.1.6 Zielgewichtung 92

         3.1.6.1 Bedeutungsunterschiede von Überwachungsaufgaben 92

         3.1.6.2 Numerische Bestimmung der Gewichtungsfaktoren von Überwachungszielen 101

      3.1.7 Amalgamierung und Ermittlung des Kontrollrisikos 104

   3.2 Zielkriterien und Bewertungsskalen 119

      3.2.1 Zielkriterien der Fehleridentifikation 119

         3.2.1.1 Aggregationsgrad der Überwachungsobjekte .. 119

         3.2.1.2 Zuverlässigkeitsgrad der Vergleichsobjekte 129

            3.2.1.2.1 Vergleichsobjektkategorien 129

            3.2.1.2.2 Präferenzordnung der Zuverlässigkeitsgrade 147

            3.2.1.2.3 Bestimmung der Zuverlässigkeit 150

         3.2.1.3 Fehleridentifikationspotential 168

         3.2.1.4 Fehlerartenspektrum 177

      3.2.2 Zielkriterien der Fehlerelimination 195

         3.2.2.1 Zweckmäßigkeit 195

         3.2.2.2 Wiederholungsgrad 206

         3.2.2.3 Zeitrestriktion 211

   3.3 Kombination, Zerlegung und Vervielfachung von Überwachungsverfahren 224

4 Zusammenfassung 235

Literaturverzeichnis 245

Abkürzungsverzeichnis

a.A.	anderer Ansicht
Abs.	Absatz
Abschn.	Abschnitt
Abt.	Abteilung
ADS	Adler/Düring/Schmaltz
AICPA	American Institute of Certified Public Accountants
AR	The Accounting Review (Zeitschrift)
Aufl.	Auflage
AWV	Arbeitsgemeinschaft für wirtschaftliche Verwaltung e.V.
BB	Betriebsberater (Zeitschrift)
BBK	Buchführung, Bilanz und Konstenrechnung (Zeitschrift)
Bd.	Band
bearb.	bearbeitet
Beck Bil-Komm	Beck'scher Bilanz-Kommentar
Beck HdR	Beck'sches Handbuch der Rechnungslegung
BFuP	Betriebswirtschaftliche Forschung und Praxis (Zeitschrift)
BHR	Bonner Handbuch der Rechnungslegung
BWL	Betriebswirtschaftslehre
bzw.	beziehungsweise
ca.	circa
d.V.	der Verfasser
DB	Der Betrieb (Zeitschrift)
DBS	Datenbanksystem
DM	Deutsche Mark
DStR	Deutsches Steuerrecht (Zeitschrift)
e. V.	eingetragener Verein
EDV	Elektronische Datenverarbeitung

EPS	Entwurf Prüfungsstandard
EStR	Einkommensteuerrichtlinien
f.	folgende
ff.	fortfolgende
fir	Mitteilungen des Forschungsinstituts für Rationalisierung (Zeitschrift)
Fn	Fußnote
FN-IDW	Fachnachrichten des IDW (Zeitschrift)
FR	Fehlerrisiko
GAAP	Generally Accepted Accounting Principles
GoB	Grundsätze ordnungsmäßiger Buchführung
GoBS	Grundsätze ordnungsmäßiger DV-gestützer Buchführungssysteme
GoDV	Grundsätze ordnungsmäßiger Datenverarbeitung
GuV	Gewinn- und Verlustrechnung
HdJ	Handbuch des Jahresabschlusses in Einzeldarstellungen
HdVO	Handwörterbuch der Verwaltung und Organisation
HdWW	Handwörterbuch der Wirtschaftswissenschaft
HFA	Hauptfachausschuß
HGB	Handelsgesetzbuch
HMD	Handbuch moderner Datenverarbeitung
hrsg.	herausgegeben
HWB	Handwörterbuch der Betriebswirtschaft
HWO	Handwörterbuch der Organisation
HWP	Handwörterbuch der Planung
HWProd	Handwörterbuch der Produktionswirtschaft
HWR	Handwörterbuch des Rechnungswesens
HWRev	Handwörterbuch der Revision

i.d.R.	in der Regel
i.E.	im Ergebnis
i.V.m.	in Verbindung mit
IAS	International Accounting Standards
IDW	Institut der Wirtschaftsprüfer in Deutschland e. V.
IFAC	International Accounting Standards Commitee
IKS	Internes Kontrollsystem
IO	Industrielle Organisation (Zeitschrift)
IR	Inhärentes Risiko
ISA	International Standards on Auditing
JoA	Journal of Accountancy (Zeitschrift)
Kap.	Kapitel
KR	Kontrollrisiko
m.E.	meines Erachten
m.w.N.	mit weiteren Nachweisen
NB	Neue Betriebswirtschaft (Zeitschrift)
o. Hg.	ohne Herausgeberangabe
o. Jg.	ohne Jahresangabe
OR	Operations Research (Zeitschrift)
PublG	Gesetz über die Rechnungslegung von bestimmten Unternehmen und Konzernen (Publizitätsgesetz)
S.	Seite
sog.	sogenannte(r), (s)
Sp.	Spalte
Stbg	Die Steuerberatung (Zeitschrift)
Tz	Textziffer

u.a.	und andere
usw.	und so weiter
v.	von, vom
Verf.	Verfasser
vgl.	vergleiche
VO	Vorstands-Stellungnahmen
WI	Wirtschaftsinformatik (Zeitschrift)
WiSt	Wirtschaftswissenschaftliches Studium (Zeitschrift)
WPg	Die Wirtschaftsprüfung (Zeitschrift)
WPK	Wirtschaftsprüferkammer, Wirtschaftsprüferkammer-Mitteilungen (Zeitschrift)
z.B.	zum Beispiel
ZfB	Zeitschrift für Betriebswirtschaft (Zeitschrift)
ZfbF	Zeitschrift für betriebswirtschaftliche Forschung (Zeitschrift)
ZfhF	Zeitschrift für handelswissenschaftliche Forschung (Zeitschrift)
ZfO	Zeitschrift für Organisation (Zeitschrift)
ZIR	Zeitschrift Interne Revision (Zeitschrift)

Abbildungsverzeichnis

Abbildung 1: Planung, Realisation und Überwachung als Teilprozesse betrieblicher Aufgabenerfüllung 1

Abbildung 2: Phasen des Organisationsprozesses 3

Abbildung 3: Organisationsprozeß des ordnungsorientierten Überwachungssystems 7

Abbildung 4: Objektbezogene und phasenbezogene Differenzierung des Organisationsprozesses 9

Abbildung 5: Organisations- und Prüfungsprozeß des IKS mit Verknüpfungen 18

Abbildung 6: Vollständigkeit, Authentizität und Eindeutigkeit als Merkmale homomorpher Modellabbildungen 35

Abbildung 7: Das Merkmal Vollständigkeit als Graph einer linkstotalen Relation 37

Abbildung 8: Das Merkmal Authentizität als Graph einer rechtstotalen Relation 39

Abbildung 9: Das Merkmal Eindeutigkeit als Graph einer rechtseindeutigen Relation 41

Abbildung 10: Materielle Richtigkeit und Formelle Richtigkeit 45

Abbildung 11: Sachziele des IKS für die Sicherstellung der Ordnungsmäßigkeit des Rechnungslegungsprozesses 47

Abbildung 12: Außensicht und Innensicht von Überwachungsaufgaben als Grundlage für die Aufstellung des Zielsystems ... 78

Abbildung 13: Referenz-Modell für die Abbildung einer als elementar betrachteten Überwachungsaufgabe im Zielsystem von Scoring-Modellen 81

Abbildung 14: Beispiel für die Ablaufstruktur eines Rechnungslegungsprozesses 82

Abbildung 15: Zielsystem für ein IKS zur Überwachung eines aus drei Vorgängen bestehenden Rechnungslegungsprozesses 83

Abbildung 16: Rangordnung der Ziele auf der zweiten Ebene der Zielhierarchie nach der Positionierung des überwachten Rechnungslegungsvorgangs im Prozeß 100

Abbildung 17: Beispiel für die Zielgewichte in der Zielhierarchie eines IKS 103

Abbildung 18: Kategorien von Überwachungsobjekten 119

Abbildung 19: Vergleichsobjektkategorien nach dem Kriterium Verbindlichkeit 131

Abbildung 20: Unterscheidung von Vergleichsobjekten nach dem Kriterium Geltungsbereich 133

Abbildung 21: Vergleichsobjekttypen nach den Kriterien Verbindlichkeit und Geltungsbereich 134

Abbildung 22: Kriterien zur Beurteilung der Zuverlässigkeit von Vergleichsobjekten 152

Abbildung 23: Fehlertypologie 179

Abbildung 24: Zweckmäßige Formen der Fehlerbeseitigung in Abhängigkeit von der Art der aufgedeckten Fehler und dem Zeitpunkt der Fehlerbeseitigung 202

Abbildung 25: Für die Fehlerelimination verfügbare Zeit im Zeitrahmen der Überwachung 213

Abbildung 26: Idealtypischer Zusammenhang zwischen Überwachungsaufgaben im Soll-IKS des Prüfers und Überwachungsverfahren im Soll-IKS des Unternehmens 224

Abbildung 27: Kombiniertes Überwachungsverfahren zur Erfüllung mehrerer Überwachungsaufgaben 226

Abbildung 28: Getrennte Überwachungsverfahren zur Erfüllung einer Überwachungsaufgabe 228

Abbildung 29: Vervielfachung von Überwachungsverfahren 232

Tabellenverzeichnis

Tabelle 1: Beispiel für die Handlungsalternativen des Abschlußprüfers 71

Tabelle 2: Beispiel für die Handlungsalternativen des Abschlußprüfers bei zwei Kontrollrisikoklassen 74

Tabelle 3: Meßskalen und Nebenbedingungen für die Zielkriterien im Zielsystem des IKS 88

Tabelle 4: Beispiel für die Bedeutungsunterschiede von Überwachungszielen bei leistungsäquivalenten Überwachungsverfahren in Abhängigkeit von der Zuverlässigkeit des überwachten Rechnungslegungsvorgangs 98

Tabelle 5: Beispiel für die Ermittlung der Nutzenwerte von Fehleridentifikation und Fehlerelimination 109

Tabelle 6: Beispiel für die Berechnung des Kontrollrisikos für ein IKS mit drei Überwachungszielen 113

Tabelle 7: Beispiel für die Veränderung von Systemnutzenwert und Kontrollrisiko bei Gestaltungsvarianten des IKS unter Berücksichtigung von Überwachungslücken 116

Tabelle 8: Beispiel für eine Nutzenfunktion des Kriteriums "Aggregationsgrad der Überwachungsobjekte" 127

Tabelle 9: Beispiel für eine Nutzenfunktion des Kriteriums "Zuverlässigkeitsgrad der Vergleichsobjekte" 167

Tabelle 10: Beispiel für eine Nutzenfunktion des Kriteriums "Fehleridentifikationspotential" 175

Tabelle 11: Relevante Ausprägungen des Kriteriums Fehlerartenspektrum 183

Tabelle 12: Beispiel für eine Nutzenfunktion des Kriteriums "Fehlerartenspektrum" 188

Tabelle 13: Beispiel für eine Nutzenfunktion des Kriteriums "Zweckmäßigkeit" 206

Tabelle 14: Beispiel für eine Nutzenfunktion des Kriteriums "Wiederholungsgrad" 211

Tabelle 15: Kategorien von Zeitrestriktionen bei der Fehler
elimination 217

Tabelle 16: Beispiel für eine Nutzenfunktion des Kriteriums
"Zeitrestriktion" 223

1 Organisation, Überwachung und Jahresabschlußprüfung

1.1 Ordnungsorientierte Überwachung

1.1.1 Überwachung als Teilprozeß betrieblicher Aufgabenerfüllung

Die Erfüllung einer betrieblichen Aufgabe erfolgt durch Prozeßabwicklung.[1] Die Prozeßabwicklung ist ein stufenweiser Vorgang der fortschreitenden Konkretisierung und Verwirklichung des Aufgabenzieles[2]. Als Stufen oder Phasen der betrieblichen Aufgabenerfüllung können die Teilprozesse Planung, Realisation und Überwachung unterschieden werden.[3] Die Realisation stellt dabei den zentralen Teilprozeß dar, auf den sich die Prozesse Planung und Überwachung beziehen. Die Struktur der betrieblichen Aufgabenerfüllung kann als Zusammenhang zwischen den Teilprozessen veranschaulicht werden (Abbildung 1):

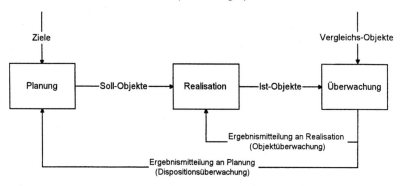

Abbildung 1: *Planung, Realisation und Überwachung als Teilprozesse betrieblicher Aufgabenerfüllung*

Die Planung ist auf die Vorbereitung künftiger Realisationsprozesse gerichtet. Gegenstand der Planung ist die Ermittlung von Sollwerten (Soll-Objekten) aus gegebenen Zielen als Vorgabe für die Realisationsphase.[4] Im Rahmen der Realisation soll das Geplante verwirklicht werden, so daß

---

[1] Vgl. Blum, E., Betriebsorganisation, S. 244.
[2] Vgl. Nordsieck, F., Betriebsorganisation - Tafelband, Sp. 2.
[3] Vgl. Kosiol, E., Bausteine, S. 382.
[4] Vgl. Baetge, J., Überwachung, S. 177; Treuz, W., Kontroll-Systeme, S. 35.

deren Inhalt durch die vorangehende Planung determiniert ist. Als Ergebnis der Realisation entstehen Ist-Objekte.[5] Hauptbestandteil des sich an die Realisation anschließenden Überwachungsprozesses ist eine Vergleichshandlung, die an den Ergebnissen der vorangegangenen Prozesse anknüpft. Den realisierten Ist-Objekten werden Vergleichsobjekte (Soll-Objekte[6]) gegenübergestellt. Die Gegenüberstellung ist auf die Ermittlung des Grades der Übereinstimmung von Ist- und Vergleichsobjekten gerichtet. Die Vergleichsergebnisse gehen in die der Überwachung nachfolgende Planungs- oder Realisationsphasen ein. Bei der Dispositionsüberwachung werden die Überwachungsergebnisse als planungsrelevante Informationen in künftigen Planungsphasen verwendet. Die Verwendung von Überwachungsergebnissen im Rahmen der Planung, z.B. zur Korrektur von Prognosefehlern durch Modifikation des Soll-Objektes künftiger Realisationsphasen, führt dazu, daß die Überwachung die Fortsetzung bzw. einen Bestandteil des Planungsprozesses bildet[7]. Überwachung, die sich wegen der Berücksichtigung von Überwachungsergebnissen in späteren Phasen der Realisation auf Realisationsprozesse bezieht, dient dagegen der Soll-Ausrichtung der Realisationsprozesse[8] und wird als Objektüberwachung bezeichnet.[9]

---

[5] Vgl. Baetge, J., Überwachung, S. 177.

[6] Zur Verwendung von Ist-Objekten als Vergleichsobjekte vgl. Baetge, J., Überwachung, S. 179, Schuppert, A., Routinetätigkeiten, S. 19 ff.; Treuz, W., Kontroll-Systeme, S. 40.

[7] Vgl. Baetge, J., Überwachung, S. 184; Frese, E., Arbeitsteilung, Sp. 148.

[8] Angestrebt wird ein möglichst hoher Grad der Übereinstimmung zwischen Ist-Objekten und Soll-Objekten, da bei fehlerfreier Soll-Objekt-Ableitung der Übereinstimmungsgrad mit dem Ausmaß der Unternehmenszielerreichung korrespondiert.

[9] Insoweit kann die Objektüberwachung auch als Fortsetzung bzw. als Bestandteil von Realisationsprozessen angesehen werden. Allerdings ist die Abgrenzung von Dispositions- und Objektüberwachung ist nicht überschneidungsfrei. Vgl. Baetge, J., Überwachung, S. 182. Zu Unterscheidungsmerkmalen beider Überwachungsformen vgl. Baetge, J., Überwachung, S. 182 f.

1.1.2 Organisationsüberwachung als Element des Organisationsprozesses

Die sich in den Phasen Planung, Realisation und Überwachung vollziehende Aufgabenerfüllung in Unternehmen erfolgt zielgerichtet und arbeitsteilig nach bestimmten, auf Dauer festgelegten[10], organisatorischen Regeln. Organisatorische Regeln stellen Soll-Vorgaben für einen unternehmenszielkonformen Handlungsvollzug dar. Sie sind das Ergebnis organisatorischer Gestaltung. Organisationsgestaltung bezweckt die Schaffung einer an den Unternehmenszielen ausgerichteten Organisationsstruktur, mit der das Handeln der Aufgabenträger auf ein übergeordnetes Unternehmensziel ausrichtet wird[11]. Der Organisationsprozeß als Durchführung der organisatorischen Gestaltungsaufgabe kann unter Bezugnahme auf das Phasenprinzip betrieblicher Aufgabenerfüllung in die Teilprozesse Organisationsplanung, Organisationsrealisation und Organisationsüberwachung gegliedert werden (Abbildung 2).

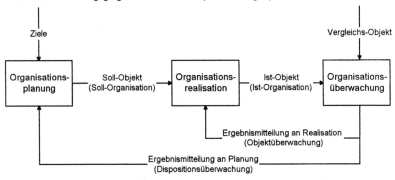

Abbildung 2: Phasen des Organisationsprozesses

Gegenstand der Planungsphase ist der Entwurf von organisatorischen Regelungen, die in bestmöglicher Weise die Erfüllung der Unternehmens-

---

[10] Die Geltungsdauer organisatorischer Reglungen ist wegen der Umweltdynamik zwangsläufig beschränkt. Vgl. Grochla, E., Gestaltung, S. 74. Zur Dauerhaftigkeit organisatorischer Reglungen vgl. Blum, E., Betriebsorganisation, S. 11; Kosiol, E., Organisation, S. 28 f., Kreikebaum, H., Anpassung, S. 33 f.

[11] Vgl. Grochla, E., Gestaltung, S. 1; Krallmann, H., Systemanalyse, S. 175.

ziele gewährleisten. Die Gesamtheit der organisatorischen Regelungen bilden das System "Organisation" eines Unternehmens[12]. Dieses System ist das Soll-Objekt, das im Rahmen der Organisationsrealisation verwirklicht werden soll. Organisationsrealisation kann als der Vollzug (Durchführung) der organisatorischen Regelungen verstanden werden.[13] Organisatorische Regelungen werden vollzogen, indem sie bei der täglichen Aufgabenerfüllung im Unternehmen zur Anwendung kommen. Aus der Organisationsrealisation ergibt sich das Ist-Objekt, das von der Gesamtheit derjenigen "Regeln" gebildet wird, nach denen sich die betriebliche Aufgabenerfüllung tatsächlich vollzieht und das seinerseits den Gegenstand der Überwachung im Rahmen des Organisationsprozesses darstellt.

Bei der Organisationsüberwachung[14] kann zwischen Objektüberwachung und Dispositionsüberwachung differenziert werden. Die Dispositionsüberwachung im Organisationsprozeß dient der Beschaffung von planungsrelevanten Informationen, die in Form der Überwachungsergebnisse in einer sich anschließenden Phase der Organisationsplanung berücksichtigt werden. Fehlerhafte Planungen sollen mit Hilfe der Überwachungsergebnisse erkannt und Neuplanungen angeregt werden[15].

---

[12] Vgl. Grochla, E., Gestaltung, S. 1. Es handelt sich dabei um den sog. strukturalen Organisationsbegriff. Vgl. Blum, E., Betriebsorganisation, S. 1.

[13] Bei der Betrachtung des Organisationsprozesses als Führungs- und Entscheidungsprozeß umfaßt die Phase der Organisationsrealisation die Stufen Systembau und -einführung. Die Organisationsdurchführung als Bestandteil der Realisationsphase ist nicht in den Führungsoperationen enthaltenen. Vgl. Blum, E., Betriebsorganisation, S. 18.

[14] In der Organisationslehre wird diese Phase des Organisationsprozesses meist als Organisationskontrolle bezeichnet. Vgl. Krüger, W., Problemanalyse, S. 3. Zum Begriff und Gegenstand der Organisationskontrolle vgl. Blum, E., Betriebsorganisation, S. 22; Grochla, E., Gestaltung, S. 73 f. und S. 78 ff.

[15] Vgl. Blum, E., Betriebsorganisation, S. 22; Grochla, E., Gestaltung, S. 79. Zu den Planungsfehlern gehören Konstruktionsfehler, Prognosefehler und Beurteilungsfehler. Vgl. Grochla, E., Gestaltung, S. 73 f.

Die Objektüberwachung im Rahmen des Organisationsprozesses dient der Durchsetzung vorgegebener organisatorischer Regelungen.[16] Zu diesem Zweck werden Vergleichshandlungen durchgeführt, die auf die Feststellung des Grades der Übereinstimmung zwischen geplanter Organisationsstruktur (Soll-Organisation) und realisierter Organisationsstruktur (Ist-Organisation) gerichtet sind. Die Einbeziehung der Vergleichsergebnisse in nachfolgende Realisationsprozesse ist insbesondere bei festgestellten Soll-Ist-Abweichungen, die auf Störungen bei der Realisierung geplanter Maßnahmen hinweisen, für die Einleitung von Korrekturmaßnahmen erforderlich. Da den organisatorischen Regelungen im Unternehmen eine "Ordnungsfunktion"[17] zukommt, wird die Objektüberwachung im Rahmen des Organisationsprozesses, die die Einhaltung dieser Ordnung sicherstellt, auch als "ordnungsorientierte Überwachung"[18] bezeichnet.

1.1.3 Das ordnungsorientierte Überwachungssystem als Objekt organisatorischer Gestaltung

Die organisatorische Gestaltung erstreckt sich nicht nur auf die Organisationsstruktur des Unternehmens, sondern schließt als weiteren Objektbereich die Gestaltung des organisatorischen Gestaltungsprozesses ein.[19] Im Rahmen der organisatorischen Gestaltung sind deshalb auch für eine zielkonforme Erfüllung der ordnungsorientierten Überwachungsaufgabe

---

[16] Bei einer strengen Orientierung am Phasenprizip/Regelkreisprinzip gilt diese Aussage nur mittelbar, da nach diesem Konzept "Durchsetzung" mit "Steuerung" und "Überwachung" mit "Kontrolle" korrespondiert. Dieser Arbeit liegt ein erweitertes Verständnis von "Kontrolle" zugrunde. Über die Feststellung von Ist-Objekt und Gegenüberstellung mit einem Vergleichsobjekt hinaus werden der Überwachung auch die Reaktionen in Abhängigkeit vom Vergleichsergebnis zugerechnet. Insoweit erfaßt die gegenüber dem Begriff "Kontrolle" erweiterte Bezeichnung "Überwachung" auch Steuerungsaspekte. Vgl. Baetge, J., Überwachung, S. 180 zu dem hier zugrundegelegten Überwachungsbegriff zum Erfordernis eines erweiterten Verständnisses von "Kontrolle" bei der Beurteilung von IKS vgl. Kap. 2.3, S. 62. In der Literatur wird zur Kennzeichnung eines erweiterten Kontrollverständnisses auch die Bezeichnung "Kontrolle im weiteren Sinne" verwendet. Vgl. Thieme, H., Verhaltensbeeinflussung, S. 12.

[17] Vgl. Grochla, E., Gestaltung, S. 1.

[18] Vgl. Freiling, C., WiSt 1978, S. 298.

[19] Vgl. Grochla, E., Gestaltung, S. 23.

organisatorische Regelungen zu entwickeln.[20] Mit der Schaffung organisatorischer Regelungen für Zwecke der ordnungsorientierten Überwachung entsteht ein abgrenzbares organisatorisches Teilsystem, das zum Gesamtsystem der Unternehmensorganisation gehört[21] und als "ordnungsorientierte Überwachungsorganisation" oder "ordnungsorientiertes Überwachungssystem" bezeichnet werden kann. Das ordnungsorientierte Überwachungssystem ist Bestandteil des "Internen Überwachungssystems" eines Unternehmens, das von der Gesamtheit organisatorischer Regelungen für eine zielkonforme Ausrichtung betrieblicher Überwachungsprozesse gebildet wird.

Die Herauslösung des (ordnungsorientierten) Überwachungssystems aus dem organisatorischen Gestaltungsobjekt "Unternehmensorganisation" gestattet es, die Durchführung der organisatorischen Gestaltungsaufgabe, soweit diese sich auf das (ordnungsorientierte) Überwachungssystem eines Unternehmens bezieht, als spezielle Ausprägung des (generellen) Organisationsprozesses anzusehen. Als Gegenstand der Organisationsplanung wird auf diese Weise die Konzeption der organisatorischen Regelungen für die ordnungsorientierte Überwachungsorganisation, die in das Gesamtsystem der Unternehmensorganisation einzubinden sind, hervorgehoben (Abbildung 3).

Ergebnis der Planungsphase ist das ordnungsorientierte Soll-Überwachungssystem des Unternehmens. Die Umsetzung der organisatorischen Regelungen des ordnungsorientierten Soll-Überwachungssystems erfolgt in der Phase der Organisationsrealisation. Als Ergebnis der Realisationsphase entsteht das ordnungsorientierte Ist-Überwachungssystem als Ist-Objekt, das in den nachfolgenden Überwachungsprozeß eingeht. In Form der Objektüberwachung dient die Organisationsüberwachung der

---

[20] Vgl. allgemein zur Gestaltung der Überwachung als organisatorischer Aufgabe Adenauer, P., Internes Kontrollsystem, S. 83; Blum, E., Betriebsorganisation, S. 297; Ronneberger, R., ZfO, Januar/Februar 1961, S. 19; Schnider, J. A., Interne Kontrolle, S. 63.

[21] Für die nicht näher spezifizierte Überwachungsorganisation vgl. Blum, E., Betriebsorganisation, S. 297; Vasarhelyi, M. A., Taxonomization, S. 42.

Durchsetzung des ordnungsorientierten Soll-Überwachungssystems, während sie als Dispositionsüberwachung eine spezielle Organisationsplanung fortsetzt, die auf die Anpassung oder Verbesserung des ordnungsorientierten Soll-Überwachungssystems abzielt.

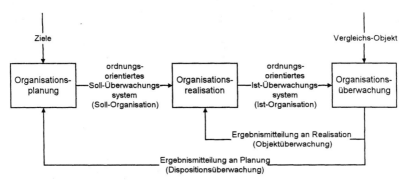

Abbildung 3: *Organisationsprozeß des ordnungsorientierten Überwachungssystems*

Von dieser auf das Gestaltungsobjekt bezogenen Differenzierung ist eine phasenbezogene Strukturierung des ordnungsorientierten Überwachungsprozesses[22] zu unterscheiden. In diesem Zusammenhang können die Teilprozesse "ordnungsorientierte Überwachungsplanung", "ordnungsorientierte Überwachungsrealisation" und "Überwachung der ordnungsorientierten Überwachung" abgegrenzt werden, die verschiedene Stadien in der Abwicklung des ordnungsorientierten Überwachungsprozesses markieren. Die in der Realisationsphase durchzuführenden Vergleichshandlungen werden durch die Ermittlung konkreter Soll-Vorgaben zunächst geplant, bevor anhand des entstandenen Ist-Objektes durch Überwachungshandlungen festgestellt werden kann, ob in der Realisations- oder

---

[22] Die Bezeichnung ordnungsorientierter Überwachungsprozeß wird im folgenden für die Objektüberwachung als Ausprägung des Organisationsüberwachungsprozesses verwendet.

Durchführungsphase entsprechend den Soll-Vorgaben verfahren wurde.[23] Objektbezogene und phasenbezogene Differenzierung sind nicht überschneidungsfrei, sondern es besteht eine Übereinstimmung zwischen dem auf das ordnungsorientierte Überwachungssystem bezogenen Prozeß der Organisationsrealisation und dem ordnungsorientierten Überwachungsprozeß (Abbildung 4).

Das im Rahmen des auf die Überwachung bezogenen Organisationsprozesses konzipierte ordnungsorientierte Soll-Überwachungssystem umfaßt diejenigen organisatorischen Regelungen, nach denen der ordnungsorientierte Überwachungsprozeß mit Planungs-, Realisations- und Überwachungsphase abgewickelt werden soll.[24] Eine Soll-konforme Realisation bedeutet dabei, daß die im Rahmen der Objektüberwachung des Organisationsprozesses erfolgenden Vergleichshandlungen zwischen der geplanten und der realisierten Organisationsstruktur in allen Unternehmensbereichen nach den durch das ordnungsorientierte Soll-Überwachungssystem vorgegebenen Regelungen vollzogen werden. Die tatsächliche Abwicklung des ordnungsorientierten Überwachungsprozesses wiederum bestimmt das Ist-Objekt für den Organisationsprozeß des ordnungsorientierten Überwachungssystems.

---

[23] Der Überwachungsprozeß bezieht sich dabei auf konkrete organisatorische Regelungen, z.B. im Verkaufsbereich auf die Vorgabe, bei Kundenaufträgen deren Umfang DM 50.000 übersteigt, eine Kreditwürdigkeitsprüfung durchzuführen. Bei der Planung der Überwachung wäre in diesem Fall z.b. der Stichprobenumfang für Kundenaufträge über DM 50.000 festzulegen und die in die Vergleichshandlung einzubeziehenden Kundenaufträge für einen konkreten Prüfungszeitpunkt/-zeitraum zu ermitteln. In der Durchführungsphase wird anhand verfügbarer Unterlagen geprüft, ob für die ausgewählten Kundenaufträge tatsächlich eine Kreditwürdigkeitsprüfung vorgenommen wurde. Gegenstand der Überwachungsphase kann z.B. die stichprobenartige Kontrolle der Überwachungspapiere auf tatsächliche Durchführung der Vergleichshandlung und sachgerechte Urteilsbildung anhand von Prüfzeichen sein.

[24] Ähnlich Freiling, der davon spricht, daß die Durchführung der Überwachung Maßnahmen der Planung, Organisation und Ausführung erfordert. Vgl. Freiling, C., WiSt 1978, S. 298.

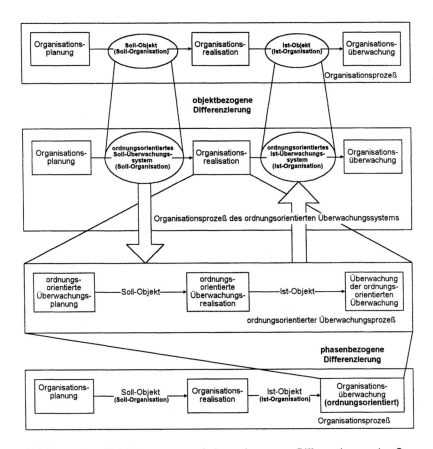

Abbildung 4: Objektbezogene und phasenbezogene Differenzierung des Organisationsprozesses

Das ordnungsorientierte Ist-Überwachungssystem wird demnach durch die Gesamtheit der organisatorischen "Regelungen" gebildet, nach denen sich die Überwachung der Soll-Organisationsstruktur in allen Bereichen des Unternehmens im Verlauf der organisatorischen Realisationsprozesse vollzogen hat.

1.2 Ordnungsorientiertes Überwachungssystem als Gegenstand der Jahresabschlußprüfung

Das Interne Überwachungssystem[25] eines Unternehmens als Gesamtheit organisatorischer Regelungen für die zielkonforme Ausrichtung der betrieblichen Überwachungsprozesse verbindet den Organisationsprozeß mit der Jahresabschlußprüfung. Soweit das Interne Überwachungssystem eines Unternehmens als Objekt der organisatorischen Gestaltung auch einen Gegenstand der Jahresabschlußprüfung bildet, beziehen sich Organisationsprozeß und Prüfungsprozeß auf das gleiche Objekt. Das gemeinsame Bezugsobjekt beider Prozesse zeichnet sich dadurch aus, daß die intendierten Sachziele des Internen Überwachungsystems mit den Sachzielen der Jahresabschlußprüfung verträglich sind.

Die Prüfung des Internen Überwachungssystems ist nach den Grundsätzen ordnungsmäßiger Jahresabschlußprüfung, die für den Abschlußprüfer verbindliche Anforderungen an die Prüfungsdurchführung darstellen[26], Pflichtbestandteil der Prüfung des handelsrechtlichen Jahresabschlusses[27]. Aus der Zielsetzung der Jahresabschlußprüfung als umfassender Prüfung der Ordnungsmäßigkeit der Rechnungslegung[28] ergibt sich, daß das Interne Überwachungssystem in dem Maße Gegenstand der Prüfung ist, wie es auf die Sicherung der Ordnungsmäßigkeit der Rechnungslegung gerichtet ist[29]. Die Merkmale "Ordnungsmäßigkeit" und "Rechnungslegung" begrenzen den für die Jahresabschlußprüfung relevanten Teil des

---

[25] Zur Definition des Internen Überwachungssystems vgl. S. 6.
[26] Vgl. Rückle, D., BFuP 1980, S. 57 f.
[27] Vgl. Grewe, W., Kommentierung zu § 317 HGB, in Hofbauer/Kupsch, BHR, Tz 104; IDW, Fachgutachten 1/88, WPg 1989, S.12; Stibi, E., Prüfungsrisikomodell, S. 41.
[28] Vgl. IDW, Fachgutachten 1/88, WPg 1989, S. 10.
[29] Vgl. IDW, Fachgutachten 1/88, WPg 1989, S. 13.

Internen Überwachungssystems.[30] Sie schließen grundsätzlich diejenigen Teilsysteme des Internen Überwachungssystems als Prüfungsobjekte der Jahresabschlußprüfung aus, die nicht unmittelbar für die Urteilsbildung des Jahresabschlußprüfers von Bedeutung sind.[31]

Das Interne Überwachungssystem wird durch das Merkmal "Rechnungslegung" auf die Überwachung derjenigen Vorgänge eingeengt, die für die Rechnungslegung über die Geschäftstätigkeit des Unternehmens im Jahresabschluß erforderlich sind und die in ihrer Gesamtheit den Rechnungslegungsprozeß des Unternehmens bilden[32].

Das Merkmal "Ordnungsmäßigkeit" verweist ergänzend auf eine durch Überwachung abzusichernde Ordnung, und schränkt damit das prüfungsrelevante Überwachungssystem auf dessen "ordnungsorientiertes" Teil-

---

[30] Die Ausweitung der Prüfung des Internen Überwachungssystems für amtlich börsennotierte Aktiengesellschaften, auf diejenigen Teilsysteme, die sich auf die Überwachung des sog. Risikomanagementsystems (Früherkennungssystem) beziehen (vgl. § 317 Abs. 4 HGB), wird hier nicht berücksichtigt. Zur Ausweitung der Prüfung des Überwachungssystems vgl. Giese, R., WPg 1998, S. 457 f.; IDW, EPS 340, Tz 21.

[31] Zu den anderen Formen der Überwachung gehört beispielsweise die unmittelbar auf die Erreichung der Unternehmungsziele gerichtete zielorientierte Überwachung. Vgl. Freiling, C., WiSt 1978, S. 298.

[32] Dadurch werden die Teile des Überwachungssystems als nicht prüfungsrelevant ausgeschieden, die keinen Bezug zum Rechnungslegungsprozeß aufweisen sondern sich z.B. auf Absatz-, Beschaffungs- oder Finanzierungsprozesse beziehen. Rechnungslegung bezieht sich auf ein funktionales Verständnis des Rechnungswesenbegriffes (Aufgabenerfüllung), während in institutionellem Zusammenhang von Rechnungswesen gesprochen wird (Aufgabenträger). Vgl. zu dieser Begriffsabgrenzung Weißenberger, B., Informationsbeziehung, S. 26. Dörner verwendet erstmals den Begriff "Rechnungswesenprozeß". Vgl. Dörner, D., WPg 1998, S. 310.

system ein.³³ Wegen des geforderten Rechnungslegungsbezugs hat nur der Teil des ordnungsorientierten Überwachungssystems für die Jahresabschlußprüfung Bedeutung, der auf die Sicherung der organisatorischen Regelungen des Rechnungslegungsprozesses gerichtet ist. Da die Rechnungslegung ordnungsmäßig ist, wenn sie unter Beachtung der gesetzlichen Vorschriften des HGB einschließlich der Grundsätze ordnungsmäßiger Buchführung sowie der rechtsform- und branchenbezogenen Rechtsnormen erfolgt, ist nicht die Überwachung sämtlicher organisatorischen Regelungen, die für eine zielkonforme Erfüllung der Rechnungslegungsaufgabe sorgen sollen, für die Jahresabschlußprüfung relevant. Eine (auch) auf dem Internen Überwachungssystem basierende Urteilsbildung bei der Prüfung des Jahresabschlusses stützt sich letztlich auf die Überwachung derjenigen organisatorischen Regelungen, die in organisatorischer Hinsicht die in den Rechtsnormen niedergelegten Anforderungen an den Rechnungslegungsprozeß umsetzen.³⁴ Soweit das Interne Überwachungssystem auf die Einhaltung organisatorischer Regeln ausgerichtet ist, die den für die Rechnungslegung geltenden rechtlichen Ordnungsrahmen nachbilden, besteht für die Sachziele des Internen Überwachungssystems in Bezug auf die Ordnungsmäßigkeit des Rechnungslegungsprozesses eine inhaltliche Übereinstimmung mit den Sachzielen der

---

[33] Die Bezugnahme auf das ordnungsorientierte Teilsystem hat nicht nur eine Ausgrenzung der Dispositionsüberwachung sondern auch der Objektüberwachung zur Folge, soweit diese sich nicht auf organisatorische Regelungen bezieht. Desweiteren gehören zu den aus Unternehmenssicht zwar wesentlichen, für die Jahresabschlußprüfung aber grundsätzlich nicht relevanten Teilsystemen des Internen Überwachungssystems auch diejenigen, die auf die Sicherstellung der Wirtschaftlichkeit des Rechnungswesens bzw. die Sicherstellung der Wirtschaftlichkeit betrieblicher Abläufe allgemein oder den Schutz der betrieblichen Vermögenswerte gerichtet sind. Zur Sicherstellung der Wirtschaftlichkeit des Rechnungswesens als Ziel des Internen Überwachungssystems vgl. Leffson, U., Wirtschaftsprüfung, S. 244; Baetge, J./Mochty, L., Zuverlässigkeit und Wirtschaftlichkeit, S. 5. Zur Nachrangigkeit des Zieles Vermögenssicherung im Rahmen der Jahresabschlußprüfung vgl. Adenauer, P., Internes Kontrollsystem, S. 102 f.

[34] Gesetzliche Vorschriften zählen zu den bei der Organisationsplanung zu berücksichtigenden Nebenbedingungen. Vgl. Baetge, J., Überwachung, S. 179; Grochla, E., Gestaltung, S. 119 f., S. 189 f.

Jahresabschlußprüfung[35]. Das für die Jahresabschlußprüfung als Prüfungsobjekt relevante Interne Überwachungssystem eines Unternehmens ist demnach der auf die Sicherung der Ordnungsmäßigkeit des Rechnungslegungsprozesses gerichtete Teil des ordnungsorientierten Internen Überwachungssystems.[36] Dieses als Prüfungsobjekt gekennzeichnete Teilsystem wird im folgenden als "Internes Kontrollsystem" bezeichnet.[37]

---

[35] I.E. ebenso Adenauer, P., Internes Kontrollsystem, S. 71, 78.; Leopold, H., BFuP 1985, S. 309; Stibi, E., Prüfungsrisikomodell, S. 39. Die Überwachung organisatorischer Regeln außerhalb der die Ordnungsmäßigkeit bestimmenden Rechtsnormen (z.B. Autorisation) bilden den im Kontext der Jahresabschlußprüfung unverbindlichen Teil des Ordnungsrahmens für den Rechnungslegungsprozeß. Ob eine Sicherstellung der Einhaltung dieser Regelungen durch das Interne Überwachungssystem erfolgt, ist für den Abschlußprüfer von nachrangiger Bedeutung, so daß das entsprechende Überwachungssystem grundsätzlich kein Prüfungsgegenstand ist. Es steht dem Prüfer allerdings frei, ergänzend auch dieses Teilsystem des ordnungsorientierten Internen Überwachungssystems für seine Urteilsbildung heranzuziehen.

[36] Ähnlich Adenauer, P., Internes Kontrollsystem, S. 103; Freiling, C./Lück, W., ZfbF 1986, S. 999. Nachdrücklich verlangt auch Thom die Gewährleistung der Ordnungsmäßigkeit der Rechnungslegung durch Kontrollen. Vgl. Thom, N., Kontrolle, Sp. 1143.

[37] Ein feststehender Begriff für den im Rahmen der Jahresabschlußprüfung relevanten Teil des Internen Überwachungssystems existiert nicht. Die Bezeichnung "Internes Kontrollsystem" wird vom überwiegenden Teil der Literatur dem angloamerikanischen Sprachgebrauch folgend (Internal Control System) für das gesamte Interne Überwachungssystem verwendet und schließt deshalb auch Controllingaspekte mit ein. Anders dagegen Leffson und ihm folgend Leopold, die als Internes Kontrollsystem das sich auf die Rechnungslegung beziehende Teilsystem des Internen Überwachungssystems abgrenzen. Vgl. Leffson, U., Wirtschaftsprüfung, S. 244; Leopold, H., BFuP 1985, S. 309. Zur Kritik an der Gleichsetzung von Internal Control mit Interner Kontrolle vgl. Freiling, C./Lück, W., ZfbF 1986, S. 997; Horvath, P., Internes Kontrollsystem, Sp. 882 ff.; Leffson, GoB, S. 167; Lück, W./Makowski, A., WPK 1996, S. 157.

1.3 Beziehungen zwischen dem Organisationsprozeß des Internen Kontrollsystems und seiner Prüfung im Rahmen der Jahresabschlußprüfung

Die zwischen dem Organisationsprozeß und dem Prozeß der Jahresabschlußprüfung bestehenden Zusammenhänge treten hervor, wenn als Konkretisierung des jeweiligen Prozesses im Hinblick auf das gemeinsame Bezugsobjekt "Internes Kontrollsystem" der "Organisationsprozeß des Internen Kontrollsystems" und der "Prüfungsprozeß des Internen Kontrollsystems" einander gegenübergestellt werden.

Der "Organisationsprozeß des Internen Kontrollsystems" vollzieht sich in Übereinstimmung mit dem generellen Organisationsprozeß in den Phasen der Organisationsplanung, Organisationsrealisation und Organisationsüberwachung, wobei als abgrenzbares Teilsystem des zur Unternehmensorganisation gehörenden Internen Überwachungssystems das "Interne Kontrollsystem" (IKS) als Soll-Objekt bzw. Ist-Objekt in Erscheinung tritt. Die Organisationsplanung des Soll-IKS nach vorgegebenen Sach- und Formalzielen[38] ist ein systematischer Entscheidungsprozeß, in dessen Mittelpunkt die Gestaltungsalternativen des Internen Kontrollsystems ste-

---

[38] Sachziele stellen Leistungsziele dar, die das "Was" ökonomischer Handlungen betreffen. Formalziele beschreiben dagegen die Art und Weise der Sachzielerreichung, das "Wie" ökonomischer Handlungen. Vgl. Grochla, E., Management, S. 130; Kosiol, E., Bausteine, S. 383. Zu den Sach- und Formalzielen des IKS vgl. Kap. 2.1.1, S. 23 ff. Sofern (faktische) Rechtsnormen für die Gestaltung des IKS bestehen, sind diese als Nebenbedingungen zusätzlich zu den Unternehmenszielen zu berücksichtigen. Dazu gehören z.b. die "Grundsätze ordnungsmäßiger ordnungsmäßiger DV-gestützter Buchführungssysteme" (GoBS), die eine Ergänzung der allgemeinen GoB darstellen und auch Ausführungen zur Gestaltung und Beurteilung des IKS enthalten. Diese sind allerdings meist unverbindlich und allgemein gehalten. Zu den GoBS vgl. AWV, GoBS. Kritisch Schuppenhauer, R., WPg 1996, S. 700 ff. Branchenspezifisch bestehende Rechtsnormen beziehen sich auf die Interne Revision. Vgl. Freiling, C./Lück, W., ZIR 1992, S. 271 f.

hen. Die Entwicklung der Gestaltungsalternativen des IKS erfolgt dabei unter Bezugnahme auf organisatorische Aktionsparameter.[39]

Ergebnis der Planung ist das Soll-IKS als System organisatorischer Regelungen[40] zur Sicherung der Ordnungsmäßigkeit des Rechnungslegungsprozesses. Das Soll-IKS repräsentiert diejenige Gestaltungsalternative, die die vorgegebenen Sachziele realisiert und die Formalziele als Kennzeichnung von Art und Weise der Sachzielerreichung in optimaler Weise erfüllt[41]. Der Prozeß der Organisationsrealisation des Soll-IKS umfaßt die Anwendung der durch das Soll-IKS vorgegebenen organisatorischen Regelungen bei der Überwachung der Ordnungsmäßigkeit des Rechnungslegungsprozesses. Dabei soll mit Hilfe des Soll-IKS eine zielkonforme Ordnungsmäßigkeitsüberwachung gewährleistet werden. Die bei der Überwachung des Rechnungslegungsprozesses tatsächlich angewandten organisatorischen "Regelungen" bilden das Ist-IKS des Unternehmens, das als Ist-Objekt in die nachfolgende Phase der Organisationsüberwachung des Internes Kontrollsystems eingeht. Die Organisationsüberwa-

---

[39] Zu den organisatorischen Aktionsparametern gehören Arbeitsteilung, Koordination und Konfiguration. Vgl. Grochla, E., Gestaltung, S 16. Spezifische Aktionsparamenter für die Gestaltung der Überwachungsorganisation existieren nicht, sondern bestimmten Ausprägungen der organisatorischen Aktionsparameter werden Überwachungswirkungen zugeschrieben und es wird gefordert, die Überwachungsorganisation unter Bezugnahme auf diese Ausprägungen zu gestalten. Vgl. Baetge, J., Überwachung, S. 191 ff.; Blum, E., Betriebsorganisation, S. 297 ff. Zu den am häufigsten genannten, überwachungswirksamen Ausprägungen organisatorischer Aktionsparameter, die auch als Instrumente der Internen Kontrolle oder Sicherungstechniken bezeichnet werden, gehört die sog. "Funktionstrennung", die eine überwachungswirksame Ausprägung der Arbeitsteilung bzw. Aufgabenverteilung darstellt. Zur Funktionstrennung vgl. z.B. Adenauer, P., Internes Kontrollsystem, S. 79 ff.; Blum, E, Betriebsorganisation, S. 301; Freiling, C., WiSt 1978, S. 299; Ronneberger, R., ZfO, Januar/Februar 1961, S. 20; IDW, WP-Handbuch 1996 Bd. I, Abschn. P, Tz 37.

[40] Vgl. Franken, R./Frese, E., Kontrolle und Planung, Sp. 893.

[41] Vgl. Kosiol, E., Bausteine, S. 384.

chung des Internen Kontrollsystems[42] dient im Rahmen der Objektüberwachung der Durchsetzung des Soll-IKS und bei der Dispositionsüberwachung der Verbesserung bzw. Anpassung des Soll-IKS an veränderte Rahmenbedingungen[43] (Abbildung 5).[44]

Die Prüfung des Internen Kontrollsystems ist nach dem "Prinzip des doppelten Solls"[45] vorzunehmen, so daß sich im "Prüfungsprozeß des Internen Kontrollsystems" zwei Teilprozesse (Prüfungsphasen) unterscheiden lassen. Diese Phasen weisen jeweils eine dem allgemeinen Prüfungsprozeß entsprechende Struktur auf[46] und werden als "Verläßlichkeitsprüfung" und "Wirksamkeitsprüfung" bezeichnet[47]. Die Verläßlichkeitsprüfung als erste Prüfungsphase ist auf die vorläufige Beurteilung des Internen Kontrollsystems der Unternehmung auf der Grundlage eines Soll-Soll-Vergleiches gerichtet. Dabei wird die Konzeption des Internen Kontrollsystems, wie sie

---

[42] Die Aufgabe der Organisationsüberwachung des IKS wird meist der "Internen Revision" übertragen bzw. bei Outsourcing der Internen Revision auf einen unternehmensexternen Dienstleistungsanbieter verlagert. Vgl. zum Outsourcing der Internen Revision Lück, W., WPK 1995, S. 200 f.; Gaebert, H., ZIR 1995, S. 86 ff.; Schury, F., ZIR 1995, S. 265 ff. Zur Organisationsüberwachung des IKS als Aufgabe der Internen Revision vgl. z.B. Böhmer, G./Hengst, F./Hofmann, R./Müller, O./Puchta, R., Interne Revision, S. 25; Hofmann, R., Unternehmensüberwachung, S. 52, S. 151 ff.

[43] Das Hinwirken auf eine Verbesserung bzw. die Anpassung des Soll-IKS wird auch als Lernfunktion bezeichnet. Vgl. Knop, W., Möglichkeit zur optimalen Planung, S. 34 f.; Treuz, W., Kontroll-Systeme, S. 50.

[44] Bei Anwendung des Phasenprizips werden als Phasen der Lenkung Planung (Gestaltung), Steuerung (Durchsetzung) und Kontrolle unterschieden (Vgl. Ferstl, O. K./Sinz, E. J., Wirtschaftsinformatik S. 5). Die Verknüpfung von Gestaltung und Kontrolle in Form eines einfachen Regelkreises kennzeichnet die Aufgabe Dispositionsüberwachung während aus der regelkreisbezogenen Verbindung von Kontrolle und Durchsetzung die Objektüberwachung resultiert.

[45] Grewe, W., Kommentierung zu § 317 HGB, in Hofbauer/Kupsch, BHR, Tz 109.

[46] Zur Struktur von Prüfungsprozessen allgemein vgl. Lück, W., Wirtschaftsprüfung, S. 125 ff. und zur Prozeßstruktur der Prüfung des IKS vgl. Knop, W., Möglichkeit zur optimalen Planung, S. 73 ff.

[47] Die Unterscheidung von zwei Teilprozessen findet sich im Großteil der (neueren) Prüfungsliteratur und lehnt sich an die in der englischsprachigen Prüfungsliteratur gewählte Bezeichnung von "realiance test" und "copliance test" an. Vgl. z.B. Adenauer, P., Internes Kontrollsystem, S. 66; Quick, R., Jahresabschlußprüfung, S. 367.

als (dokumentiertes)[48] Ergebnis der Organisationsplanung vorliegt (Soll-IKS des Unternehmens), mit den Sollvorstellungen des Prüfers über ein die Ordnungsmäßigkeit des Rechnungslegungsprozesses im Unternehmen verläßlich sicherndes Überwachungssystem (Soll-IKS des Prüfers) verglichen. Führen zwischen beiden Soll-Objekten auftretende Abweichungen dazu, daß der Abschlußprüfer das Soll-IKS des Unternehmens in Bezug auf die Sicherstellung der Ordnungsmäßigkeit als nicht verläßlich beurteilt, wird er Hinweise zu dessen Verbesserung geben[49], die in nachfolgende Phasen der Organisationsplanung des Internen Kontrollsystems eingehen sollten. Wegen der an das Soll-IKS des Unternehmens anknüpfenden Vergleichshandlungen und der aus der Ergebnismitteilung resultierenden Beziehung zwischen Organisationsplanung und Verläßlichkeitsprüfung[50] ist der (unternehmensexterne) Teilprozeß der Verläßlichkeitsprüfung grundsätzlich mit dem (unternehmensinternen) Prozeß der Dispositionsüberwachung des Internen Kontrollsystems vergleichbar.[51]

---

[48] Eine Dokumentation des IKS wird in der Literatur zwar gefordert, ist aber bislang noch nicht üblich. Vgl. Adenauer, P., Internes Kontrollsystem, S. 111; Ludewig, R., Kriminelle Energien, S. 403.

[49] Vgl. Freiling, C./Lück, W., ZfbF 1986, S. 1003; Spieth, E., ZIR 1979, S. 47. In der Praxis erfolgt eine Ergebnismitteilung über Schwachstellen des IKS wohl erst nach Abschluß auch der 2. Prüfungsphase.

[50] Auf grundsätzlich ähnliche Aufgabenbereiche von Organisationsplanung und Prüfung hinsichtlich des IKS weist auch Zepf hin. Vgl. Zepf, G., DStR 1996, S. 1261.

[51] Unterschiede dürften sich bei der Beurteilung des Soll-IKS ergeben, weil sich die intendierten Ziele des IKS aus Unternehmenssicht und Prüfersicht nur hinsichtlich der Sicherstellung der Ordnungsmäßigkeit der Rechnungslegung überschneiden. Ergänzende Zielvorgaben für das IKS (z.B. Wirtschaftlichkeit der Überwachung) prägen zwar unternehmensintern die organisatorische Gestaltung des IKS, sind für die Urteilsbildung des Abschlußprüfers allerdings nicht relevant. Ebenso Adenauer, P., Internes Kontrollsystem, S. 101 und Spieth, E., ZIR 1979, S. 47 für die Wirtschaftlichkeit der Überwachung.

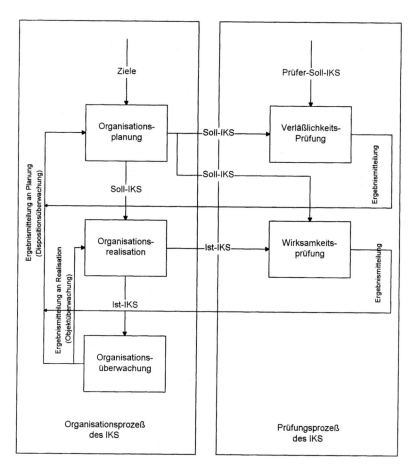

Abbildung 5: *Organisations- und Prüfungsprozeß des IKS mit Verknüpfungen*

Im zweiten Prüfungsschritt, der Wirksamkeitsprüfung, erfolgt ein Soll-Ist-Vergleich, bei dem der Abschlußprüfer die von ihm als verläßlich eingestufte IKS-Konzeption des Unternehmens dem tatsächlich realisierten Internen Kontrollsystem (Ist-IKS des Unternehmens) gegenübergestellt, wie es sich aus der Überwachung der Ordnungsmäßigkeit des Rechnungslegungsprozesses in der abgelaufenen Rechnungsperiode im Unternehmen ergibt.

Die festgestellten Abweichungen zwischen Ist-Objekt und Soll-Objekt weisen auf Störungen bei der Realisierung des Soll-IKS des Unternehmens hin und sind Auslöser für Anpassungsmaßnahmen, die eine Durchsetzung des Soll-IKS durch künftige Realisationsprozesse bewirken sollen.[52] Die Wirksamkeitsprüfung ist mit der unternehmensinternen Objektüberwachung des Internen Kontrollsystems vergleichbar, so daß sie auch als unternehmensextern durchgeführte Objektüberwachung bezeichnet werden kann.[53]

---

[52] Festgestellte Abweichungen sind Gegenstand der Berichterstattung des Abschlußprüfers über das Interne Kontrollsystem. Zur Berichterstattung über das IKS vgl. Freiling, C./Lück, W., ZfbF 1986, S. 1005 f.

[53] Wegen dieser Parallelen sollte der Abschlußprüfer die Prüfungsergebnisse der unternehmensinternen Überwachung bezüglich des Internen Kontrollsystems zur Kenntnis nehmen; er kann den eigenen Aufgabenbereich einschränken, wenn er sich von der fachlichen Kompetenz und der beruflichen Qualifikation der personellen Aufgabenträger der Überwachung überzeugt hat. Vgl. Freiling, C./Lück, W., ZfbF 1986, S. 1004; IDW, Fachgutachten 1/88, WPg 1989, S. 18. Der Teilprozeß "Organisationsüberwachung des IKS" und der Prüfungsprozeß des IKS gehen faktisch ineinander über, wenn eine intensive Zusammenarbeit zwischen Abschlußprüfer und Interner Revision als Aufgabenträgern bei der Prüfung des Internen Kontrollsystems erfolgt. Zur Zusammenarbeit bei der Durchführung von Prüfungen des Internen Kontrollsystems vgl. Freiling, C./Lück, W., ZIR 1992, S. 274.

1.4 Problemstellung und Gang der Untersuchung

Die Prüfung eines IKS im Rahmen der Jahresabschlußprüfung erfordert für die Prüfungsphase "Verläßlichkeitsprüfung" die Analyse und Beurteilung des Unternehmens-Soll-IKS.

Zur Analyse und Beurteilung von Internen Kontrollsystemen existieren neben qualitativen Ansätzen auch quantitative Ansätze. Bei den quantitativen Ansätzen können als relativ einfache Verfahren Scoring-Modelle von komplexeren Verfahren in Form von analytischen Modellen unterschieden werden.[54] Die analytischen Modelle sind auf die Bestimmung der Wirksamkeit des im Unternehmen realisierten Ist-IKS gerichtet und daher der zweiten Phase der IKS-Prüfung zuzuordnen.[55] Scoring-Modelle werden dagegen in erster Linie für die Beurteilung des Unternehmens-Soll-IKS konzipiert. Durch ihre Einfachheit weisen sie zudem ein hohes Maß an Praktikabilität auf.[56]

Bislang fehlt eine ausführliche Untersuchung zum Einsatz von Scoring-Modellen bei der vorläufigen Beurteilung Interner Kontrollsysteme. Die in der Literatur beschriebenen Scoring-Modelle[57] zur vorläufigen IKS-Beurteilung stellen eine Ergänzung qualitativer Beurteilungsansätze dar. Sie

---

[54] Die Systematik stammt von Quick, der auch einen Überblick über die analytischen Modelle liefert. Vgl. Quick, R., Risiken, S. 373 ff.

[55] Die hier vorgenommene Zuordnung der analytischen Modelle zur Wirksamkeitsprüfung beruht auf der zur Ermittlung der relevanten Informationen vorgeschlagenen Vorgehensweise, die einen Systemtest voraussetzt (vgl. z.B. Knop, W., Möglichkeit zur optimalen Planung, S. 245 f.; Baetge, J., Überwachung, S. 205; Baetge, J., Auswahlprüfungen, S. 63; Quick, R., Risiken, S. 384 f.). Systemtests (Stichproben) sind jedoch nur für realisierte IKS, nicht aber für die Systemkonzeption möglich. Für die Verwendung der analytischen Modelle im Rahmen der Verläßlichkeitsprüfung als erster Prüfungsphase von IKS kommt nur eine Schätzung der Input-Daten ohne Durchführung von Systemtests in Betracht. Zur Schätzung eines Teils der erforderlichen Input-Daten könnte das hier vorgestellte Konzept der Beurteilung von Überwachungsverfahren herangezogen werden.

[56] Vgl. Quick, R., Risiken, S. 375.

[57] Vgl. Brown, R. G., JoA, November 1962, S. 50 ff.; Hanisch, H./Kempf, D., Revision und Kontrolle, S. 383 ff.; Zaeh, P. E., Entscheidungsunterstützung, S. 218 ff. Zum Ansatz von Brown vgl. auch Bankmann, J., WPg 1963, S. 395 f.

werden meist ohne Berücksichtigung des theoretischen Hintergrunds von Scoring-Modellen beschrieben, so daß die Anwendungsvoraussetzungen von Scoring-Modellen als gegeben unterstellt werden. In Anlehnung an qualitative Beurteilungskonzepte beruht die Quantifizierung des Wirkungsgrades des IKS auf dem "Vorhandensein" bzw. "Fehlen" von Kontrollen[58] oder die Beurteilung des Wirkungsgrades der Kontrollen[59] wird dem Sachverstand des Prüfers überlassen. Ansätze zur Ableitung von Gewichtungsfaktoren[60] für Kontrollen fehlen bislang. Da es an Kriterien zur Beurteilung des Wirkungsgrades der Kontrollen mangelt, sind auch Nutzenfunktionen nicht vorhanden, die die Transformation von Kriterienausprägungen in Nutzenwerte (Punktwerte) leisten und diesen Beurteilungsschritt nachvollziehbar machen.[61]

Ein Konzept zur vorläufigen Beurteilung von IKS setzt die Entwicklung und hinreichend detaillierte Beschreibung von Soll-Vorstellungen des Abschlußprüfers über ein die Ordnungsmäßigkeit des Rechnungslegungsprozesses im geprüften Unternehmen verläßlich sicherndes IKS (Prüfer-Soll-IKS) voraus. Eine dafür geeignete Basis ist das zielgerichtete Verhalten betrieblicher Systeme, das in Form von Aufgaben spezifiziert werden kann (Kapitel 2). Der hier zur Verhaltensspezifikation verwendete Aufgabenbegriff orientiert sich an Konzepten der Wirtschaftsinformatik zur komplexitätsreduzierenden Beschreibung betrieblicher Systeme. Der Komplexitätsreduktion dient dabei die Unterscheidung zwischen Innen- und Au-

---

[58] Vgl. Brown, R. G., JoA, November 1962, S. 52.

[59] Eine Beurteilung des Wirkungsgrades verlangen Hanisch/Kempf und Zaeh. Vgl. Hanisch, H./Kempf, D., Revision und Kontrolle, S. 383, 385 ff.; Zaeh, P. E., Entscheidungsunterstützung, S. 223, 386 ff.

[60] Das fehlende Konzept zur Ableitung von Gewichtungsfaktoren und deren Berücksichtigung bei der Gesamtbewertung des Systems sind Gegenstand der Kritik. Vgl. Knop, W., Möglichkeit zur optimalen Planung, S. 239 f.; Quick, R., Risiken, S. 374.

[61] Zumindest Zaeh, P. E., Entscheidungsunterstützung, S. 386 f. verweist auf eine 10-Punkte Intervallskala zur Messung der Zielbeiträge, wobei eine positive Einschätzung von Ausprägungen 10 Punkte, eine sehr negative Einschätzung 0 Punkte erhalten soll. Die Kriterienausprägungen, die einer positiven bzw. negativen Einschätzung entsprechen werden nicht angeführt. Ohne Kenntnis der Kriterienausprägungen und ihrer Meßskalen ist die Einschätzung des Abschlußprüfers kaum nachvollziehbar.

ßensicht von Systemen und die Kennzeichnung des Systemverhaltens durch die Außensicht und die Innensicht von Aufgaben.

Ausgehend vom Zielsystem des IKS, das die Gesamtaufgabe des Systems aus der Außensicht kennzeichnet, wird das Aufgabensystem des IKS in einer Folge von Aufgabenzerlegungen entwickelt. Das Aufgabensystem ist eine Beschreibung der Innensicht der Gesamtaufgabe des Systems, wobei die bei der Aufgabenzerlegung entstehenden Teilaufgaben wiederum aus der Außensicht beschrieben werden. Anschließend wird die Innensicht elementarer Aufgaben des IKS aufgezeigt. Die Forderung nach Verträglichkeit zwischen Außen- und Innensicht von Systemen wird genutzt, um Soll-Vorstellungen des Abschlußprüfers sukzessive in widerspruchsfreier Form zu detaillieren.

In Kapitel 3 wird ein Konzept zur vorläufigen Beurteilung von IKS entwickelt, das ausgehend von den Überlegungen bei der Verhaltensspezifikation auf der Beurteilung von Überwachungsverfahren beruht. Zur Quantifizierung des Kontrollrisikos wird ein Scoring-Modell verwendet. Der Einsatz eines Scoring-Modells zur Quantifizierung des Kontrollrisikos erfordert eine der Beurteilungssituation des Abschlußprüfers entsprechende Interpretation der Komponenten des Scoring-Modells, bei der auf die in Form von Aufgaben spezifizierten Verhaltensanforderungen des Prüfers an das IKS zurückgegriffen werden kann. Ausgehend von der Entscheidungssituation des Abschlußprüfers werden die Modellkomponenten Zielsystem, Nutzenskalen und Amalgamierungsregel vorgestellt. Die operationalen Zielkriterien und ihre Bewertungsskalen werden gesondert beschrieben. Den Abschluß der Arbeit bilden Ausführungen zur Bewertung von Überwachungsverfahren bei einem Unternehmens-Soll-IKS, das auf einer vom Aufgabensystem des Prüfer-Soll-IKS abweichenden Aufgabenzerlegung beruht.

2 Anforderungen an das Interne Kontrollsystem
2.1 Zielsystem
2.1.1 Zielinhalt, Zielvariable und zeitlicher Zielbezug

Ziele kennzeichnen angestrebte zukünftige Zustände, die es ermöglichen, geeignete Handlungsalternativen zu bestimmen[62] und verschiedene Alternativen hinsichtlich ihres Zielerreichungsgrades zu beurteilen[63]. Deshalb ist für die Beurteilung des Unternehmens-Soll-IKS die Bestimmung der Ziele des IKS hinsichtlich der Elemente Zielinhalt, Zielvariable und Zielausmaß erforderlich. Außerdem ist der zeitliche Bezug der Ziele festzulegen.[64]

Der Überwachung des Rechnungslegungsprozesses durch das Interne Kontrollsystem liegt grundsätzlich eine mehrfache Zielsetzung zugrunde. Bezogen auf den Zielinhalt sind als Zielkategorien des IKS Sachziele und Formalziele zu unterscheiden.[65] Sachziele beziehen sich auf Leistungen.[66] Aus Prüfersicht kennzeichnet das Sachziel Überwachung die Leistung des Internen Kontrollsystems als Sicherstellung der Ordnungsmäßigkeit des Rechnungslegungsprozesses der geprüften Unternehmung.[67]

---

[62] Vgl. Kupsch, P., Unternehmungsziele, S. 23.

[63] Vgl. Dellmann, K., Ziele der Unternehmung, Sp. 2245.

[64] Zu den Zielelementen vgl. Dellmann, K., Ziele der Unternehmung, Sp. 2245; Hamel, W., Zielplanung, Sp. 2302 ff.; Heinen, E., Grundfragen, S. 115 ff.

[65] Die Zielsetzung des Internen Kontrollsystems kann auch Sozialziele wie Motivation und Arbeitszufriedenheit einschließen. Zum Einfluß der Überwachung auf Motivation und Arbeitszufriedenheit vgl. Baetge, J., Überwachung, S. 178, 181; Thieme, H., Verhaltensbeeinflussung, S. 24 f.; 54 ff. Zu Sozialzielen als Zielkategorie vgl. Chmielewicz, K., Unternehmungsziele, Sp. 1607.

[66] Vgl. Dellmann, K., Ziele der Unternehmung, Sp. 2246.

[67] Bei der Gestaltung des Internen Kontrollsystems können weitere Sachziele wie z.B. die Sicherstellung der Wirtschaftlichkeit des Rechnungslegungsprozesses zu berücksichtigen sein. Vgl. Baetge, J./Mochty, L., Zuverlässigkeit und Wirtschaftlichkeit, S. 5.

Als Formalziel ist dem IKS der Erfolg zuzuordnen.[68] Der Erfolg der Überwachung kann nur beurteilt werden, wenn die Faktoren, die den Überwachungserfolg bewirken, zueinander in Beziehung gesetzt werden. Zur Bestimmung des Überwachungserfolges wird die Erfolgsrelation "Wirtschaftlichkeit" vorgeschlagen[69]. Wirtschaftlichkeit als Verhältnis von bewerteter Überwachungsleistung und Überwachungskosten stellt eine Operationalisierung des Erfolgszieles dar, die eine Feststellung des Zielerreichungsgrades ermöglichen soll.[70] Das gewünschte Ausmaß der Zielerreichung wird mit Hilfe einer Zielvorschrift festgelegt. Eine realistische Zielsetzung muß sich an den realen Bedingungen des Systems orientieren, so daß Extremierungsziele in der Realität meist ausscheiden und durch Anspruchsniveaus (Satifizierungsstreben) ersetzt werden.[71] Da Überwachung wirtschaftlich ist, wenn die Überwachungsleistung die Überwachungskosten übersteigt[72], weisen sinnvolle Anspruchniveaus eine Kennziffernausprägung von mehr als 100 %[73] auf. Allerdings bereitet die zur Messung der Wirtschaftlichkeit erforderliche Bewertung der Überwachungsleistung

---

[68] Der Erfolg gehört in markwirtschaftlichen Wirtschaftsordnungen zu den wichtigsten Formalzielen. Vgl. Berthel, J., Ziele, S. 1072. Entscheidungen über die Gestaltung des Internen Kontrollsystems werden wie andere betriebliche Entscheidungen nach dem Ergiebigkeitsprinzip als Ausprägung des allgemeinen Rationalprinzips getroffen. Danach hat die Ausgestaltung des Internen Kontrollsystems so zu erfolgen, daß mit vorhandenen knappen Mitteln eine optimale Ausprägung der Sachziele erreicht wird.

[69] Vgl. Adenauer, P., Internes Kontrollsystem, S. 101, Baetge, J., Überwachung, S. 188; Blum, E., Betriebsorganisation, S. 296; Euler, K. A., Interne Kontrollen, S. 14; Frysch, J., Kontrollabbau, S. 76; Ludewig, R., Kriminelle Energien, S. 403; Nordsieck, F., ZfhF 1929, S. 168; Ronneberger, R., ZfO, Januar/Februar 1961, S. 22; Schuppert, A., Routinetätigkeiten, S. 11; Schwaderer, J./Dinnebier, O., ZIR 1979, S. 198.

[70] Zur Wirtschaftlichkeit vgl. Bohr, K., Wirtschaftlichkeit, Sp. 2181 ff.

[71] Vgl. Bindlingmaier, J./Schneider D., Ziele, Sp. 4738; Dellmann, K., Ziele der Unternehmung, Sp. 2245; Faßnacht, K., Ziel-Mittel-Schema, Sp. 2300.

[72] Vgl. Schuppert, A., Routinetätigkeiten, S. 11.

[73] Vgl. Frysch, J., Kontrollabbau, S. 76; Löffelholz, J., Wirtschaftlichkeit, Sp. 4464.

erhebliche Schwierigkeiten, weil die relevanten Daten empirisch kaum erhoben werden können.[74]

Zur Beurteilung der Leistung der Überwachung wird deshalb das Kriterium "Zuverlässigkeit" herangezogen. Zuverlässigkeit wird dabei als Wahrscheinlichkeit für die Fehlerfreiheit von Überwachungsobjekten verstanden.[75] Für das in der Zielvorschrift zugrundegelegte Ausmaß der Zielerreichung werden unternehmensintern oder extern (z.B. gesetzlich) vorgegebene (Mindest-) Zuverlässigkeiten angeführt[76]. Bei der Gestaltung des IKS können neben der Zuverlässigkeit auch die Überwachungskosten[77] als Determinanten der Wirtschaftlichkeit sowie nicht quantifizierbare Sozialzielkriterien in die Auswahl der "optimalen" Kontrollsystem-Alternative einbezogen werden.[78] Die Beurteilung des IKS im Rahmen der Jahresabschlußprüfung bezieht sich grundsätzlich ausschließlich[79] auf die Leistung des Systems, wobei ein der Zielvariable Zuverlässigkeit ähnliches "Maß für die Qualität"[80] des IKS verwendet wird.

---

[74] Vgl. Adenauer, P., Internes Kontrollsystem, S. 100 f.; Baetge, J., Überwachung, S. 188; Göbel, R., Auswahlverfahren, S. 113 f.; Müller, O., ZIR 1979, S. 134; Ronneberger, R., ZfO, Januar/Februar 1961, S. 22.

[75] Vgl. Baetge, J., Überwachung, S. 189 f.; Frysch, J., Kontrollabbau, S. 78; Göbel, R., Auswahlverfahren, S. 114 f. m.w.N.

[76] Vgl. Frysch, J., Kontrollabbau, S. 79.

[77] Vgl. Göbel, R., Auswahlverfahren, S. 114, 118 ff. Bei vorgegebenem Kostenbudget ist diejenige Kontrollsystem-Alternative auszuwählen, mit der die maximale Zuverlässigkeit erreicht werden kann. Vgl. Frysch, J., Kontrollabbau, S. 79.

[78] Vgl. Baetge, J., Überwachung, S. 190. Eine durch Formal- und Sozialzielkriterien dominierte Gestaltung des Internen Kontrollsystems kann allerdings dazu führen, daß im Ergebnis die Beurteilung des IKS im Rahmen des Organisationsprozesses vom Urteil des Jahresabschlußprüfers abweicht, weil durch den Abschlußprüfer festgestellte Überwachungslücken wohl häufig auf Wirtschaftlichkeitsüberlegungen bei der Konzeption des IKS zurückzuführen sind. Nach Ronneberger ist grundsätzlich von einer Dominanz des Formalzieles (Wirtschaftlichkeit) auszugehen. Eine Ausnahme bildet das Kreditgewerbe, bei dem in Teilbereichen "...die Sicherheit...Vorrang gegenüber...der Wirtschaftlichkeit..." hat. Vgl. Ronneberger, R., ZfO, Januar/Februar 1961, S. 22.

[79] Vgl. Adenauer, P., Internes Kontrollsystem, S. 101; Spieth, E., ZIR 1979, S. 47.

[80] Vgl. Stibi, E., Prüfungsrisikomodell, S. 76.

Im Modell der risikoorientierten Jahresabschlußprüfung wird die Leistung des Internen Kontrollsystems durch die Variable "Internes Kontrollrisiko" (Kontrollrisiko)[81] operationalisiert. Das Kontrollrisiko ist definiert als die Wahrscheinlichkeit, daß wesentliche Fehler in einem Prüffeld des Jahresabschlusses durch das Interne Kontrollsystem des zu prüfenden Unternehmens nicht verhindert oder in angemessener Zeit nicht aufgedeckt und beseitigt werden.[82] Durch das IKS nicht verhinderte bzw. nicht aufgedeckte und beseitigte Fehler gelangen in den Jahresabschluß.[83] Zusammen mit dem Inhärenten Risiko bildet das Kontrollrisiko das Fehlerrisiko, das die Wahrscheinlichkeit für das Auftreten wesentlicher Fehler in einem Prüffeld des Jahresabschlusses beschreibt.[84] Das Kontrollrisiko stellt das Komplement zum Zielerreichungsgrad des IKS hinsichtlich des Sachziels der Sicherung der Ordnungsmäßigkeit des Rechnungslegungsprozesses des geprüften Unternehmens dar.[85]

In der Kontrollrisikodefinition wird auf zwei Wirkungen der Überwachung Bezug genommen: die Fehlerverhinderungswirkung und die Korrekturwirkung. Die Korrekturwirkung der Überwachung entsteht durch die Aufdeckung und Beseitigung von Fehlern.[86] Die Fehlerverhinderungswirkung beruht auf dem positiven Einfluß, den die Überwachung auf das Verhalten der an der Rechnungslegung beteiligten personellen Aufgabenträger ha-

---

[81] Vgl. IDW, WP-Handbuch 1996 Bd. I, Abschn. P, Tz 59; Selchert, F. W., Jahresabschlußprüfung, S. 151; Stibi, E., Prüfungsrisikomodell, S. 76; Wiedmann, H., WPg 1993, S. 17. Im angelsächsischen Schrifttum heißt diese Größe entsprechend "internal control risk" bzw. "control risk".

[82] Vgl. z.B. AICPA, Professional Standards, AU § 312.20 b; IFAC, International Standards, ISA 400.5.

[83] Vgl. Graham, L. E., The CPA Journal, August 1985, S. 20; Stibi, E., Prüfungsrisikomodell, S. 105.

[84] Vgl. Stibi, E., Prüfungsrisikomodell, S. 76.

[85] Vgl. Quick, R., Risiken, S. 38. Meist wird das Kontrollrisiko allgemeiner als eine Funktion der Wirksamkeit bzw. Verläßlichkeit der im IKS implementierten Kontrollen gekennzeichnet. Vgl. AICPA, Professional Standards, AU § 312.20 b; Wiedmann, H., WPg 1993, S. 17.

[86] Vgl. Baetge, J., Überwachung, S. 181 f.; Göbel, R., Auswahlverfahren, S. 3, 121; Schuppert, A., Routinetätigkeiten, S. 7.

ben kann.[87] Als verhaltensbeeinflussende Wirkungen werden die "Lernwirkung", die "Präventivwirkung" und die "Sicherheitswirkung" unterschieden.[88] Während sich die Lernwirkung der Überwachung auf die Steigerung der Leistungsfähigkeit der personellen Aufgabenträger bezieht, beeinflussen die Präventivwirkung und die Sicherheitswirkung deren Leistungsbereitschaft.[89] Die Überwachung entfaltet eine Lernwirkung, wenn sie die in mangelnden Fähigkeiten des Aufgabenträgers bestehenden Fehlerursachen behebt. Wird der Aufgabenträger über die identifizierten Fehler informiert und werden ihm die notwendigen Informationen über einen fehlerfreien Zustand der Überwachungsobjekte vermittelt, erwirbt er die Fähigkeit, künftig vergleichbare Fehler zu vermeiden.[90] Eine Präventivwirkung entsteht, wenn das Bewußtsein überwacht zu werden, die Aufgabenträger zu fehlerfreier Aufgabenerfüllung veranlaßt. Unbewußte Fehler werden durch erhöhte Aufmerksamkeit vermieden oder bewußte Fehler wegen der Entdeckungsgefahr durch die Überwachung unterlassen.[91] Schließlich können Fehler durch die Sicherheitswirkung der Überwachung verhindert werden. Wird der personelle Aufgabenträger über die Überwachungsergebnisse informiert, erlangt er Sicherheit über die Qualität seiner Arbeit. Die Information, daß Fehler aufgetreten sind, motiviert einen nach möglichst fehlerfreier Arbeit strebenden Aufgabenträger.

---

[87] Vgl. Göbel, R., Auswahlverfahren, S. 122. Die Überwachung kann das Verhalten der personellen Aufgabenträger jedoch auch negativ beeinflussen. Sie wirkt in diesem Fall dysfunktional. Vgl. z.B. Baetge, J., Überwachung, S. 180 f.; Göbel, R., Auswahlverfahren, S. 3, 152, 161. Eine Quantifizierung der Verhaltenswirkungen der Überwachung außerordentlich schwierig, weil es wegen der komplexen sozialsychologischen Zusammenhänge im konkreten Einzelfall zu völlig unterschiedlichen Verhaltensweisen der personellen Aufgabenträger kommen kann. Vgl. Schuppert, A., Routinetätigkeiten, S. 7.

[88] Vgl. Baetge, J., Überwachung, S. 180 - 182; Göbel, R., Auswahlverfahren, S. 4; Schuppert, A., Routinetätigkeiten, S. 6; Treuz, W., Kontroll-Systeme, S. 50 - 54.

[89] Vgl. Göbel, R., Auswahlverfahren, S. 148.

[90] Ausführlich zur Lernwirkung Göbel, R., Auswahlverfahren, S. 148 ff.

[91] Ausführlich zur Präventivwirkung Göbel, R., Auswahlverfahren, S. 156 ff.

Diese Steigerung der Leistungsbereitschaft trägt zur Vermeidung von Fehlern bei.[92]

Die Fehlerverhinderungswirkung der Überwachung betrifft im Gegensatz zur Korrekturwirkung keine bereits entstandenen Fehler. Sie beugt der Entstehung von Fehlern vor und reduziert damit die Wahrscheinlichkeit für das Auftreten von Fehlern.[93] Das Prüfungsrisikomodell verlangt jedoch eine Erfassung der fehlerverhindernden Wirkung des IKS im Kontrollrisiko, weil das Inhärente Risiko als die Wahrscheinlichkeit für das Auftreten wesentlicher Fehler in einem Prüffeld des Jahresabschlusses unter der Annahme definiert wird, daß ein Internes Kontrollsystem nicht existiert[94].

Wegen der Nichtberücksichtigung der Fehlerverhinderungswirkung der Überwachung im Inhärenten Risiko wird das Prüfungsrisikomodell als praxisfern kritisiert, denn die separierten Risikokomponenten implizieren, daß der Prüfer in der Lage ist, diese auch getrennt voneinander zu ermitteln.[95] Das Urteil eines Prüfers über die Wahrscheinlichkeit der Fehlerentstehung enthält in der Praxis jedoch auch sein Wissen über das Vorhandensein und die Wirksamkeit eines IKS hinsichtlich seiner fehlerverhindernden Wirkung.[96] Bei der Beurteilung des Inhärenten Risikos wird z.B.

---

[92] Eine Sicherheitswirkung tritt nicht nur bei dem überwachten Aufgabenträger, sondern auch bei dem (personellen) Überwachungsträger ein, jedoch ergibt sich daraus keine fehlerverhindernde Wirkung. Ausführlich zur Sicherheitswirkung Göbel, R., Auswahlverfahren, S. 166 ff.

[93] Während die Überwachung hinsichtlich ihrer Verhaltenswirkungen dynamisch in die Zukunft wirkt, tritt die Korrekturwirkung im Überwachungszeitpunkt mit der Beseitigung der Fehler ein. Vgl. Göbel, R., Auswahlverfahren, S. 3, 121.

[94] Vgl. AICPA, Professional Standards, AU § 312.20 a; IFAC, International Standards, ISA 400.4.

[95] Vgl. Graham, L. E., The CPA Journal, October 1985, S. 40. Zu den Abhängigkeiten zwischen Inhärentem Risiko und Kontrollrisiko und deren Verständnis als bedingte Wahrscheinlichkeiten vgl. Quick, R., Risiken, S. 99 ff., 108 f.; Stibi, E., Prüfungsrisikomodell, S. 145 ff.

[96] Vgl. Graham, L. E., The CPA Journal, September 1985, S. 35; Leslie, D. A., Materiality, Kap. 7, Tz 13; Waller, W. S., AR, October 1993, S. 787 f. Wohl ebenso Diehl, nach dem wichtige Hinweise auf inhärente Risiken aus der Beurteilung des Kontrollumfelds gewonnen werden. Vgl. Diehl, C., Strukturiertes Vorgehen, S. 204.

als prüffeldspezifischer Faktor die "Art des Geschäftsvorfalls" berücksichtigt.[97] Dabei wird das Risiko wesentlicher Fehler bei der Abbildung routinemäßig auftretender Geschäftsvorfälle als relativ gering beurteilt, wenn die entsprechenden Rechnungslegungsvorgänge überwacht werden.[98] Als weiterer prüffeldspezifischer Faktor geht in die Beurteilung des Inhärenten Risikos die "Art und Verwertbarkeit eines Vermögensgegenstands" ein.[99] Auch hier wird die Überwachung des Personals, z.B. bei Verlassen des Werksgeländes, risikomindernd berücksichtigt.[100]

Eine definitionsgemäße Bemessung des Inhärenten Risikos würde den Prüfer vor die Schwierigkeit stellen, die Wahrscheinlichkeit der Fehlerentstehung für eine hypothetische Situation ohne IKS zu beurteilen.[101] Deshalb wird in der Literatur vorgeschlagen, die fehlerverhindernde Wirkung

---

[97] Vgl. Quick, R., Risiken, S. 290 ff.
[98] Vgl. Diehl, C., Strukturiertes Vorgehen, S. 205; Quick, R., Risiken, S. 291.
[99] Vgl. Quick, R., Risiken, S. 278 ff.
[100] Vgl. Quick, R., Risiken, S. 279.
[101] Vgl. Graham, L. E., The CPA Journal, September 1985, Fußnote S. 35.

der Überwachung aus der Definition des Kontrollrisikos herauszulösen.[102] Die Verhaltenswirkungen des Überwachung können als gesonderte Komponente neben dem Inhärenten Risiko in das Prüfungsrisikomodell einbezogen[103] oder bei der Beurteilung des Inhärenten Risikos zu berücksichtigt werden[104]. Das Kontrollrisiko wird dadurch auf das Risiko beschränkt, daß wesentliche Fehler durch das Interne Kontrollsystem in

---

[102] Vgl. Waller, W. S., AR, October 1993, Abb. 2, S. 786 und die zugehörige Erläuterung S. 801. A. A. Stibi, E., Prüfungsrisikomodell, S. 152, die ein solches Vorgehen mit der Begründung ablehnt, daß sich Fehlerverhinderungs- und Korrekturwirkung der Überwachung nicht trennen ließen, weil Kontrollen beide Funktionen erfüllen. Im Hinblick auf die Ausführungen in diesem Kapitel stehen dieser Auffassung für die Planungsphase der Jahresabschlußprüfung sowohl die Prüfungspraxis als auch die Ergebnisse theoretischer Untersuchungen entgegen. Zutreffend ist jedoch, daß eine empirische Ermittlung der Verhaltenswirkungen außerordentlich schwierig ist (Vgl. Baetge, J., Überwachung, S. 189). Baetge und seine Schüler klammern in ihren analytischen Modellen die verhaltensbeeinflussenden Wirkungen und damit auch die darus resultierendende Fehlerverhinderung der Überwachung explizit aus, indem sie ein zeitinvariantes Verhalten der beteiligten Aufgabenträger unterstellen. Die Korrekturwirkung wird dadurch aus dem Verbund der Überwachungswirkungen herausgelöst und kann isoliert beurteilt werden, da unter dieser Bedingung eine Erhöhung der Ergebniszuverlässigkeit (bzw. eine Verminderung des Fehlerrisikos) ausschließlich auf die Korrekturwirkung der Überwachung zurückzuführen ist. Vgl. Baetge, J., Überwachung, S. 205; Baetge, J./Mochty, L., Zuverlässigkeit und Wirtschaftlichkeit, S. 27; Göbel, R., Auswahlverfahren, S. 123 f.; Schuppert, A., Routinetätigkeiten, S. 7, 203. Auch beim Test des IKS ließe sich unter dieser Anname die Korrekturwirkung isoliert ermitteln, wenn der Zustand der ausgewählten Testfälle vor und nach Durchführung von Überwachungshandlungen ermittelt wird. In der Praxis wird jedoch aus Vereinfachungsgründen nur der Zustand der Testfälle nach Durchführung der Überwachung festgestellt. Deshalb ist keine Aussage darüber möglich, ob fehlerfreie Testobjekte auf die Korrekturwirkung der Überwachung zurückzuführen sind oder bereits vor der Überwachung fehlerfrei waren. Das Testergebnis ist Ausdruck von Inhärentem Risiko und Kontrollrisiko gemeinsam. Vgl. Graham, L. E., The CPA Journal, October 1985, S. 40.

[103] Vgl. Waller, W. S., AR, October 1993, Abb. 2, S. 786 und die zugehörige Erläuterung S. 801.

[104] Offenbar Leslie, D. A., Materiality, Kap. 7, Tz 13. Die Verhaltenswirkungen der Überwachung könnten durch den Abschlußprüfer auch im Rahmen des mandantenspezifischen Faktors "Qualität des Personals" (vgl. Quick, R., Risiken, S. 270 ff.) in die Beurteilung des Inhärenten Risikos einbezogen werden. Die Qualität der am Rechnungslegungsprozeß beteiligten personellen Aufgabenträger wird durch deren Leistungsbereitschaft und deren Leistungsfähigkeit bestimmt und die Überwachung kann auf diese beiden Verhaltensdeterminanten einwirken. Zur Beurteilung der Verhaltenswirkungen verschiedener Überwachungsverfahren vgl. Göbel, R., Auswahlverfahren, S. 153 ff., 163 ff., 168 ff.

angemessener Zeit nicht aufgedeckt und beseitigt werden.[105] In dieser Arbeit wird der Herauslösung der fehlerverhindernden Wirkung der Überwachung gefolgt und das Kontrollrisiko als Komplement der Korrekturwirkung des IKS verstanden. Die Sicherstellung der Ordnungsmäßigkeit bedeutet daher Aufdeckung und Beseitigung von die Ordnungsmäßigkeit der Rechnungslegung beeinträchtigenden Fehlern.

Im Hinblick auf den zeitlichen Bezug der Ziele des Internen Kontrollsystems ist für die Jahresabschlußprüfung in erster Linie der Zeitraum der Abrechnungsperiode[106] maßgebend, während für die Gestaltung des IKS ein breites Spektrum an Zielformulierungen mit unterschiedlichen zeitlichen Bezügen denkbar ist (z.b. Dauerzustand (Erhaltungsziel), dynamische oder langfristige Ziele)[107].

Für die der Verläßlichkeitsprüfung des IKS nachfolgenden Prüfungsphasen ist ein inhaltlich undifferenzierter Zielerreichungsgrad des Systems hinsichtlich der "Sicherung der Ordnungsmäßigkeit des Rechnungslegungsprozesses" nicht ausreichend aussagekräftig. Eine inhaltliche Konkretisierung läßt sich erreichen, wenn das globale Sachziel der Ordnungsmäßigkeitssicherung (Oberziel) durch Zerlegung in Teilziele (Unterziele) präzisiert wird.[108] Abweichungen des Rechnungslegungsprozesses im Hinblick auf eines der Teilziele können auf diese Weise als die durch das IKS aufzudeckenden und zu beseitigenden Fehlerarten oder Fehlerkategorien erfaßt werden. Die Ermittlung des Kontrollrisikos kann dann bezüglich der Teilziele durch gesonderte Bestimmung entsprechender Teilrisiken bzw. Fehlerkategorien erfolgen.

---

[105] Vgl. Waller, W. S., AR, October 1993, S. 786. Zum Ansatz von Waller vgl. auch Stibi, E., Prüfungsrisikomodell, S. 151; Quick, R., Risiken, S. 109.

[106] In der Literatur wird der Begriff "Beurteilungszeitraum" verwendet. Vgl. Adenauer, P., Internes Kontrollsystem, S. 66; Nagel, T., Jahresabschlußprüfung, S. 108; Stibi, E., Prüfungsrisikomodell, S. 196.

[107] Vgl. zu den Aspekten des zeitlichen Zielbezugs z.B. Heinen, E., Grundfragen, S. 118 f.

[108] Zwischen Oberziel und Unterzielen wird dabei eine Zweck-Mittel-Beziehung (Komplementaritätsbeziehung) vermutet. Vgl. Heinen, E., Grundfragen, S. 123 ff.

2.1.2 Inhaltliche Konkretisierung des Sachzieles der Sicherung der Ordnungsmäßigkeit des Rechnungslegungsprozesses

Eine inhaltliche Konkretisierung des Sachzieles "Sicherung der Ordnungsmäßigkeit des Rechnungslegungsprozesses" durch Teilziele kann auf der Grundlage des für die Ordnungsmäßigkeit der Rechnungslegung geltenden Normensystems[109] erfolgen. Die zum Normensystem gehörenden Einzelvorschriften können zu Normenkategorien zusammengefaßt werden. Die Bildung von Normenkategorien entspricht einer Isolierung von Ordnungsmäßigkeitselementen, die eine Grundlage für die Formulierung der angestrebten Teilziele des Internen Kontrollsystems bilden.

Ausgangspunkt zur Entwicklung der Normenkategorien ist die Betrachtung des Jahresabschlusses als Modell des realen betrieblichen Unternehmensgeschehens[110], die es gestattet, die für die Ordnungsmäßigkeit der Rechnungslegung maßgebenden Normen in einen systemtheoretischen Kontext zu stellen.

---

[109] Das die Ordnungsmäßigkeit der Rechnungslegung bestimmende Normensystem umfaßt die Vorschriften des HGB einschließlich der Grundsätze ordnungsmäßiger Buchführung, die sich auf die Rechnungslegung beziehenden Regelungen der Satzung bzw. des Gesellschaftsvertrages, sowie die rechtsform- und branchenspezifischen Rechnungslegungsvorschriften. Darüber hinaus wird der Jahresabschluß erheblich durch steuerliche Vorschriften beeinflußt. Vgl. Bitz, M./ Schneeloch, D./Wittstock, W., Jahresabschluß, S. 11 f.; Buchner, R., Rechnungslegung, S. 40 ff.

[110] Vgl. Baetge, J., DB 1986, Beilage Nr. 26, S. 8; Bauer, J., Rechnungspolitik, S. 70; Becker, J./ Rosemann, M./Schütte, R., WI 1995, S. 437; Bitz, M./Schneeloch, D./Wittstock, W., Jahresabschluß, S. 9; Dinkel, F., Bilanz und Bewertung, S. 60; Köhler, R., Modelle, Sp. 2710; Kosiol, E., Pagatorische Bilanz, S. 52 - 59; Krallmann, H., Systemanalyse, S. 16; Leffson, U., GoB, S. 196; Lippmann, K., Ökonomischer Gewinn, S. 22 f.; Richter, M., Langfristige Fertigung, S. 146; Schruff, L., WPg 1986, S. 185; Schulze, H., Messung, S. 117 ff.; Schweitzer, M., Struktur und Funktion, S. 64; Sieben, G./Schildbach, T., Entscheidungstheorie, S. 129; Wolff, G., Aussagefähigkeit, S. 85 ff. Als zahlenmäßige Abbildung des wirtschaftlichen Geschehens der Unternehmung wird die Rechnungslegung den mathematischen Modellen zugerechnet. Vgl. Kosiol, E., Pagatorische Bilanz, S. 57 f.

Modelle sind als Systeme zu verstehen, die andere (meist reale) Systeme zielgerichtet abbilden.[111] Das abzubildende System wird dabei als Originalsystem[112], Original[113] oder Objektsystem[114] bezeichnet. Das Objektsystem ist der abzubildende Ausschnitt der realen Welt, der nur die für den Modellzweck relevanten Systemelemente und deren Beziehungen umfaßt.[115] Das für den Jahresabschluß relevante Objektsystem umfaßt als abzubildende Sachverhalte eine bestimmte Klasse ökonomischer Ereignisse, die als Geschäftsvorfälle bezeichnet werden. Sie zeichnen sich dadurch aus, daß sie zur Änderung der Höhe und/oder der Zusammensetzung des Vermögens und des Kapitals einer Unternehmung führen.[116] Die Abgrenzung des Objektsystems als modellierungsrelevanter Realitätsausschnitt ist selbst eine Abstraktion[117] und bedeutet insoweit bereits eine Modellbildung.

Damit Modelle realer Systeme ein vereinfachtes, aber "adäquates Abbild der betrachteten Wirklichkeit"[118] zeigen, muß zwischen der Struktur und

---

[111] Zum Modellbegriff vgl. Daenzer, W. F., Systems engineering, S. 13; Dinkelbach, W., Isomorphes Abbild, S. 154, 161; Ferstl, O. K./Sinz, E. J., Wirtschaftsinformatik, S. 18; Homburg, C., Unternehmensplanung, S. 265; Köhler, R., Modelle, Sp. 2701 - 2708; Stachowiak, H., Modelltheorie, S. 128 ff.

[112] Vgl. Homburg, C., Unternehmensplanung, S. 265.

[113] Vgl. Köhler, R., Modelle, Sp. 2701.

[114] Vgl. Ferstl, O. K./Sinz, E. J., Wirtschaftsinformatik, S. 18.

[115] Vgl. Ferstl, O. K./Sinz, E. J., Wirtschaftsinformatik, S. 4 f.

[116] Vgl. AWV, Buchhaltungsdaten, S. 12; Budde, W. D./Kunz, K., Kommentierung zu § 238 HGB, in Beck Bil-Komm, Tz 62; Nath, G./Stoeckmann, H., Buchführung, S. 10; Selchert, F. W., Jahresabschlußprüfung, S. 225 f., Sikorski, R., Buchführung, S. 14; Wöhe, G., Allgemeine BWL, S. 958. Zimmermann/Fries verstehen unter einem Geschäftsvorfall jede in Geldeinheiten ausdrückbare Werteverschiebung. Vgl. Zimmermann, W./Fries, H., Rechnungswesen, S. 8. Mit dem Zeitpunkt des Eintritts der Vermögens- bzw. Kapitalwirksamkeit handelt es sich um buchungspflichtige Geschäftsvorfälle. Vgl. Budde, W. D./Kunz, K., Kommentierung zu § 238 HGB, in Beck Bil-Komm, Tz 62; Leffson, U., GoB, S. 160; Selchert, F. W., Jahresabschlußprüfung, S. 225 f.

[117] In Bezug auf die Rechnungslegung besteht die Abstraktion darin, die Abbildung der Geschäftstätigkeit des Unternehmens auf Vermögens- und Kapitaländerungen zu beschränken und damit nur einen bestimmten Aspekt des Unternehmensgeschehens zu erfassen.

[118] Kosiol, E., ZfhF 1961, S. 321.

dem Verhalten von Objektsystem und Modell Ähnlichkeit bestehen. Eine ausreichende Ähnlichkeit verstanden als Struktur- und Verhaltenstreue wird durch Modellabbildungen erreicht, deren Merkmale mit dem Begriff der Homomorphie beschrieben werden.[119] Strukturtreue homomorphe Modellabbildungen zeichnen sich dadurch aus, daß jedem Element des Objektsystems eindeutig ein Element des Modells zugeordnet werden kann, wobei das Modell nur solche Elemente enthält, denen ein Element des Objektsystems zugeordnet ist. Gleiches gilt für zwischen den Elementen des Objektsystems bestehende Beziehungen und die Beziehungen zwischen den Elementen des Modells.[120] Zwischen Objektsystem und Modell besteht eine eindeutige Beziehung, die aber nicht umkehrbar eindeutig zu sein braucht. Entsprechend ist Verhaltenstreue gewährleistet, wenn die Modellabbildung homomorph bezüglich des Verhaltens ist.[121]

Die Merkmale homomorpher Modellabbildungen decken sich inhaltlich mit den grundlegenden Forderungen nach Vollständigkeit[122], Authentizität[123]

---

[119] Vgl. Dinkelbach, W., Isomorphes Abbild, S. 161; Ferstl, O. K./Sinz, E. J., Wirtschaftsinformatik, S. 18 f.; Homburg, C., Unternehmensplanung, S. 265 f.; Kosiol, E., Pagatorische Bilanz, S. 54. In der Literatur wird synonym für Homomorphie auch partiale Strukturgleichheit oder Teilisomorphie verwendet. Vgl. Kosiol, E., Pagatorische Bilanz, S. 54. Isomorphie ist bei umkehrbar eindeutigen Modellabbildungen gegeben. Zwischen Original und Modell besteht bei Isomorphie Strukturgleichheit.

[120] Die Homomorphieeigenschaft erfordert in diesem Zusammenhang, daß jeder Beziehung zwischen Elementen des Objektsystems eine Beziehung im Modell zugeordnet werden kann. Das Modell darf dabei nur solche Beziehungen enthalten, denen eine oder mehrere Beziehungen zwischen den Elementen des Objektsystems zugeordnet werden können.

[121] Vgl. Ferstl, O. K./Sinz, E. J., Wirtschaftsinformatik, S. 18 f.

[122] Vgl. Adenauer, P., Internes Kontrollsystem, S. 72; AICPA, Professional Standards, AU § 326.05; Arens, A. A./ Loebbecke, J. K., Auditing, S. 274; Boynton, W. C./ Kell, W. G., Modern Auditing, S. 146; Johnson, K. P./Jaenicke, H. R., Internal Control, S. 32; Leffson, U., GoB, S. 158 ff., 219 ff.; Selchert, F. W., Jahresabschlußprüfung, S. 225; Stibi, E., Prüfungsrisikomodell, S. 60; Wallace, W., Auditing, S. 515.

und Eindeutigkeit[124] einer ordnungsmäßigen Rechnungslegung im Jahresabschluß. Der Jahresabschluß eines Unternehmens ist nur dann ein adäquates Bild seiner Geschäftstätigkeit, wenn der Rechnungslegungsprozeß eine homomorphe Modellabbildung mit den Merkmalen Vollständigkeit, Authentizität und Eindeutigkeit realisiert und insoweit ordnungsmäßig ist (Abbildung 6).

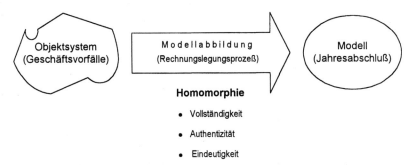

Abbildung 6: *Vollständigkeit, Authentizität und Eindeutigkeit als Merkmale homomorpher Modellabbildungen*

Zur Erklärung der Merkmale Vollständigkeit, Authentizität und Eindeutigkeit kann auf die Eigenschaften von Relationen[125], die Beziehungen zwischen den Elementen zweier Mengen kennzeichnen, zurückgegriffen werden, da Systeme und Modelle eine besondere Ausprägung von Mengen

---

[123] Vgl. Adenauer, P., Internes Kontrollsystem, S. 74; AICPA, Professional Standards, AU § 326.04; Arens, A. A./Loebbecke, J. K., Auditing, S. 274; Defliese, P. L./ Jaenicke, H. R./O'Reilly, V. M./Hirsch, M. B., Montgomery's Auditing, S. 150; Boynton, W. C./Kell, W. G., Modern Auditing, S. 145 f.; Leffson, U., GoB, S. 159; Selchert, F. W., Jahresabschlußprüfung, S. 228; Stibi, E., Prüfungsrisikomodell, S. 60. Synonym für Authentizität (Echtheit) werden Existenz und Wirklichkeit (Existence or Occurrence) verwendet.

[124] Vgl. Arens, A. A./ Loebbecke, J. K., Auditing, S. 353. Eindeutigkeit wird meist nicht als eigenständige Forderung an die Rechnungslegung angesehen, Verletzungen der Eindeutigkeit jedoch als Fehler betrachtet. Eindeutigkeit ist dabei nicht als Eindeutigkeit von Abbildungsregeln zu verstehen.

[125] Es handelt sich um die Eigenschaften einer im mathematischen Sinne surjektiven Abbildung. Eine surjektive Abbildung ist eine Relation mit den Eigenschaften rechtstotal, linkstotal und rechtseindeutig. Vgl. Reinhard, F./Soeder, H., Mathematik, S. 32.

sind.[126] Die Menge der Originale (Originalmenge) repräsentiert das abzubildende Objektsystem, das Modell wird vereinfacht durch die Bildmenge widergegeben.[127]

Die Modellabbildung erfüllt das Merkmal der **Vollständigkeit**, wenn jedem Element der Originalmenge Elemente der Bildmenge zugeordnet werden, so daß alle Elemente der Originalmenge mit Elementen der Bildmenge in Beziehung stehen. Im Gegensatz dazu liegt eine partielle Abbildung vor, wenn nicht alle Elemente der Originalmenge durch Elemente der Bildmenge abgebildet sind. Eine partielle Abbildung hat eine in Bezug auf die Originalmenge unvollständige Bildmenge zur Folge. Vollständigkeit wird nur durch eine "totale" Zuordnung der Elemente erreicht, die in der graphischen Darstellung dadurch zum Ausdruck kommt, daß von jedem Element der Originalmenge Zuordnungspfeile ausgehen. Abgeleitet aus dem Graph der Relation, bei der die Originalmenge links und die Bildmenge rechts angeordnet sind, wird die Beziehung zwischen den

---

[126] Informell wird unter einem System eine Menge von Komponenten verstanden, die untereinander in Beziehung stehen. Die Komponenten können selbst wiederum Mengen von Komponenten und damit Systeme sein. Zum Systembegriff vgl. Daenzer, W., Systems engineering, S. 11; Ferstl, O. K./Sinz , E. J., Wirtschaftsinformatik, S. 11; Kargl, H., DV-Anwendungssysteme, S. 14 f.

[127] Vereinfachend wird auf die Darstellung der Beziehungen zwischen den Elementen verzichtet und insoweit die sich aus der Doppik der Finanzbuchhaltung ergebende Abgrenzung des Systemelements "Ereignis" zugrundegelegt. Danach verändert ein Geschäftsvorfall mindestens zwei Bilanzpositionen. Das bedeutet z.B. für den buchhalterischen Geschäftsvorfall "Barkauf einer Schreibmaschine", daß gleichzeitig zwei Ereignisse und deren Beziehung erfaßt (abgebildet) werden. Die Ereignisse beziehen sich in diesem Fall auf eine Veränderung in der Gütersphäre (Zugang Schreibmaschine) und auf eine Veränderung in der Zahlungssphäre (Abgang Bargeld) des Unternehmens. Die Beziehung zwischen beiden Ereignissen besteht in der Verwendung (Zuordnung) eines bestimmten Zahlungsmittelbetrags für die Anschaffung eines bestimmten Vermögensgegenstands. Diese Beziehung zwischen zwei ökonomischen Ereignissen wird jedoch nur in der Finanzbuchhaltung abgebildet. Aus dem Jahresabschluß sind solche Beziehungen zwischen Ereignissen wegen der Aggregation von Buchungen und Kontensalden nicht ersichtlich. Zudem zeigt z.B. die Bilanz das Verhältnis von Vermögen und Schulden zeitpunktbezogen für den Schluß des Geschäftsjahres. Veränderungen lassen sich nur mittelbar unter Berücksichtigung der Vorjahreszahlen ableiten. Vgl. zu einem Beispiel für eine homomorphe Abbildung unter Berücksichtigung von Beziehungen Ferstl, O. K./Sinz , E. J., Wirtschaftsinformatik, S. 19.

Elementen beider Mengen anschaulich auch als "linkstotal"[128] bezeichnet (Abbildung 7).

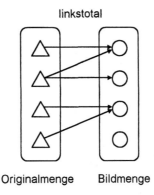

Originalmenge   Bildmenge

Abbildung 7:   *Das Merkmal Vollständigkeit als Graph einer linkstotalen Relation*

Übertragen auf die Rechnungslegung bedeutet die Realisierung einer vollständigen Modellabbildung, daß durch den Rechnungslegungsprozeß ausnahmslos jeder abzubildende Sachverhalt (Geschäftsvorfälle) erfaßt und abgebildet wird. Die Vollständigkeit des Modells Jahresabschluß (§ 246 Abs. 1 HGB) ist insoweit kein originäres Merkmal des Modells, sondern ein unter Bezugnahme auf die Menge der abzubildenden Sachverhalte abgeleitetes Merkmal, das die Realisierung einer vollständigen Modellabbildung voraussetzt. Einem Rechnungslegungsprozeß, der eine linkstotale (vollständige) Modellabbildung realisiert, kann das Merkmal Vollständigkeit zugeordnet werden. Das Merkmal Vollständigkeit ist ein Element der Ordnungsmäßigkeit des Rechnungslegungsprozesses, dessen Sicherstellung Ziel des Internen Kontrollsystems ist.[129] Hinsichtlich des Sachziels "Sicherstellung der Vollständigkeit des Rechnungslegungsprozesses" ist das IKS darauf gerichtet, eine nur partielle (unvollständige) Abbildung relevanter Sachverhalte aufzudecken und zu beseitigen, um auf diese Weise die Vollständigkeit des Jahresabschlusses sicherzustellen.

---

[128] Vgl. Reinhard, F./Soeder, H., Mathematik, S. 31.

Das Merkmal **Authentizität** (Echtheit) wird durch die Modellabbildung erfüllt, wenn die Bildmenge nur Elemente enthält, denen (zumindest) ein Element der Originalmenge zugeordnet ist. Eine solche Beziehung zwischen den Elementen zweier Mengen wird als "rechtstotale"[130] Relation bezeichnet. Der in dieser Beziehung enthaltene Vollständigkeitsaspekt wird an der zugehörigen Umkehrrelation deutlich. Die Umkehrrelation ist ebenfalls "total", weil bei einer Umkehrung der Pfeile im Graphen die Elemente der Bildmenge vollständig Originalelementen zugeordnet sein müssen. Ein einzelnes Bildelement ohne zugehöriges Original ist bei rechtstotalen Relationen ausgeschlossen, so daß das Merkmal "Authentizität" die Abhängigkeit der Bildelemente von den Elementen der Originalmenge zum Ausdruck bringt. Jedes Element der Bildmenge ist an das Vorliegen eines Elementes der Originalmenge gebunden. Bildelemente sind existenzabhängig von Originalen. In der graphischen Darstellung kommt das Merkmal Authentizität dadurch zum Ausdruck, daß bei jedem Element der Bildmenge Zuordnungspfeile ankommen[131] (Abbildung 8).

Im Hinblick auf die Rechnungslegung schließt Authentizität der Modellabbildung Abbildungsvorgänge aus, die nicht auf echten, sondern fiktiven Sachverhalten beruhen. Die "Authentizität des Jahresabschlusses"[132] bildet keinen eigenständigen Grundsatz ordnungsmäßiger Buchführung sondern wird als eine im Vollständigkeitsgrundsatz (§ 246 Abs. 1 HGB) enthaltene Forderung betrachtet.[133]

---

[129] Zur Sicherstellung der Vollständigkeit als Ziel des IKS vgl. Adenauer, P., Internes Kontrollsystem, S. 74.

[130] Vgl. Reinhard, F./Soeder, H., Mathematik, S. 31.

[131] Die dargestellten Relationen sind gleichzeitig linkstotal, da von jedem Element der Originalmenge ein Zuordnungspfeil ausgeht.

[132] Wie bei dem Merkmal Vollständigkeit handelt es sich auch bei dem Merkmal Authentizität nicht um eine Eigenschaft des Modells. Eigenschaften von Modellen sind Strukturtreue und Verhaltenstreue. Authentizität (Rechtstotalität) als Element der Homomorphie ist eine Eigenschaft der Modellabbildung.

[133] Vgl. Leffson, U., GoB, S. 159; Selchert, F. W., Jahresabschlußprüfung, S. 228. Auch Adenauer leitet dieses Merkmal aus der Vollständigkeit ab. Vgl. Adenauer, P., Internes Kontrollsystem, S. 71.

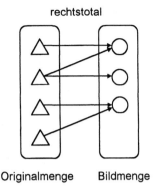

Abbildung 8: *Das Merkmal Authentizität als Graph einer rechtstotalen Relation*

Um die Existenzvoraussetzung realer Tatbestände für die im Jahresabschluß abgebildeten Sachverhalte zu wahren, muß der Rechnungslegungsprozeß eine rechtseindeutige (authentische) Modellabbildung realisieren. Der Rechnungslegungsprozeß realisiert eine authentische Modellabbildung und erfüllt damit das Merkmal der Authentizität, wenn alle im Jahresabschluß abgebildeten Sachverhalte auf realen Sachverhalten der Geschäftstätigkeit des Unternehmens beruhen. Die Sicherstellung der Authentizität des Rechnungslegungsprozesses bildet im Rahmen der Gewährleistung der Ordnungsmäßigkeit des Rechnungslegungsprozesses ein weiteres Ziel des Internen Kontrollsystems.[134] Hinsichtlich des Sachziels "Sicherstellung des Merkmals der Authentizität des Rechnungslegungsprozesses" ist das IKS darauf gerichtet, eine Abbildung fiktiver Sachverhalte aufzudecken und zu beseitigen, um auf diese Weise die Authentizität des Jahresabschlusses sicherzustellen.

Vollständigkeit und Authentizität sind für eine homomorphe Modellabbildung nicht ausreichend. Ergänzend muß das Merkmal **Eindeutigkeit** erfüllt sein. Eindeutigkeit besagt, daß die Elemente der Originalmenge mit

---

[134] Zur Sicherstellung der Authentizität als Ziel des IKS vgl. Adenauer, P., Internes Kontrollsystem, S. 74. Nach Schuppenhauer knüpfen die meisten Betrugsfälle im Rechnungswesen an Belegfälschungen an. Diese stellen eine Verletzung der Authentizität dar (z.B. "Luftrechnungen"), die jedoch durch das IKS nicht aufgedeckt werden könnten. Vgl. Schuppenhauer, R., WPg 1996, S. 698.

jeweils genau einem Element der Bildmenge in Beziehung stehen. Nicht erforderlich ist die Umkehrbarkeit dieser Beziehung, bei der jedes Element der Bildmenge mit genau einem Element der Originalmenge verknüpft werden könnte.[135] Relationen, die nicht umkehrbar eindeutig sind, werden im Hinblick auf die Zuordnungsrichtung "rechtseindeutig"[136] genannt. In der graphischen Darstellung kommt das Merkmal Eindeutigkeit darin zum Ausdruck, daß von den Elementen der Originalmenge genau ein Zuordnungspfeil ausgeht[137] (Abbildung 9).

Die Forderung nach einer eindeutigen Modellabbildung bedeutet im Kontext der Rechnungslegung, daß eine mehrdeutige Abbildung realer Sachverhalte nicht zulässig ist.[138] Die als Fehlen von mehrdeutigen Abbildungen realer Sachverhalte verstandene "Eindeutigkeit des Jahresabschlusses"[139] bildet keinen eigenständigen Grundsatz ordnungsmäßiger

---

[135] Umkehrbar eindeutige Relationen heißen eineindeutig. Vgl. Reinhard, F./Soeder, H., Mathematik, S. 31.

[136] Vgl. Reinhard, F./Soeder, H., Mathematik, S. 31.

[137] Die Relationen sind gleichzeitig linkstotal, da von jedem Element der Originalmenge ein Zuordnungspfeil ausgeht und rechtstotal, da bei jedem Element der Bildmenge ein Zuordnungspfeil ankommt. Sie sind jedoch nicht eineindeutig, weil einem Element der Bildmenge zwei Elemente der Originalmenge zugeordnet sind.

[138] Wegen der Aggregation von Buchungen und Kontensalden bei der Aufstellung des Jahresabschlusses stellt der Jahresabschluß für externe Jahresabschlußadressaten keine umkehrbar eindeutige Abbildung der Geschäftstätigkeit dar. Bei der Einsichtnahme in die Buchführung ist jedoch die Eineindeutigkeit gewahrt, da aus der Kenntnis der Zuordnung einer Buchung zu einem Rechnungsposten im Jahresabschluß auf den abgebildeten Sachverhalt geschlossen werden kann. Vgl. Baetge, J., DB 1986, Beilage Nr. 26, S. 8. Die Forderung nach einer eindeutigen Abbildung ist von der Problematik der Mehrdeutigkeit von Abbildungsregeln zu trennen, die auf Ermessensspielräumen und Wahlrechten beruht und die Richtigkeit der Rechnungslegung betrifft. Vgl. Kap. 2.1.2, S. 45.

[139] Auch bei dem Merkmal Eindeutigkeit handelt es sich nicht um eine Eigenschaft des Modells, sondern um eine Eigenschaft der Modellabbildung, die für die Modelleigenschaft "Struktur- bzw. Verhaltenstreue" Voraussetzung ist.

Buchführung, sondern wird meist als Element des Vollständigkeitsgrundsatzes angesehen.[140]

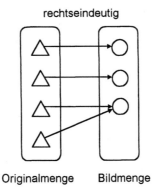

Abbildung 9: Das Merkmal Eindeutigkeit als Graph einer rechtseindeutigen Relation

Bei einem Rechnungslegungsprozeß, der eine rechtseindeutige (eindeutige) Modellabbildung realisiert und damit das Merkmal Eindeutigkeit erfüllt, enthält der Jahresabschluß keine "Duplikate", die auf die mehrdeutige Abbildung derselben Sachverhalte zurückzuführen sind. Die Sicherstellung der Ordnungsmäßigkeit des Rechnungslegungsprozesses muß sich deshalb auch auf die Eindeutigkeit erstrecken. Für die Erreichung des Sachziels der "Sicherstellung des Merkmals der Eindeutigkeit des Rechnungslegungsprozesses" ist das IKS darauf gerichtet, eine mehrdeutige Abbildung derselben Sachverhalte aufzudecken und zu beseitigen, damit der Jahresabschluß keine "Duplikate" enthält.[141]

---

[140] Vorwiegend wird die Forderung nach Eindeutigkeit als Element des Vollständigkeitsgrundsatzes im Zusammenhang mit der Inventur angeführt. Vgl. ADS, Kommentierung zu § 240 HGB, Tz 20; Nordsieck, F., ZfhF 1929, S. 152; Uhlig, B., Vorratsinventur, in Beck HdR, Tz 45. Baetge stellt die Forderung nach Eindeutigkeit in den Zusammenhang mit den Grundsätzen der Objektivität bzw. der intersubjektiven Nachprüfbarkeit. Vgl. Baetge, J., DB 1986, Beilage Nr. 26, S. 8.

[141] Wohl ebenso Nordsieck, F., ZfhF 1929, S. 152; Reckel, G., Kontrollsysteme, S. 140; Schmick, H., EDV-Buchführung, in Beck HdR, Tz 210 f.

Das neben der Vollständigkeit bedeutendste Element der Ordnungsmäßigkeit ist die **Richtigkeit** der Rechnungslegung (§ 239 Abs. 2 HGB). Richtigkeit bezieht sich auf die Einhaltung von Regeln, die bei der Erstellung des Modells anzuwenden sind,[142] wobei nach Art der Regeln zwischen materieller (sachlicher) Richtigkeit und formeller Richtigkeit unterschieden wird[143].

Formelle Richtigkeit bezeichnet die syntaktische Ausprägung der Richtigkeit, die sich auf die Korrektheit des Modells hinsichtlich der im Metamodell festgelegten Regeln bezieht. Das Metamodell bildet den Gestaltungsrahmen für das Modell. Es beschreibt die zulässigen Arten von Modellbausteinen (Elemente), die zwischen den Elementen erlaubten Beziehungen, sowie Regeln für die Notation[144]. Außerdem legt es die Bedeutung der Modellbausteine und Beziehungen fest.[145] Ein Modell ist syntaktisch korrekt (richtig), wenn es gegenüber dem Metamodell konsistent (widerspruchsfrei) und vollständig ist.[146] Widerspruchsfreiheit liegt vor,

---

[142] Die Gesamtheit der Regeln, deren Einhaltung für die Richtigkeit erforderlich ist, liefern die "Interpretation" der Modellabbildung, die bei der Beteiligung realer Systeme an der Modellbildung stets erforderlich ist. Vgl. Ferstl, O. K./Sinz, E. J., Wirtschaftsinformatik, S. 18, 119. Reale Systeme können unterschiedlich "interpretiert" werden. Unterschiedliche Interpretationen im Bereich der Rechnungslegung sind die Rechnungslegungsvorschriften nach US-GAAP, den IAS oder dem hier betrachteten deutschen Rechnungslegungssystem. Durch abweichende Einzelregelungen entsteht eine unterschiedliche Interpretationen realer Sachverhalte, die zu andersartigen Modellen führt. Ein Beispiel dafür ist die unterschiedliche Behandlung der langfristigen Fertigung in den drei Rechnungslegungssystemen. Der "Interpretation" der Modellabbildung bei realen Systemen entspricht für Modellabbildungen, die mathematische Funktionen sind, die sog. Abbildungsvorschrift, z.B. der Rechenausdruck $y = 2x + 5$. Vgl. Reinhard, F./Soeder, H., Mathematik, S. 33.

[143] Für die Rechnungslegung vgl. Leffson, U., GoB, S. 207.

[144] Notationsregeln legen die "Schreibweise" fest. Elemente sind mit den Zeichen einer Sprache, die formalen Beziehungen zwischen den Elementen mit den Regeln zur Bildung von Wörtern in einer Sprache vergleichbar. Vgl. Schulze, H. H., Computer Enzyklopädie, Stichworte "Syntax" und "Notation", S. 1986, 2566.

[145] Zum Begriff Metamodell vgl. Ferstl, O. K./Sinz, E. J., Wirtschaftsinformatik, S. 120.

[146] Vgl. Ferstl, O. K./Sinz, E. J., Wirtschaftsinformatik, S. 121. Für Becker, J./Rosemann, M./Schütte, R., WI 1995, S. 437 gehört die Vollständigkeit gegenüber dem Metamodell offenbar nicht zur formellen Richtigkeit, da sie diesen Aspekt nicht erwähnen.

wenn im Modell nur die nach dem Metamodell zulässigen Elemente und Beziehungsarten verwendet werden und die angewendeten Notationsregeln im Metamodell definiert sind. Dem Metamodell für den Jahresabschluß können diejenigen Rechtsnormen zugeordnet werden, die Rechnungspositionen und Gliederung von Bilanz[147] und Gewinn- und Verlustrechung[148] und die sie ergänzenden Angaben im Anhang[149] bestimmen.[150] Beziehungen zwischen Elementen und Notationsregeln ergeben sich vor allem aus den Gliederungsschemata.[151] Die Widerspruchsfreiheit des Modells gegenüber dem Metamodell stellt als Grundsatz der Klarheit einen eigenständigen GoB dar, der in § 243 Abs. 2 HGB kodifiziert ist.[152] Voll-

---

[147] Zulässige Elemente der Bilanz sind Vermögensgegenstände, Schulden und Rechnungsabgrenzungsposten sowie die Residualgröße Eigenkapital in der den Ausweisvorschriften entsprechenden Differenzierungen. Vgl. §§ 247 Abs. 1, 265, 266, 268 HGB. Hier ist auch das Verrechnungsverbot für Aktiva und Passiva (§ 246 Abs. 2 HGB) einzuordnen.

[148] Die Gewinn- und Verlustrechung umfaßt als Elemente Aufwendungen, Erträge und den Periodenerfolg mit der den Gliederungsvorschriften entsprechenden Differenzierungen. Vgl. §§ 265, 275 HGB. Außerdem gilt das Verrechnungsverbot für Aufwendungen und Erträge (§ 246 Abs. 2 HGB).

[149] Vgl. zu den Anhangsangaben § 284 HGB.

[150] Bitz/Schneeloch/Wittstock kennzeichnen diese Normenkategorie als "Gliederungsregeln". Vgl. Bitz, M./Schneeloch, D./Wittstock, W., Jahresabschluß, S. 10. Bilanz und GuV sind (Teil-)Modelle des Jahresabschlusses, die unterschiedliche Sichtweisen auf die Geschäftstätigkeit des Unternehmens repräsentieren und durch den Anhang ergänzt werden. Während die Bilanz die Vermögenssituation des Unternehmens am Bilanzstichtag abbildet, stellt die Gewinn- und Verlustrechnung ein Abbild der Vermögensentwicklung der zurückliegenden Periode dar. Vgl. Bitz, M./Schneeloch, D./Wittstock, W., Jahresabschluß, S. 9. Der Lagebericht stellt einen gesonderten Bestandteil der externen Rechnungslegung dar, der nicht Bestandteil des Jahresabschlusses ist.

[151] Bei den Beziehungen handelt sich vorrangig um "besteht aus"-Beziehungen, z.B. hinsichtlich des Anlagevermögens, das sich gem. § 266 Abs. 2 A HGB aus Immateriellem Vermögen, Sachanlagevermögen und Finanzanlagevermögen zusammensetzt. Notationsregeln sind z.B. die Vorschriften, den Jahresabschluß in deutscher Sprache und DM bzw. Euro (§ 244 HGB), die Bilanz in Kontoform (§ 266 Abs. 1 Satz 1 HGB) und die GuV in Staffelform (§ 275 Abs. 1 Satz 1 HGB) aufzustellen.

[152] Zur Klarheit als formeller Richtigkeit vgl. Kußmaul, H., Kommentierung zu § 239 HGB, in Küting/Weber, Handbuch der Rechnungslegung, Tz 18; Leffson, U., GoB, S. 207. Die Vollständigkeit des Jahresabschlusses gegenüber dem Metamodell findet regelmäßig keine gesonderte Erwähnung und wird insoweit auch nicht dem Grundsatz der Klarheit zugerechnet.

ständigkeit des Jahresabschlusses gegenüber dem Metamodell bedeutet, daß ein formell richtiger Jahresabschluß sowohl Bilanz als auch Gewinn- und Verlustrechnung umfaßt (§ 242 HGB) und bei Kapitalgesellschaften zusätzlich einen Anhang und einen Lagebericht einschließt (§ 264 Abs. 1 HGB).[153] Die Einhaltung der in systemorientierter Hinsicht zum Metamodell gehörenden Regelungen bilden als "Formelle Richtigkeit" ein Element der Ordnungsmäßigkeit der Rechnungslegung.

Die Sicherstellung der Formellen Richtigkeit des Rechnungslegungprozesses ist Ziel des IKS. Hinsichtlich der Erfüllung des Sachziels "Formelle Richtigkeit des Rechnungslegungsprozesses" ist das IKS darauf gerichtet, den formellen Darstellungsregeln zuwiderlaufende Abbildungen von Sachverhalten aufzudecken und zu beseitigen, damit der Jahresabschluß den Anforderungen der formellen Richtigkeit genügt.

Materielle Richtigkeit bezeichnet die semantische Ausprägung der Richtigkeit. Im Gegensatz zur syntaktischen Korrektheit, die sich auf das Metamodell bezieht und deshalb (grundsätzlich) losgelöst vom abgebildeten Objektsystem beurteilt werden kann, weist die semantische Richtigkeit einen engen Bezug zur abzubildenden Realität auf. Materielle Richtigkeit bedeutet Korrektheit des Modells in Bezug auf die Realität. Abbildungen (Modelle) sind richtig oder korrekt, wenn das Abbild mit der Realität im Hinblick auf die bei der Darstellung der realen Sachverhalte geltenden Regeln übereinstimmt (Abbildung 10).[154]

---

[153] Kleine Kapitalgesellschaften brauchen keinen Lagebericht aufzustellen (§ 264 Abs. 1 Satz 3 HGB). Ferner bestehen für kleine und mittelgroße Kapitalgesellschaften Erleichterungen bei der Aufstellung des Lageberichtes (§ 288 HGB). Die Elemente des Jahresabschlusses können als Projektionen (Sichten) des Modells verstanden werden, die zusammen eine vollständige Beschreibung des Modells ergeben. Zu Sichten von Modellen vgl. Sinz, E. J., Fachliche Modellierung, S. 6 f. Beispielsweise beschreibt die Bilanz Vermögen und Kapital einer Unternehmung am Abschlußstichtag, während in der Gewinn- und Verlustrechnung die durch betriebliche Aktivitäten des abgelaufenen Geschäftsjahres verursachten Eigenkapitalveränderungen dokumentiert werden.

[154] Vgl. Leffson, U., GoB, S. 199 f.

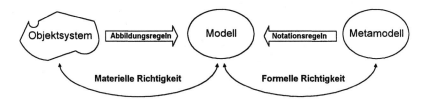

Abbildung 10: Materielle Richtigkeit und Formelle Richtigkeit[155]

Die Regeln für die Darstellung realer Sachverhalte im Rahmen der Rechnungslegung betreffen die abzubildenden Tatbestände in qualitativer (deskriptiver) und quantitativer Hinsicht, weil die Abbildung im Jahresabschluß durch "eine Sachbeschreibung und durch Beziffern (Messen in Werteinheiten)"[156] erfolgt. Die materiellen Darstellungsregeln umfassen sämtliche Bilanzierungs- und Bewertungsvorschriften für die Bilanz, die sich über das System der doppelten Buchführung auch auf die Gewinn- und Verlustrechnung auswirken. Sie weisen unterschiedliche Konkretisierungsgrade auf. Neben Rechtsnormen, die generelle Abbildungsregeln darstellen (z.B. Realisationsprinzip § 252 Abs. 1 Nr. 4 HGB), bestehen spezielle Regelungen (z.B. Anschaffungskosten § 255 Abs. 1 HGB), die durch die Rechtsprechung um kasuistische Einzelfallregelungen ergänzt werden. Der Grundsatz der materiellen Richtigkeit wird bei nicht eindeutigen Abbildungsregeln (Ermessensspielräumen) durch den Grundsatz der Willkürfreiheit ergänzt.[157] Im Rahmen der Rechnungslegung werden der Klasse der materiellen Darstellungsregeln auch solche Regelungen zugerechnet, die Einfluß auf den im Jahresabschluß abzubildenden Ausschnitt

---

[155] Abbildung in Anlehnung an Becker, J./Rosemann, M./Schütte, R., WI 1995, S. 438, die allerdings unter semantischer Richtigkeit die Struktur- und Verhaltenstreue des Modells verstehen und damit ein von den GoB gänzlich abweichendes Verständnis von materieller (semantischer) Richtigkeit zugrundelegen.

[156] Leffson, U., GoB, S. 196.

[157] Die Willkürfreiheit gilt als personale Ausprägung der materiellen Richtigkeit und wird als Übereinstimmung von Aussage und innerer Überzeugung des Aussagenden verstanden. Vgl. Leffson, U., GoB, S. 199, 202.

der betrieblichen Realität und damit auf die Abgrenzung des Objektsystem haben.[158]

Die Gesamtheit der materiellen Regeln für die Abbildung realer Sachverhalte in der Rechnungslegung bilden eine Normenkategorie, deren Einhaltung als Ordnungsmäßigkeitselement "Materielle Richtigkeit" durch das IKS sicherzustellen ist.[159] Mit der "Sicherstellung der Materiellen Richtigkeit des Rechnungslegungsprozesses" zielt das IKS darauf ab, den materiellen Darstellungsregeln widersprechende Abbildungen von Sachverhalten aufzudecken und zu beseitigen, damit der Jahresabschluß widerspruchsfrei gegenüber der Realität ist und die Forderung nach einem semantisch korrekten Modell erfüllt.

Vollständigkeit, Authentizität, Eindeutigkeit und Richtigkeit mit den Ausprägungen der materiellen und formellen Richtigkeit stellen die Elemente

---

[158] Die grundlegende Abgrenzung des Objektsystems ergibt sich aus dem Verständnis des Geschäftsvorfalls, als vermögens- bzw. kapitalwirksames Ereignis. Materielle Darstellungsregeln wie z.b. das Realisationsprinzip entscheiden über den Zeitpunkt des Eintritts der Vermögens- bzw. Kapitalwirksamkeit und damit über die Buchungs- bzw. Abbildungspflicht im Jahresabschluß. Vgl. z.B. Leffson, U., GoB, S. 160 f. Zu den das Objektsystem des Jahresabschlusses bestimmenden Regeln gehört weiterhin z.B. das Kriterium der Betriebszweckbezogenheit bei Vermögensgegenständen und der Grundsatz, schwebende Geschäfte nicht zu berücksichtigen, solange aus ihnen kein Verlust resultiert. Allerdings stellen alle Vertragsabschlüsse Geschäftsvorfälle dar, die in außerbuchhalterischen Bereichen des Rechnungslegungsprozesses zu erfassen sind, damit z.B. aus schwebenden Geschäften erwartete Verluste im Jahresabschluß überhaupt antizipiert werden können. (Vgl. Leffson, U., GoB, S. 161). Insoweit liegt im Vergleich zum Jahresabschluß den Abbildungen der Geschäftstätigkeit in außerbuchhalterischen Bereichen ein grundsätzlich erweitertes Objektsystem zugrunde. Eine Abbildung in Bilanz oder GuV (z.B. das Aktivierungsverbot für selbsterstellte Vermögensgegenstände des Anlagevermögens gem. § 248 Abs. 2 HGB) bedeutet dagegen keine Abgrenzung des Objektsystems. Der von Bitz/Schneeloch/Wittstock verwendete Begriff "Abgrenzungsregeln" ist enger, da er sich nur auf die Bilanz bezieht. Vgl. Bitz, M./Schneeloch, D./Wittstock, W., Jahresabschluß, S. 10.

[159] Zur Sicherstellung der materiellen Richtigkeit als Aufgabe des IKS vgl. Adenauer, P., Internes Kontrollsystem, S. 73; Baetge, J./Mochty, L., Zuverlässigkeit und Wirtschaftlichkeit, S. 8. Leffson, U., GoB, S. 166 i. V. m. S. 200 ff.

der Ordnungsmäßigkeit der Rechnungslegung[160] dar. Sie sind im Rahmen der Sicherstellung der Ordnungsmäßigkeit des Rechnungslegungsprozesses Ziele des Internen Kontrollsystems (Abbildung 11).

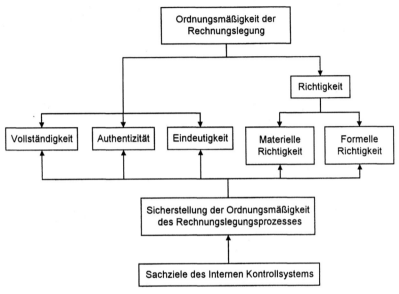

Abbildung 11: Sachziele des IKS für die Sicherstellung der Ordnungsmäßigkeit des Rechnungslegungsprozesses

---

[160] Der an dieser Stelle verwendete Begriff der Rechnungslegung erfaßt Ergebnisse des Rechnungslegungsprozesses, ohne auf den Jahresabschluß als Endergebnis beschränkt zu sein. Welche "Zwischen- oder Teilergebnisse" neben der Finanzbuchhaltung den Anforderungen der Ordnungsmäßigkeit unterliegen, bestimmt sich nach der Abgrenzung des Rechnungslegungsprozesses. Zur Abgrenzung des Rechnungslegungsprozesses vgl. Kap. 2.2.2 auf S. 56.

2.2 Aufgabensystem

2.2.1 Außensicht von Überwachungsaufgaben

Aufgaben des IKS sind Überwachungsaufgaben[161]. Überwachungsaufgaben können als eine vorgegebene Soll-Leistung, die einer Menge von Aktivitäten[162] zu ihrer Erfüllung bedarf, verstanden werden.[163] Wie der allgemeine Aufgabenbegriff umfaßt der Begriff der Überwachungsaufgabe zwei Dimensionen, da sowohl das gesetzte Handlungs-Soll (Zielsetzung[164]) als auch die Aktivitäten zu dessen Verwirklichung (Zielerreichung[165]) eine Aufgabe kennzeichnen. Die Aufgabendimensionen erlauben die Unterscheidung zwischen Innen- und Außensicht[166] von Aufgaben.[167]

---

[161] Unter Verwendung des Begriffs control task bzw. Kontrollaufgaben vgl. Johnson, K. P./Jaenicke, H. R., Internal Control, S. 28 f.; Treuz, W., Kontroll-Systeme, S. 55.

[162] Aktivitäten werden dabei als physische oder geistige Prozesse, die an materiellen oder informationellen Größen in einer bestimmten Art und Weise, zu bestimmten Zeiten und an bestimmten Orten Zustandsänderungen bewirken, gekennzeichnet.

[163] Zum Aufgabenbegriff vgl. z.B. Berg, C. C., Organisationsgestaltung, S. 27; Hoffmann, F., Aufgabe, Sp. 200. In der traditionellen Organisationslehre werden unter Aufgaben Zielsetzungen für zweckbezogenes menschliches Handeln verstanden und damit ein auf personelle Aufgabenträger eingeschränktes Aufgabenverständnis zugrunde gelegt. Als Konsequenz der technischen Entwicklung werden inzwischen auch mechanisierte und automatisierte Anlagen in den Begriff des Aufgabenträgers einbezogen, was einer Erweiterung des Aufgabenverständnisses entspricht. Vgl. Ferstl, O. K./Sinz, E. J., Wirtschaftsinformatik, S. 87; Grochla, E., Automation, S. 94; Schmidt, H., Betriebsorganisation, S. 50 f.; Schwarz, H., Betriebsorganisation, S. 34; Steinbuch, P. A., Organisation, S. 140. Zum traditionellen Aufgabenverständnis vgl. z.B. Frese, E., Arbeitsteilung, S. 148; Kosiol, E., Bausteine, S. 545; Krüger, W., Problemanalyse, S. 13.

[164] Vgl. Kosiol, E., Bausteine, S. 503.

[165] Vgl. Kosiol, E., Bausteine, S. 503.

[166] Die Betrachtung der Außen- und Innensicht von Aufgaben korrespondiert mit der Betrachtung der Außen- und Innensicht von Systemen und Systemkomponenten. Bei der Betrachtung der Außensicht eines Systems wird von dessen innerer Struktur abstrahiert (Blackboxbetrachtung, Wirkungsaspekt). Untersuchungen der Systeminnensicht rücken dagegen die innere Struktur bzw. das innere Verhalten des Systems in den Mittelpunkt (Whiteboxbetrachtung, Strukturaspekt). Vgl. Büchel, A., IO 1969, S. 376; Daenzer, W. F., Systems engineering, S. 15. ff.; Ferstl, O. K./Sinz, E. J., Wirtschaftsinformatik, S. 17 f.; Kargl, H., DV-Anwendungssysteme, S. 15 ff.

Die Beschreibung einer Überwachungsaufgabe des IKS aus der Außensicht betrifft die Aufgabenziele. Die Zielsetzung kennzeichnet eine Überwachungsaufgabe in Form eines Solls, wobei von den Einzelschritten der Sollverwirklichung abstrahiert wird.[168]

Bei den Zielsetzungen von Überwachungsaufgaben des IKS können Sachziele und Formalziele unterschieden werden. Die Sachziele einer Überwachungsaufgabe bestimmen den Aufgabeninhalt.[169] Entsprechend der inhaltlichen Konkretisierung der Zielsetzung Sicherstellung der Ordnungsmäßigkeit des Rechnungslegungsprozesses beziehen sich Sachziele der Überwachungsaufgaben des IKS auf die Sicherstellung von Vollständigkeit, Authentizität, Eindeutigkeit und Richtigkeit. Im Hinblick auf die Korrekturwirkung der Überwachung beinhaltet "Sicherstellung" die Aufdeckung und Beseitigung von Vollständigkeitsfehlern, Authentizitätsfehlern, Eindeutigkeitsfehlern und von die materielle und formelle Richtigkeit betreffenden Fehlern. Formalziele nehmen Bezug auf die Effizienz und den Ressourcenverbrauch der Aufgabendurchführung.[170] Formalziele der Überwachung werden wegen ihrer nachrangigen Bedeutung für den Abschlußprüfer nicht weiter betrachtet.

Ebenfalls der Aufgabenaußensicht zugerechnet werden das Aufgabenobjekt der Überwachungsaufgabe[171] und dessen Zustände, wobei zwischen

---

[167] Vgl. Ferstl, O. K./Sinz, E. J., Wirtschaftsinformatik, S. 88 f. Die Unterscheidung von Innen- und Außensicht von Überwachungsaufgaben ist auch deshalb gerechtfertigt, weil häufig eine gegebene Zielsetzung auf unterschiedliche Weise erreicht werden kann. Vgl. Berg, C. C., Organisationsgestaltung, S. 28, Grochla, E., Automation, S. 81. Ein typisches Beispiel für alternative Zielerreichung stellt die Automatisierung oder Nichtautomatisierung einer Aufgabe dar.

[168] Vgl. Berg, C. C., Organisationsgestaltung, S. 27, der diesen Aufgabenaspekt als intentionale Aufgabendefinition bezeichnet

[169] Vgl. Ferstl, O. K./Sinz, E. J., Wirtschaftsinformatik, S. 55; Ferstl, O. K./Sinz, E. J., WI 1995, S. 219. Das Sachziel kann kaum von der Aufgabe abgegrenzt werden. Sachziel und Aufgabe sind praktisch identisch. Vgl. Grochla, E., Organisationstheorie, S. 17, Frese, E., Aufgabenanalyse und -synthese, Sp. 208.

[170] Vgl. Ferstl, O. K./Sinz, E. J., Wirtschaftsinformatik, S. 55.

[171] Vgl. Horvath, P., Internes Kontrollsystem, Sp. 888.

Anfangszustand und Endzustand[172] unterschieden wird. Die Aufgabenobjekte von Überwachungsaufgaben sind Überwachungsobjekte[173], deren Zustand zu ermitteln und auf deren Zustand ggf. einzuwirken ist.[174] Überwachungsobjekte werden aus den bei der Durchführung von Rechnungslegungslegungsaufgaben entstehenden Ist-Objekten abgeleitet. Die Überwachung der Rechnungslegung durch Beobachtung, bei der die Durchführung von Rechnungslegungsaufgaben selbst Überwachungsobjekt ist, wird hier nicht weiter berücksichtigt.

Zwischen Überwachungsobjekten und Ist-Objekten als Ergebnissen der Durchführung von Rechnungslegungsaufgaben ist zu unterscheiden, weil Zustandsermittlung und Zustandsbeeinflussung im Rahmen der Überwachung nur eine Teilmenge der Merkmale von Ist-Objekten und deren Ausprägungen betreffen.[175] Die Merkmale der Überwachungsobjekte lassen

---

[172] Vgl. Ferstl, O. K./Sinz, E. J., Wirtschaftsinformatik, S. 54, 88. Ähnlich Frese, E., Aufgabenanalyse und -synthese, Sp. 207, der den Anfangszustand des Aufgabenobjekts als Ausgangsobjekt und den Endzustand des Aufgabenobjekts als Zielobjekt kennzeichnet. Neben dem Aufgabenobjekt können der Aufgabenaußensicht ergänzend Vorereignisse und Nachereignisse zugeordnet werden. Dadurch läßt sich kennzeichnen, unter welchen Bedingungen die Durchführung einer Aufgabe ausgelöst wird (Übereinstimmung zwischen Anfangszustand und Vorereignis) und welcher Zustand aus der Aufgabendurchführung resultiert (Endzustand/Nachereignis). Vgl. Ferstl, O. K./Sinz, E. J., Wirtschaftsinformatik, S. 55, 88; Kargl, H., DV-Anwendungssysteme, S. 121 ff.

[173] Unter Verwendung der Bezeichnung Kontrollobjekt vgl. Corsten, H., Kontrolle, S. 475; Horvath, P., Internes Kontrollsystem, Sp. 888; Müller, W., Kontrolle, Sp. 1086 f.; Treuz, W., Kontroll-Systeme, S. 55.

[174] Vergleichs-Objekte sind grundsätzlich nicht selbst Gegenstand der Überwachung. Soweit ihnen jedoch eine eigenständige Bedeutung im Rechnungslegungsprozeß zukommt, sind sie gleichzeitig Überwachungsobjekte. Nordsieck unterscheidet als Gegenstände von Kontrollhandlungen Gegenstände erster Ordnung (Kontrollgegenstände), Gegenstände zweiter Ordnung (Vergleichsgegenstände) und Gegenstände dritter Ordnung (Kontrollhilfsgegenstände). Vgl. Nordsieck, F., ZfhF 1929, S. 151.

[175] Vgl. Hagest, J., Überzeugungsbildung, S. 21; Schuppert, A., Routinetätigkeiten, S. 16. Schuppert trennt zwar inhaltlich, nicht jedoch begrifflich zwischen Ist-Objekt und Vergleichsobjekt.

sich nicht allgemeingültig kennzeichnen, da sie von den einzelnen Überwachungssachzielen abhängig sind.[176]

Mit der Außensicht von Überwachungsaufgaben wird das äußere Verhalten des IKS, seiner Teilsysteme und der als elementar betrachteten Systemkomponenten spezifiziert. Die Aufgabenziele kennzeichnen das angestrebte Systemverhalten.[177] Ergänzend werden Aufgaben durch den Anfangszustand und den Endzustand ihrer Aufgabenobjekte definiert.[178]. Da die Aufgabenaußensicht keinen Aufgabenträger und kein Verfahren für die Durchführung der Aufgabe festlegt,[179] können mit der Außensicht von Überwachungsaufgaben die Anforderungen an das Verhalten des IKS unabhängig von Überwachungsträgern als den Aufgabenträgern von Überwachungsaufgaben[180] und unabhängig von Durchführungsaspekten der Überwachungsaufgaben beschrieben werden. Die Außensicht von Überwachungsaufgaben ist konzeptionelle Grundlage für das Aufgabensystem des Prüfer-Soll-IKS.

2.2.2 Entwicklung des Aufgabensystems

Das Zielsystem des Prüfer-Soll-IKS spezifiziert die Verhaltensanforderungen des Abschlußprüfers an das Unternehmens-Soll-IKS in Form der Gesamtaufgabe des Systems aus der Außensicht. Für eine Ermittlung des Zielerreichungsgrades des Unternehmens-Soll-IKS ist die Kennzeichnung des Zielsystems eine notwendige, wegen der Komplexität des Systems

---

[176] Vgl. Hagest, J., Überzeugungsbildung, S. 21 für die Jahresabschlußprüfung. Wohl ebenso Nordsieck, der das Ziel der Kontrollhandlung mit dem Kontrollobjekt identifiziert. Vgl. Nordsieck, F., ZfhF 1929, S. 150. Ähnlich auch Treuz, W., Kontroll-Systeme, S. 80 ff.

[177] Vgl. Ulrich, H., Unternehmung, S. 114.

[178] Aufgaben und damit auch Überwachungsaufgaben sind formal als Input-Output-System interpretierbar (vgl. Ferstl, O. K./Sinz, E. J., Wirtschaftsinformatik, S. 54). Auf diesen Aspekt von Überwachungsaufgaben beziehen sich offenbar die analytischen Modelle zur Quantifizierung des Kontrollrisikos. Vgl. z.B. Baetge, J., Überwachung, S. 205.

[179] Vgl. Ferstl, O. K./Sinz, E. J., Wirtschaftsinformatik, S. 88.

[180] Vgl. Kap. 2.3, auf S. 64.

jedoch keine hinreichende Beurteilungsgrundlage. Zur Komplexitätsreduktion ist eine mehrstufige Systemzerlegung erforderlich. Bei einer Systemzerlegung wird die innere Struktur des Systems und das Verhalten der Systemkomponenten betrachtet (Innensicht des Systems). Systemkomponenten werden entweder als elementar angesehen oder als Teilsysteme aufgefaßt.[181] Die Verhaltensanforderungen des Abschlußprüfers an Teilsysteme und elementare Systemkomponenten können in einer Folge von Aufgabenzerlegungen beschrieben werden, die das Aufgabensystem des IKS bilden. Das Aufgabensystem kennzeichnet die Innensicht der Gesamtaufgabe des Systems, wobei die durch die Aufgabenzerlegung entstehenden Teilaufgaben wiederum aus der Außensicht beschrieben werden.[182]

Bei der Entwicklung des Aufgabensystems ist zu berücksichtigen, daß die Beschreibung von Innensicht und Außensicht eines Systems miteinander verträglich sein müssen. Verträglichkeit ist gegeben, wenn die Innensicht das äußere Verhalten realisiert.[183]

Das geforderte äußere Verhalten besteht in der Sicherstellung der Ordnungsmäßigkeit des Rechnungslegungsprozesses des geprüften Unternehmens. Das bedeutet, daß bei der Spezifikation der Innensicht auf den Rechnungslegungsprozeß des geprüften Unternehmens Bezug zu nehmen ist. Der Abschlußprüfer darf kein allgemeingültiges Idealsystem entwickeln, sondern sein Soll-IKS muß unternehmensspezifischen Besonderheiten Rechnung tragen. In der Prüfungspraxis wird zur Analyse des

---

[181] Vgl. Ferstl, O. K./Sinz, E. J., Wirtschaftsinformatik, S. 17 f.

[182] Vgl. dazu auch Ferstl, O. K./Sinz, E. J., WI 1995, S. 213, 218 f. Die Ableitung des Aufgabensystems aus dem Zielsystem entspricht dem aus der Organisationslehre bekannten Vorgehen, daß die Aufgaben eines Systems aus seinen Zielen abzuleiten sind. Vgl. Grochla, E., Gestaltung, S. 1. Zur Ableitung der Aufgaben des IKS aus den Zielen des Systems vgl. Borchert, D., Transaction Flow Auditing, Sp.1942 f.; Johnson, K. P./Jaenicke, H. R., Internal Control, S. 30.

[183] Vgl. Ferstl, O. K./Sinz, E. J., Wirtschaftsinformatik, S. 18.

Rechnungslegungsprozesses des geprüften Unternehmens das Konzept des Cycle Approach[184] verwendet.

Im Rahmen des Cycle Approach wird die durch den Rechnungslegungsprozeß abzubildende Geschäftstätigkeit eines Unternehmens als Prozeß im Sinne des betriebswirtschaftlichen Wertkreislaufs[185] aufgefaßt.[186] Als zusammenhängende Phasen des Unternehmensprozesses unterscheidet der Abschlußprüfer Klassen grundlegender Geschäftstätigkeiten, die (wohl) im Hinblick auf die den güterwirtschaftlichen Bewegungen entgegengerichteten Zahlungsströme als Tätigkeitskreise[187] (Transaktionsströme[188], Transaction Cycles[189]) bezeichnet werden. Da die Abbildung der Geschäftstätigkeit einen an den Geschäftsprozessen der Unternehmung ausgerichteten Rechnungslegungsprozeß erfordert,[190] werden mit der Identifikation der Tätigkeitskreise wesentliche Besonderheiten des Rechnungslegungsprozesses der geprüften Unternehmung erfaßt.[191] Handelt es sich bei der geprüften Unternehmung z.b. um einen Industriebetrieb, wird der Rechnungslegungsprozeß durch die Tätigkeitskreise "Verkauf", "Produktion", "Lohn- und Gehalt" sowie "Einkauf" und "Finanzierung" be-

---

[184] Vgl. ADS 1987, Kommentierung zu § 317 HGB, Tz 136; Arens, A. A./Loebbecke, J. K., Auditing, S. 141 ff., 343 ff.; Boynton, W. C./Kell, W. G., Modern Auditing, S. 242 f., 493 ff.; Defliese, P. L./Jaenicke, H. R./O'Reilly, V. M./Hirsch, M. B., Montgomery's Auditing, S. 223 f., 465 ff.; Johnson, K. P./Jaenicke, H. R., Internal Control, S. 28 f.; Kiger, J. E./Scheiner, J. H., Auditing, S. 217 ff., 512 ff.; Martin, A. S./Johnson, K. P., Financial Executive, May 1978, S. 27 ff.; Mednick, R., Financial Executive, July 1979, S. 58 ff.; Selchert, F. W., Jahresabschlußprüfung, S. 110.

[185] Vgl. Heinen, E., Kostenlehre, S. 49 f.

[186] Vgl. Adenauer, P., Internes Kontrollsystem, S. 60 f.; Borchert, D., Transaction Flow Auditing, Sp. 1941 f.

[187] Vgl. Borchert, D., Transaction Flow Auditing, Sp. 1941.

[188] Vgl. Adenauer, P., Internes Kontrollsystem, S. 63.

[189] Vgl. Arens, A. A./Loebbecke, J. K., Auditing, S. 143; Boynton, W. C./Kell, W. G., Modern Auditing, S. 242; Kiger, J. E./Scheiner, J. H., Auditing, S. 217.

[190] Ähnlich Eisele, W., Rechnungswesen, S. 3.

[191] Vgl. Defliese, P. L./Jaenicke, H. R./O'Reilly, V. M./Hirsch, M. B., Montgomery's Auditing, S. 223.

stimmt.[192] Jeder Tätigkeitskreis wird in sog. Transaktions-Klassen zerlegt.[193] Als Transaktions-Klasse wird eine Gruppe von Geschäftsvorfällen bezeichnet, die aus gleichartigen Geschäftstätigkeiten resultierten und durch den Rechnungslegungsprozeß in organisatorisch gleichartiger Weise verarbeitet werden.[194] Im Tätigkeitskreis "Verkauf" werden beispielsweise die Transaktions-Klassen "Verkauf", "Zahlungseingang", "Retouren und Gutschriften" sowie "Wertberichtigungen von Forderungen" unterschieden.[195] Die Kennzeichnung einer Transaktions-Klasse erfolgt durch Dokumente (Belege, Aufzeichnungen),[196] Verarbeitungsvorgänge (Bearbeitungsschritte[197], business functions[198]), die zugehörige Geschäftsvorfälle ausgeführt und/oder abbilden, Konten auf denen die Geschäftsvorfälle in der Buchführung festgehalten werden sowie die Handlungsträger, welche die Verarbeitungsvorgänge ausführen[199] bzw. die aufbauorganisatorischen Einheiten, an die die Transaktions-Klasse gebunden ist[200]. Die Transaktions-Klasse "Verkauf" umfaßt beispielsweise die Verarbei-

---

[192] Vgl. Adenauer, P., Internes Kontrollsystem, S. 61. Die Tätigkeitskreise werden in unterschiedlicher Weise abgegrenzt und zur inhaltlichen Kennzeichnung sind verschiedene Begriffe gebräuchlich. Vgl. zur Begriffsvielfalt Kroneberger, W., Internes Kontrollsystem, S. 216. Da nach dem inhaltlichen Verständnis der Tätigkeitskreise der Begriff des "Cycles" ebensogut durch den Begriff "Geschäftsprozeß" verwendet werden kann, ist nicht verständlich, warum Wiedmann die "strikte Differenzierung zwischen einzelnen Zyklen" mit einer Orientierung an Geschäftsprozessen für unvereinbar hält. Vgl. Wiedmann, H., WPg 1998, S. 347.

[193] Vgl. Kiger, J. E./Scheiner, J. H., Auditing, S. 218. Andere Bezeichnungen sind "Informationsströme" und "Funktionen" Vgl. Adenauer, P., Internes Kontrollsystem, S. 104, 133; Knop, W., Möglichkeit zur optimalen Planung, S. 83 ff.

[194] Vgl. Kiger, J. E./Scheiner, J. H., Auditing, S. 218; Kroneberger, W., Internes Kontrollsystem, S. 216 f.

[195] Vgl. Arens, A. A./Loebbecke, J. K., Auditing, S. 346. Zu den Transaktions-Klassen werden auch Subklassen unterschieden, wie z.B. zum Verkauf die Subklassen Barverkauf, Zielverkauf, sowie Inlands- und Auslandsverkäufe. Vgl. Defliese, P. L./Jaenicke, H. R./O'Reilly, V. M./Hirsch, M. B., Montgomery's Auditing, S. 223.

[196] Vgl. Arens, A. A./Loebbecke, J. K., Auditing, S. 346.

[197] Vgl. Adenauer, P., Internes Kontrollsystem, S. 134.

[198] Vgl. Arens, A. A./Loebbecke, J. K., Auditing, S. 346.

[199] Vgl. Adenauer, P., Internes Kontrollsystem, S. 134.

[200] Vgl. Arens, A. A./Loebbecke, J. K., Auditing, S. 364; Boynton, W. C./Kell, W. G., Modern Auditing, S. 509.

tungsvorgänge "Bearbeiten von Kundenaufträgen", "Kreditbewilligung", "Versenden von Gütern", sowie "Fakturierung" und "Buchen der Forderung".[201] Als relevante Dokumente und Aufzeichnungen werden dieser Transaktions-Klasse Kundenaufträge, Verkaufsaufträge, Versanddokumente, Verkaufsrechnungen, Umsatzstatistiken, die Stammdatei Forderungen und Debitorenkontensalden mit Altersstrukturanalyse zugerechnet.[202] An den zur Kennzeichnung einer Transaktions-Klasse verwendeten Elementen wird deutlich, daß der im Rahmen des Cycle Approach verwendete Begriff des Geschäftsvorfalls (engl.: business transaction[203]) als "Vorfall" sowohl ein Ereignis[204] als als auch gleichzeitig den oder die Vorgänge zur Behandlung des Ereignisses bzw. die ereignisauslösenden Vorgänge umfaßt[205].[206] Die Transaktions-Klassen werden mit ihren Ele-

---

[201] Vgl. Arens, A. A./Loebbecke, J. K., Auditing, S. 346.

[202] Vgl. Arens, A. A./Loebbecke, J. K., Auditing, S. 346 ff.

[203] Vgl. Arthur Andersen, Fachwörterbuch, S. 36.

[204] Vgl. Defliese, P. L./Jaenicke, H. R./O'Reilly, V. M./Hirsch, M. B., Montgomery's Auditing, S. 223; Ferstl, O. K./Sinz, E. J., WI 1993, S. 590; Knop, W., Möglichkeit zur optimalen Planung, S. 80 f. Budde, W. D./Kunz, K., Kommentierung zu § 238 HGB, in Beck Bil-Komm, Tz 62 bezeichnen Geschäftsvorfälle dagegen als Dokumentation von Ereignissen. Auch diese Auffassung stimmt mit dem Verständnis von Geschäftsvorfällen als Ereignissen überein, wenn berücksichtigt wird, daß jeder reale Geschäftsvorfall (z.B. Lagerentnahme) zu einem Geschäftsvorfall im (operativen) Informationssystem des Unternehmens (Bestandsminderung in der Lagerbuchführung) führt. Vgl. Festl, O. K./Sinz, E. J., Wirtschaftsinformatik, S. 33.

[205] Vgl. AWV, Buchhaltungsdaten, S. 12; Göbel, H., Buchführung, S. 163; Johnson, K. P./Jaenicke, H. R., Internal Control, S. 72; Lück, W., Stbg 1997, S. 428; Nath, G./Stoeckmann, H., Buchführung, S. 10; Selchert, F. W., Jahresabschlußprüfung, S. 225; Sikorski, R., Buchführung, S. 14; Wöhe, G., Allgemeine BWL, S. 957; Zens, M., Geschäftsvorfall, S. 499.

[206] Im Vergleich zu ganzheitlichen Konzepten der Geschäftsprozeßmodellierung, wie z.B. dem von Ferstl/Sinz entwickelten Semantischen Objektmodell (SOM), verfügt der Cycle-Approach nur über einen relativ grob strukturierten Begriffsapparat, in dem die Begriffe Geschäftsprozeß, Geschäftsvorgang und Geschäftsvorfall nicht eindeutig voneinander abgegrenzt werden. Zum Semantischen Objektmodell und der begrifflichen Trennung von Geschäftsprozeß, Geschäftsvorgang und Geschäftsvorfall vgl. Ferstl, O. K./Sinz, E. J., WI 1995, S. 209 ff.; Ferstl, O. K./Sinz, E. J., WI 1993, S. 590. Im Zuge der Orientierung der Unternehmen an Geschäftsprozessen wandelt sich inzwischen auch die Sichtweise des Abschlußprüfers. Insoweit besitzen Geschäftsprozeßmodelle auch für den Abschlußprüfer Relevanz. Zur Veränderten Sichtweise des Abschlußprüfers vgl. z.B. Wiedmann, H., WPg 1998, S. 338 ff.

menten in tabellarischer Form dokumentiert.[207] Die Beschreibung ihrer Ablaufstruktur erfolgt durch Flowcharts.[208]

Der Cycle Approach läßt sich als prozeßorientierter Ansatz einordnen.[209] Der Abschlußprüfer betrachtet die Rechnungslegung als eine Gesamtheit von inhaltlich abgeschlossenen Erfüllungsvorgängen, die in einem logischen inneren Zusammenhang stehen und damit einen betrieblichen Prozeß bilden[210]. Betriebliche Prozesse sind weder an die Grenzen von Organisationseinheiten gebunden[211], noch auf die Bereiche der betrieblichen Grundfunktionen beschränkt.[212] Dieses Prozeßmerkmal ist für den Abschlußprüfer von besonderer Bedeutung, weil sich die GoB nicht auf eine "Organisationseinheit Buchführung" beziehen oder sich auf die Vorgänge der unmittelbaren Erstellung des Jahresabschlusses beschränken. Der Geltungsbereich der GoB erstreckt sich auf alle rechnungslegungsrelevanten Vorgänge.[213] Auch rechnungslegungsrelevante Vorgänge in "au-

---

[207] Vgl. Arens, A. A./Loebbecke, J. K., Auditing, S. 346.

[208] Vgl. Adenauer, P., Internes Kontrollsystem, S. 136 ff.; Johnson, K. P./Jaenicke, H. R., Internal Control, S. 83 ff. Dabei wird sowohl eine in die Ablaufstruktur des Rechnungslegungsprozesses integrierte Dokumentation der Kontrollen des Unternehmens-Soll-IKS (Vgl. Adenauer, P., Internes Kontrollsystem, S. 138; Johnson, K. P./Jaenicke, H. R., Internal Control, S. 84) als auch die getrennte Beschreibung der Kontrollen vertreten (vgl. Knop, W., Möglichkeit zur optimalen Planung, S. 97 ff.).

[209] Dazu und zu anderen Ansätzen vgl. Bea, F. X./ Schnaitmann, H., WiSt 1995, S. 278 ff.; Ferstl, O. K./ Sinz, E. J., Wirtschaftsinformatik, S. 123 ff., 176 ff.; Ferstl, O. K./Sinz, E. J., WI 1995, S. 210; Krallmann, H., Systemanalyse, S. 238.

[210] Vgl. zu dieser Prozeßdefinition Gaitanides, M., Prozeßorganisation, S. 65. Zum Prozeßbegriff vgl. Bea, F. X./ Schnaitmann, H., WiSt 1995, S. 278 ff.; Ferstl, O. K./Sinz, E. J., WI 1993, S. 590 f. Im Zuge der aktuellen Entwicklungen auf dem Gebiet der Wirtschaftsprüfung wird dem Prozeßgedanken auch begrifflich Rechnung getragen. Dörner verwendet z.B. den Begriff "Rechnungswesenprozeß". Vgl. Dörner, D., WPg 1998, S. 310.

[211] Vgl. Bea, F. X./Schnaitmann, H., WiSt 1995, S. 279.

[212] Vgl. Gaitanides, M., Prozeßorganisation, S. 65.

[213] Vgl. AWV, GoBS, Tz 1.1 i.V.m. Tz 1.2; IDW, Stellungnahme HFA 4/1997, FN-IDW 1997, S. 522; Philipp, M., WI 1998, S. 312; Zepf, G., DStR 1996, S. 1260. Zur Abgrenzungsproblematik zwischen Buchführung und anderen Teilprozessen am Beispiel des Prozesses "Einkaufsabwicklung" vgl. Gaitanides, M., Prozeßorganisation, S. 77 f.

ßerbuchhalterischen Bereichen" unterliegen als Elemente des Rechnungslegungsprozesses den GoB.[214]

Der Rechnungslegungsprozeß hat die Aufgabe, eine Vielzahl heterogener Geschäftsvorfälle abzubilden. Die Verschiedenartigkeit der Geschäftsvorfälle weist auf eine heterogene Gesamtaufgabe hin, aus der sich bei einer Zerlegung homogene(re) Teilaufgaben ergeben. Durch eine Aufgabenzerlegung werden Komponenten des Rechnungslegungsprozesses abgegrenzt, die selbst wieder als Teilsysteme und damit als Teilprozesse betrachtet werden (Tätigkeitskreise, Transaktions-Klassen). Aufgabenzerlegung und Teilsystembildung werden fortgesetzt, bis sich ein Rechnungslegungsprozeß auf die Abbildung von Geschäftsvorfällen eines Typs beschränkt (Transaktions-Klasse). In der Ablaufsicht ist das Auftreten eines Geschäftsvorfalls gleichzeitig das auslösende Ereignis für einen Rechnungslegungsprozeß. Die Beendigung des Prozesses wird durch das Ereignis "Geschäftsvorfall ist in der Buchführung bzw. im Jahresabschluß abgebildet" markiert. Zwischen diesen Ereignissen liegen eine Reihe von Vorgängen, die nach dem Cycle Approach als elementare Komponenten von Rechnungslegungsprozessen betrachtet werden. Die Vorgänge repräsentieren die Durchführung (elementarer) Rechnungslegungsaufgaben, die von einem oder mehreren Ereignissen ausgelöst werden und selbst Ereignisse produzieren, die wiederum andere Vorgänge in Gang setzen.

---

[214] Vgl. AWV, GoBS, Tz 1.1; IDW, WP-Handbuch Bd. I 1996, Abschn. P, Tz 139; IDW, Stellungnahme HFA 4/1997, FN-IDW 1997, S. 522; Leffson, U., GoB, S. 168; Schmick, H., EDV-Buchführung, in Beck HdR, Tz 8; Zepf, G., DStR 1996, S. 1260. Die Rechnungslegungsrelevanz von betrieblichen Vorgängen in "außerbuchhalterischen Bereichen" wird meist als "Bereitstellung von Daten für die Rechnungslegung und den Jahresabschluß" gekennzeichnet. Vgl. z.B. IDW, WP-Handbuch Bd. I 1996, Abschn. P, Tz 139.

Rechnungslegungsprozesse stellen damit ereignisgesteuerte Vorgangsketten bzw. Vorgangsnetze dar.[215]

Die Analyse des Rechnungslegungsprozesses liefert die Grundlage für die Entwicklung eines Aufgabensystems des Prüfer-Soll-IKS, das die unternehmensspezifischen Besonderheiten der Rechnungslegung des geprüften Unternehmens berücksichtigt. Zur Entwicklung des Aufgabensystems des Prüfer-Soll-IKS werden Rechnungslegungsaufgaben nach dem Phasenprizip zerlegt. Anhand der Phase einer Aufgabe können Aufgaben zur Durchführung der Rechnungslegung und Aufgaben zur Überwachung der Durchführung der Rechnungslegung unterschieden werden. Aufgaben zur Durchführung der Rechnungslegung sind Aufgaben des Rechnungslegungsprozesses. Aufgaben zur Überwachung der Durchführung der Rechnungslegung sind Aufgaben des Internen Kontrollsystems. Sie bilden das Aufgabensystem des IKS. Bei der Aufgabenzerlegung kann ergänzend eine sachzielbezogene Differenzierung der Überwachungsaufgaben erfolgen, um die inhaltlichen Konkretisierung der Ordnungsmäßigkeit im Aufgabensystem des IKS abzubilden.

Unter Anwendung des Phasenprinzips ergibt sich, der Zerlegung des Rechnungslegungsprozesses folgend, eine mehrstufige Detaillierung der Gesamtaufgabe des Prüfer-Soll-IKS. Die dabei entstehenden Überwachungsaufgaben spezifizieren Verhaltensanforderungen an Teilsysteme bzw. elementare Komponenten des Unternehmens-Soll-IKS, die auf die Überwachung von Teilsystemen (Teilprozesse) bzw. auf elementare Komponenten (Vorgänge) des Rechnungslegungsprozesses gerichtet sind. Die Abgrenzung und Detaillierung des Rechnungslegungsprozesses, die der Abschlußprüfer im Rahmen des Cycle Approach vornimmt, legen den Aufgabenumfang und den Detaillierungsgrad des Aufgabensystems

---

[215] Vgl. zu ereignisgesteuerten Vorgangsketten Festl, O. K./Sinz, E. J., WI 1993, S. 590. Mit der Betrachung von Prozessen als ereignisgesteuerte Vorgangsketten bzw. -netze rückt der Abschlußprüfer das Verhalten des Rechnungslegungsprozesses in den Mittelpunkt seiner Betrachtungen. Geschäftsprozesse können jedoch auch aus strukturorientierter Sicht betrachtet werden. Vgl. Ferstl, O. K./Sinz, E. J., WI 1995, S. 213 f.

des Prüfer-Soll-IKS fest. Überwachungsaufgaben werden als elementar betrachtet, wenn sie sich auf Vorgänge als elementare Komponenten des Rechnungslegungsprozesses beziehen. Durch die auf jeder Zerlegungsstufe ergänzend angewendete Sachzieldifferenzierung ergibt sich für das Prüfer-Soll-IKS ein mehrdimensionales Aufgabensystem.

Das vom Abschlußprüfer geforderte äußere Verhalten der Teilsysteme und elementaren Systemkomponenten des Unternehmens-Soll-IKS wird durch die Sachziele der Überwachungsaufgaben im Prüfer-Soll-IKS beschrieben. Die Sachziele stellen Konkretisierungen des jeweils übergeordneten Systemziels in Bezug auf die überwachten Teilprozesse bzw. Rechnungslegungsvorgänge dar. Konkretisierungen des übergeordneten Systemziels "Sicherstellung der Vollständigkeit des Rechungslegungsprozesses" sind z.B. die "Sicherstellung der Vollständigkeit des Absatz-Rechnungslegungsprozesses" oder die "Sicherstellung der Vollständigkeit des Verkaufs-Rechnungslegungsprozesses" für Teilsysteme des Unternehmens-Soll-IKS und die "Sicherstellung der Vollständigkeit des Fakturierungsvorgangs" für eine elementare Systemkomponente. "Sicherstellung" ist dabei als Aufdeckung und Beseitigung der durch die überwachten Teilprozesse bzw. und Vorgänge verursachten Fehler zu verstehen. Entsprechende Verhaltensanforderungen ergeben sich für Teilsysteme und elementare Systemkomponenten des Unternehmens-Soll-IKS, die auf die Sicherstellung von Authentizität, Eindeutigkeit sowie die Gewährleistung der formellen und materiellen Richtigkeit spezialisiert sind.

Durch die am Rechnungslegungsprozeß des geprüften Unternehmens orientierte Entwicklung des Aufgabensystems ist gewährleistet, daß im Prüfer-Soll-IKS für die Überwachung jedes einzelnen Rechnungslegungsvorgangs eine Überwachungsaufgabe enthalten ist und das Soll-IKS damit der Vorstellung des Abschlußprüfers von einer "lückenlosen"[216] "Kon-

---

[216] Vgl. AWV, GoBS, Tz 4.3; Leffson, U., Wirtschaftsprüfung, S. 245; Philipp, M., WI 1998, S. 315.

trolle jeder Arbeit"[217] gerecht wird. Ausgehend von den elementaren Überwachungsaufgaben des Aufgabensystems ist der Abschlußprüfer in der Lage zu beurteilen, inwieweit das Unternehmens-Soll-IKS die Anforderung einer "lückenlosen Kontrolle jeder Arbeit" erfüllt. Der Zielerreichungsgrad des Gesamtsystems bzw. seiner Teilsysteme könnte als Anteil der im Unternehmens-Soll-IKS realisierten Überwachungsaufgaben des Prüfer-Soll-IKS ermittelt werden. Das Urteil des Abschlußprüfers über das Unternehmens-Soll-IKS stützt sich in diesem Fall lediglich auf die Außensicht der Überwachungsaufgaben in der Systemkonzeption. Im Hinblick auf die Bedeutung, die diesem Urteil für den weiteren Verlauf der Jahresabschlußprüfung zukommt, erscheint es nicht ausreichend fundiert. Ausreichend fundierte Urteile über das Unternehmens-Soll-IKS müssen berücksichtigen, ob und inwieweit die innere Struktur und das Verhalten der Komponenten des konzipierten Systems das geforderte äußere Verhalten auch realisieren. Die Beurteilung der Verträglichkeit von Innen- und Außensicht bei elementaren Komponenten des Unternehmens-Soll-IKS setzt die Konkretisierung der Verhaltensanforderungen durch die Innensicht von Überwachungsaufgaben voraus.

---

[217] Vgl. Adenauer, P., Internes Kontrollsystem, S. 79; Schnider, J. A., Interne Kontrolle, S. 71 f.; Quick, R., Risiken, S. 356.

2.3 Innensicht von Überwachungsaufgaben

Mit der Innensicht einer Überwachungsaufgabe wird im Gegensatz zur Außensicht die Zielerreichung durch die Einzelschritte der Sollverwirklichung beschrieben.[218] Zielerreichung bedeutet Aufgabenerfüllung mittels Durchführung der Aufgabe. Die Durchführung einer Überwachungsaufgabe durch einen Aufgabenträger erfolgt in Form eines Überwachungsvorgangs[219], wobei durch den Raum und die Zeitspanne, in dem sich der Vorgang vollzieht, Bedingungen (Parameter) für die Aufgabendurchführung festgelegt werden. Überwachungsvorgänge bestehen aus einer Folge von Aktivitäten[220], die in allgemeiner Form das Lösungsverfahren[221] einer Überwachungsaufgabe kennzeichnen.

Die Innensicht einer Überwachungsaufgabe muß mit der zugehörigen Außensicht verträglich sein. Verträglichkeit von Innen- und Außensicht ist gegeben, wenn das durch die Innensicht beschriebene innere Verhalten das geforderte äußere Verhalten realisiert.[222] Das vom Abschlußprüfer geforderte äußere Verhalten besteht in der Korrekturwirkung für die Ordnungsmäßigkeit der Rechnungslegung beeinträchtigende Fehler. Eine Korrekturwirkung entsteht nur durch Fehleridentifikation und Fehlerelimination. Ohne Aufdeckung von Fehlern ist deren Beseitigung nicht möglich und ohne Beseitigung der aufgedeckten Fehler entsteht keine Korrekturwirkung. Zur Realisierung des geforderten äußeren Verhaltens muß das

---

[218] Vgl. Berg C. C., Organisationsgestaltung, S. 27, der diesen Aufgabenaspekt als extensionale Aufgabendefinition bezeichnet. Implizit trennt auch Philipp, M., WI 1998, S. 313, 315 zwischen Innen- und Außensicht, indem er dem IKS eine Aufgabe zuordnet und für den Systementwurf eine Beschreibung der Maßnahmen fordert, mit denen die Aufgaben des IKS erfüllt werden.

[219] Synonym wird die Aufgabenerfüllung/Aufgabendurchführung als Verrichtung, Verrichtungsvorgang, Prozeß oder Aktivität gekennzeichnet. Vgl. Ferstl, O. K./Sinz, E. J., Wirtschaftsinformatik, S. 55; Kargl, H., DV-Anwendungssysteme, S. 121.

[220] Ulrich kennzeichnet eine Folge zusammenhängender Aktivitäten als Prozeß. Vgl. Ulrich, H., Unternehmung, S. 110. Ferstl/Sinz bezeichnen die Elemente von Vorgängen als Aktionen. Vgl. Ferstl, O. K./Sinz, E. J., Wirtschaftsinformatik, S. 56 f.

[221] Vgl. für Aufgabendurchführungen allgemein Ferstl, O. K./Sinz, E. J., Wirtschaftsinformatik, S. 88.

[222] Vgl. Ferstl, O. K./Sinz, E., J., Wirtschaftsinformatik, S. 18.

Lösungsverfahren von Überwachungsaufgaben deshalb Aktivitäten zur Aufdeckung von Fehlern und Aktivitäten zur Beseitigung von Fehlern beinhalten.

Als erforderliche Elemente für die Korrekturwirkung können die Aktivitäten (1) Auswahl und/oder Ermittlung der Überwachungsobjekte und (2) die Ermittlung der zugehörigen Vergleichsobjekte unterschieden werden, denen (3) der Vergleich der Objektpaare mit Beurteilung und (4) die Maßnahmen in Abhängigkeit von Beurteilungsergebnis nachfolgen müssen.[223]

Die Aktivitäten (1) bis (3) sind für die Aufdeckung von Fehlern erforderlich. Der Vergleich einschließlich Beurteilung wird meist als Kernaktivität des Überwachungsvorgangs angesehen, die auch als Kontrolle oder Überwachung im engeren Sinn bezeichnet wird.[224] Als Maßnahmen in Abhängigkeit vom Beurteilungsergebnis sind die Freigabe und die Fehlerbeseitigung zu unterscheiden. Eine Freigabe des Überwachungsobjektes erfolgt nur dann, wenn die Beurteilung der Objektpaare keine Abweichungen oder lediglich Abweichungen innerhalb eines Toleranzbereiches ergeben hat. Andernfalls sind wegen nicht akzeptierter Abweichungen (Fehlern) Maßnahmen zur Fehlerbeseitigung zu veranlassen.

Zur Fehlerelimination gehören alle Aktivitäten, die sich unmittelbar auf die Beseitigung der aufgedeckten Fehler richten, sowie vorbereitende Aktivi-

---

[223] Zu den Einzelaktivitäten vgl. Baetge, J., Überwachung, S. 180; Wittmann, A., Systemprüfung, S. 54; Treuz, W., Kontroll-Systeme, S. 56. In der Literatur finden sich in Abhängigkeit vom Untersuchungskontext der Überwachung unterschiedliche Kennzeichnungen der sachlogisch dem Überwachungsvorgang zuzurechnenden Aktivitäten. So werden ergänzend z.B. die Aktivitäten der Zusammenfassung aller Teilurteile zu einem Gesamturteil und die Urteilsmitteilung an die Adressaten oder die differenzierte Betrachtung von Ist-Ist-Vergleichen gegenüber Soll-Ist-Vergleichen in den Überwachungsvorgang einbezogen. Vgl. Baetge, J., Überwachung, S. 180.

[224] Vgl. Adenauer, P., Internes Kontrollsystem, S. 87; Nordsieck, F., ZfhF 1929, S. 150. Zu unterschiedlich weiten Fassungen des Kontrollbegriffs vgl. Thieme, H., Verhaltensbeeinflussung, S. 9 f.

täten in Form von Abweichungs- oder Fehleranalysen,[225] soweit sie für die Beseitigung von Fehlern unerläßlich sind.

Die Kennzeichnung der für eine Korrekturwirkung erforderlichen Elemente des Überwachungsvorgangs stellt eine weitere Präzisierung der Soll-Vorstellungen des Abschlußprüfers dar. Sie ermöglicht es, die im Unternehmens-Soll-IKS vorgesehenen Lösungsverfahren einer Überwachungsaufgabe auf ihre Verträglichkeit mit der Aufgabenaußensicht zu beurteilen. Lösungsverfahren, denen z.b. die für eine Fehlerbeseitigung erforderlichen Aktivitäten fehlen, können das geforderte äußere Verhalten im Sinne einer Korrekturwirkung nicht realisieren. Der Zielerreichungsgrad des konzipierten Systems bzw. seiner Teilsysteme könnte als Anteil der im Unternehmens-Soll-IKS vorgesehenen Überwachungsaufgaben des Prüfer-Soll-IKS verstanden werden, deren geplantes Lösungsverfahren das geforderte äußere Verhalten auch realisiert. Mit der Bezugnahme auf die Vollständigkeit der zum Überwachungsvorgang gehörenden Aktivitäten ist nur eine undifferenzierte Bewertung von Lösungsverfahren möglich, so daß für elementare Überwachungsaufgaben lediglich Zielerreichungsgrade von 0 % oder 100 % ermittelt werden können.

Für eine differenziertere Beurteilung der Lösungsverfahren von Überwachungsaufgaben ist zu berücksichtigen, daß bei der Gestaltung des IKS die Aufgabenerfüllung nicht nur durch die Art der auszuführenden Aktivitäten spezifiziert wird, sondern durch die Vorgabe von (Überwachungs-)Regeln besondere Verfahrensweisen für die Zielerreichung vorgegeben werden.[226] Zeitregeln bestimmen beispielsweise, unter welchen Bedingungen und in welcher Zeitspanne der Überwachungsvorgang auszuführen ist. Methodenregeln geben vor, wie die zum Überwachungsvorgang gehörenden Aktivitäten abgewickelt werden sollen. Die unterschiedliche Ausgestaltung der Überwachungsregeln führt zu verschiedenen Lösungsverfahren. Die Überwachungssachziele können durch unterschiedliche Lösungs-

---

[225] Vgl. Thieme, H., Verhaltensbeeinflussung, S. 10. Zur Fehleranalyse im Zusammenhang mit der Beseitigung von Fehlern vgl. Kap. 3.2.2.1, auf S. 195, 201.

[226] Vgl. Grochla, E., Gestaltung, S. 174 f.

verfahren erreicht werden[227] und mit unterschiedlichen Lösungsverfahren können grundsätzlich unterschiedliche Zielerreichungsgrade verwirklicht werden. Deshalb ist die Analyse der Gestaltungsvarianten von Überwachungsregeln hinsichtlich ihrer Auswirkungen auf den Umfang der Zielerreichung ein geeigneter Ansatzpunkt für die differenzierte Bewertung der Lösungsverfahren von Überwachungsaufgaben.

Überwachungsaufgaben werden zur Durchführung an Aufgabenträger übertragen. Die Aufgabenträger von Überwachungsaufgaben werden als Überwachungsträger bezeichnet.[228] Zum Überwachungsträger gehören auch die für die Erledigung der Überwachungsaufgabe erforderlichen sachlichen Hilfsmittel.[229] Werden die für eine Erledigung von Überwa-

---

[227] Vgl. Berg C. C., Organisationsgestaltung, S. 28; Ferstl, O. K./Sinz, E., J., Wirtschaftsinformatik, S. 87.

[228] Vgl. v. Wysocki, K./Brand, H., Wirtschaftsprüfung und Wirtschaftsprüfungswesen, 207. In der Literatur findet sich daneben die Bezeichnung Kontrollträger. Vgl. Adenauer, P., Internes Kontrollsystem, S. 89; Corsten, H., Kontrolle, S. 475; Müller, W., Kontrolle, Sp. 1087; Treuz, W., Kontroll-Systeme, S. 56; Thieme, H., Verhaltensbeeinflussung, S. 32. Der Begriff des Überwachungsträgers wird in der Literatur sowohl personell als auch institutionell verstanden. Überwachungsträger können danach einzelne Personen und Personengruppen, aber auch organisatorische Bereiche (Stellen), Abteilungen oder organisationsexterne Institutionen sein. Vgl. Corsten, H., Kontrolle, S. 475; Müller, W., Kontrolle, Sp. 1087. Im Rahmen der Internen Überwachung wird auf die Zugehörigkeit der Aufgabenträger zum Unternehmen abgestellt, so daß unternehmensexterne Überwachungsträger nicht betrachtet werden.

[229] Vgl. Ferstl, O. K./Sinz, E. J., Wirtschaftsinformatik, S. 88 f.; Kosiol, E., Bausteine, S. 545; Nordsieck, F., Betriebsorganisation, Anhang Schaubild 1. Sachliche Hilfsmittel sind Sachmittel, denen bei der Aufgabenerfüllung eine Hilfsfunktion zukommt (z.B. Büromaterial). Vgl. auch die Systematik zu Sachmitteln bei Steinbuch, P. A., Organisation, S. 150 f.

chungsaufgaben in Betracht kommenden Aufgabenträger[230] nach dem Automatisierungsgrad[231] von Überwachungsaufgaben differenziert,[232] können Personen als Überwachungsträger für nicht automatisierte Überwa-

---

[230] In der traditionellen Organisationslehre wurde davon ausgegangen, daß Aufgabenträger nur der Mensch sein kann. Vgl. z.B. Kosiol, E., Aufgabenträger, Sp. 234. Im Hinblick auf die technische Entwicklung wird diese Einengung des Aufgabenträgers auf den Menschen jedoch nicht mehr aufrechterhalten. Allerdings wird der Aufgabenträgerbegriff nicht auf den selbständigen Aufgabenträger "Maschine" ausgeweitet, weil notwendiger Bestandteil der Aufgabendurchführung die Wahrnehmung der an den Menschen gebundenen Initiativ- und Verantwortungsfunktion sei. Aufgabenträger kann nach dieser Auffasung nur der Mensch bzw. eine Personengruppe oder eine Mensch-Maschine-Kombination sein. Vgl. Schwarz, H., Betriebsorganisation, S. 34; Steinbuch, P. A., Organisation, S. 140. In diesem Zusammenhang ist vom Begriff des Aufgabenträgers der des Arbeitsträgers zu unterscheiden. Neben dem Menschen können auch Maschinen, die selbständig Arbeitsgänge/Verrichtungen ausführen Arbeitsträger oder Handlungsträger sein. Vgl. Kosiol, E., Aufgabenträger, Sp. 234 f.; Schwarz, H., Aufgabenträger, Sp. 219. Demgegenüber kann nach Nordsieck/Nordsieck-Schrör Aufgabenträger "auch eine Maschine sein, die nur der Bedienung bedarf" oder das Aufgabenobjekt selbst, z.B. "eine chemische Mischung, in der es arbeitet, bis der erstrebte Zustand erreicht ist". Vgl. Nordsieck, F./Nordsieck-Schrör, H., Aufgabe, Sp. 192. Grochla und Schmidt schließen (reine) Maschinen- bzw. Sachmitteleinheiten als Aufgabenträger jedoch nicht aus. Vgl. Grochla, E., Automation, S. 94; Schmidt, H., Betriebsorganisation, S. 50 f.

[231] Die Automatisierung (Vollautomatisierung) einer Aufgabe durch die Verwendung eines Rechners setzt voraus, daß die auf den maschinellen Aufgabenträger zu übertragende Aufgabe funktional beschreibbar (programmierbar) ist. Vgl. zur Automatisierung von Aufgaben Ferstl, O. K./Sinz, E. J., Wirtschaftsinformatik, S. 47 f., S. 100 ff.; Grochla, E./Meller, F., Datenverarbeitung Bd. I, S. 25; Schwarz, H., Betriebsorganisation, S. 203.

[232] In der Literatur wird eine Unterscheidung zwischen manuellen, maschinellen und automatisierten Überwachungsverfahren getroffen. Ein manuelles (maschinelles) Überwachungsverfahren liegt vor, wenn Kontrollen durch Personen (Maschinen) ausgeführt werden. Programmierte bzw. automatische Kontrollen betreffen als besondere Form von Maschinen die EDV. Vgl. IDW, WP-Handbuch 1996 Bd. I, Abschn. P, Tz 142; v. Wysocki, K./Brand, H., Wirtschaftsprüfung und Wirtschaftsprüfungswesen, S. 207. Folgt man der hier vorgenommenen Differenzierung von Aufgabeträgern, sind nicht in Rechnern bestehende Maschinen für die Überwachung (Meß- und Rechengeräte aller Art, Fahrtenschreiber, Stechuhr u. Registrierkassen (Vgl. IDW, WP-Handbuch 1996 Bd. I, Abschn. P, Tz 142)) nicht als maschinelle Aufgabenträger sondern als sachliche Hilfsmittel von personellen Aufgabenträgern zu qualifizieren. Eine weitere Differenzierung der manuellen Überwachungsform unter Berücksichtigung der Art der eingesetzten sachlichen Hilfsmittel in manuelle Überwachung mit und ohne Einsatz maschineller Hilfsmittel sowie ggf. eine mechanisierte Überwachung ist möglich (Vgl. Schwarz, H., Betriebsorganisation, S. 196 ff.), soll aber hier nicht vorgenommen werden.

chungsaufgaben, Rechner[233] als Überwachungsträger für vollautomatisierte Überwachungsaufgaben und Mensch-Rechner-Systeme als Überwachungsträger für teilautomatisierte Überwachungsaufgaben unterschieden werden.[234] In der Praxis dürften vollautomatisierte Überwachungsaufgaben jedoch kaum auftreten, da auch bei automatisierter Fehleridentifikation zumindest für die definitionsgemäß zum Überwachungsvorgang gehörenden Aktivitäten der Fehlerbeseitigung von einer Beteiligung personeller Überwachungsträger auszugehen ist[235].

Im Gegensatz zum deterministischen Verhalten von Rechnersystemen[236] als maschinellen Überwachungsträgern läßt sich das Verhalten personeller Überwachungsträger durch die Vorgabe von Überwachungsregeln ex ante nicht vorherbestimmen.[237] Personelle Überwachungsträger können bei der Durchführung von Überwachungsaufgaben von vorgegebenen Regeln bewußt oder unbewußt abweichen, während bei Rechnern eine Ab-

---

[233] Rechner bzw. Rechnersysteme bestehen aus Hard- und Softwarekomponenten. Vgl. Ferstl, O. K./Sinz, E., J., Wirtschaftsinformatik, S. 47; Grochla, E./Meller, F., Datenverarbeitung Bd. I, S. 28 f. Zusammen mit Kommunikationssystemen sind die (maschinellen) Aufgabenträger (Aktionsträger) des automatisierten Teils des Informationssystems einer Unternehmung, das als Anwendungssystem bezeichnet wird. Vgl. Ferstl, O. K./Sinz, E., J., Wirtschaftsinformatik, S. 5; Grochla, E./Meller, F., Datenverarbeitung Bd. I, S. 25, 27. Zum Überwachungssystem als Bestandteil des Informationssystems eines Unternehmens vgl. Treuz, W., Kontroll-Systeme, S. 28 f.

[234] Vgl. Ferstl, O. K./Sinz, E. J., Wirtschaftsinformatik, S. 48. Wohl ebenso Schnider, der DV-Systeme als Stellengruppe definiert, wobei die Aufgabenzuordnung in Form von Software erfolgt. Vgl. Schnider, A. J., Interne Kontrolle, S. 64. Überwiegend folgt die Literatur zur Überwachung hinsichtlich möglicher Aufgabenträger der älteren Auffassung der Organisationslehre und beschränkt die Ausprägungen des Überwachungsträgers auf Personen und Personengruppen. Vgl. Thieme, H., Verhaltensbeeinflussung, S. 32; Treuz, W., Kontroll-Systeme, S. 83; v. Wysocki, K./Brand, H., Wirtschaftsprüfung und Wirtschaftsprüfungswesen, S. 207.

[235] Bei automatisierter Fehleridentifikation wird die Beteiligung personeller Überwachungsträger an der Fehlerelimination in der Literatur auch als "manual follow up" bezeichnet. Vgl. Adenauer, P., Internes Kontrollsystem, S. 90.

[236] Vgl. Ferstl, O. K./Sinz, E. J., Wirtschaftsinformatik, S. 101.

[237] Vgl. Adenauer, P., Internes Kontrollsystem, S. 89.

weichung von der funktionalen Verhaltensbeschreibung (Programm)[238] ohne Fremdeinwirkung unmöglich ist.[239] Für eine aufgabenträgerunabhängige Ermittlung des Zielerreichungsgrades[240] auf der Grundlage der Beurteilung von Lösungsverfahren ist deshalb davon auszugehen, daß sich die Überwachungsträger bei der Durchführung einer Überwachungsaufgabe[241] regelkonform verhalten[242] und deshalb das aufgrund der Überwachungsregeln anzunehmende Verhalten realisieren. Wegen dieser vereinfachenden Annahme ist bei der Wirksamkeitsprüfung mit Abweichungen des durch das Unternehmens-Ist-IKS realisierten Zielerreichungsgrades von dem bei der Verläßlichkeitsprüfung ermittelten Zielerreichungsgrad des Unternehmens-Soll-IKS zu rechnen.[243]

---

[238] Ein Programm beschreibt in formalisierter Form automatisierte Aufgaben. Die Durchführungsphase automatisierter Überwachungsaufgaben bzw. der automatisierten Teile von Überwachungsaufgaben gehören zum Anwendungssystem. Die Aufgabendefinitionen für einen Rechner wird in einer Software-Dokumentation festgehalten. Vgl. Ferstl, O. K./Sinz, E. J., Wirtschaftsinformatik, S. 98, 106, 113 f.

[239] Vgl. Adenauer, P., Internes Kontrollsystem, S. 112. Die Aufgabendefinitionen für personelle Überwachungsträger liegen in Form von Stellenbeschreibungen, Arbeitsanweisungen usw. vor. Die Aufgabendefinition für Rechner als maschinelle Überwachungsträger wird in einer Software-Dokumentation festgehalten. Vgl. Ferstl, O. K./Sinz, E., J., Wirtschaftsinformatik, S. 106. Für die Lösungsverfahren der im Unternehmens-Soll-IKS vorgesehenen Überwachungsaufgaben liegt eine aufgabenträgerspezifische Beschreibung vor. Für personelle Überwachungsträger wird das Lösungsverfahren meist natürlichsprachlich (nicht formalisiert) beschrieben. Für Rechner als maschinelle Überwachungsträger ist das Lösungsverfahren in einem Programm beschrieben. Die Verfahrensbeschreibung erfolgt mit Hilfe von Programmiersprachen. Vgl. Ferstl, O. K./Sinz, E. J., Wirtschaftsinformatik, S. 88, 96 f.

[240] Dagegen wird in der Literatur offenbar von einer aufgabenträgerabhängigen Bewertung des IKS ausgegangen, wenn z.B. die Qualität des IKS umso höher eingestuft wird, je größer der Automatisierungsgrad des Systems ist. Vgl. Philipp, M., WI 1998, S. 315.

[241] Vgl. Ferstl, O. K./Sinz, E. J., Wirtschaftsinformatik, S. 88. In der Organisationslehre wird hingegen meist als notwendiger Bestandteil der Aufgabendurchführung die Wahrnehmung der an den Menschen gebundenen Initiativ- und Verantwortungsfunktion angesehen. Durch dieses Aufgabenverständnis sind Maschinen als eigenständige Aufgabenträger ausgeschlossen. Vgl. Kosiol, E., Aufgabenträger, Sp. 234; Schwarz, H., Betriebsorganisation, S. 34; Steinbuch, P. A., Organisation, S. 140.

[242] Vgl. IDW, WP-Handbuch Bd. I 1996, Abschn. P, Tz 149.

[243] Zu weiteren Abweichungsursachen vgl. Kap. 3.1.7 auf S. 117.

3 Vorläufige Beurteilung des Internen Kontrollsystems

3.1 Struktur eines Scoring-Modells zur Quantifizierung des Kontrollrisikos

3.1.1 Die Entscheidungssituation des Abschlußprüfers

Auswahlentscheidungen bei Mehrfachzielsetzungen können durch den Einsatz von Scoring-Modellen unterstützt und begründet werden.[244] Die Konzeption von Scoring-Modellen umfaßt eine Alternativenbewertung auf der Grundlage eines Merkmalskatalogs, wobei die einzelnen Merkmale die Ziele des Entscheidungsproblems bilden. Die Merkmale der jeweiligen Alternativen werden mit als Nutzengrößen zu interpretierenden Punktwerten[245] (Scores) versehen, die anschließend zur Bewertung der Alternative aggregiert werden.[246]

Der Einsatz eines Scoring-Modells zur Quantifizierung des Kontrollrisikos im Rahmen der vorläufigen Beurteilung des IKS erfordert eine der Beurteilungssituation des Abschlußprüfers entsprechende Interpretation der Modellkomponenten, da die Entscheidungssituation des Abschlußprüfers bei der Verläßlichkeitsprüfung als erster Prüfungsphase der IKS-Prüfung[247] hinsichtlich der Anzahl der zu bewertenden Alternativen von der für den Einsatz von Scoring-Modellen typischen Entscheidungssituation ab-

---

[244] Vgl. Weber, M./Krahnen, J./Weber, A., DB 1995, S. 1621.

[245] Scoring-Modelle werden deshalb auch als Nutzwertanalyse bezeichnet oder als besondere Ausprägung der Verfahren der Nutzwertanalyse angesehen. Vgl. Kern, W./Schröder, H., Forschung und Entwicklung, S. 199 f.; Strebel, H., DB 1978, S. 2182; Weber, M./Krahnen, J./Weber, A., DB 1995, S. 1621.

[246] Zur Grundstruktur und zu den Verfahrensschritten beim Entwurf von Scoring-Modellen vgl. z.B. Becker, W./Weber, J., Scoring-Modelle, S. 345 - 359; Kern, W./Schröder, H., Forschung und Entwicklung, S. 199 - 224; Kupsch, P., Unternehmungsziele, S. 55 - 59. Ausführliche Darstellungen finden sich z.B. bei Strebel, H., Forschungsplanung, S. 46 ff.; Zangemeister, C., Nutzwertanalyse, S. 89 ff.

[247] Vgl. Kap. 1.3, S. 16.

weicht.[248] Es ist ferner zu berücksichtigen, daß sich das Kontrollrisiko auf die einzelnen Überwachungssachzielkategorien Vollständigkeit, Authentizität, Eindeutigkeit sowie materielle und formelle Richtigkeit bezieht[249] und daß das Kontrollrisiko nicht für das unternehmensweite, den gesamten Rechnungslegungsprozeß überwachende IKS, sondern für abgegrenzte IKS-Teilsysteme, die Teilprozesse der Rechnungslegung überwachen, zu ermitteln ist[250].

Im Schrifttum werden als Handlungsalternativen des Abschlußprüfers die möglichen Ausprägungen des Kontrollrisikos in Form quantifizierter Risikowerte angesehen.[251] Mit dieser Interpretation soll zum Ausdruck gebracht werden, daß der Abschlußprüfer bei der Festsetzung der Höhe des Kontrollrisikos grundsätzlich über alternative Werte im Intervall [0%;100%] verfügt.[252] Diese Auffassung ist dahingehend zu präzisieren, daß die Alternativen nicht unmittelbar in der Festsetzung verschiedener Kontrollrisikowerte, sondern in den damit verbundenen Prüfungsstrategien bestehen. Sind auf der Grundlage quantitativer Kontrollrisikoklassen konkrete Prüfungsprogramme formuliert, bestehen die Entscheidungsalternativen des Abschlußprüfers in den mit den Risikoklassen verknüpften wei-

---

[248] Hinsichtlich der Anzahl der zu bewertenden Alternativen zeichnet sich die für den Einsatz von Scoring-Modellen typische Entscheidungssituation durch zwei oder mehr konkrete Alternativen aus, während die Anwendung von Scoring-Modellen beim Vorliegen nur eines einzelnen Bewertungsobjektes zwar ebenfalls möglich ist, aber wohl einen Ausnahmefall darstellt. Vgl. Zangemeister, C., Nutzwertanalyse, S. 46. Während bei der Planung des IKS eine Entscheidung unter einer Vielzahl von Gestaltungsalternativen zu treffen ist (typische Entscheidungssituation), hat der Abschlußprüfer nur das Unternehmens-Soll-IKS, als Ergebnis dieses Planungsprozesses zu beurteilen. Zum Entwurf von IKS als Ausprägung des Organisationsprozesses vgl. Kap. 1.1.3, S. 5 ff.

[249] Vgl. Adenauer, P., Internes Kontrollsystem, S. 193; Arens, A. A./Loebbecke, J. K., Auditing, S. 250, 251. Zu den Ordnungsmäßigkeitselementen vgl. Kap. 2.1.2, S. 32 ff.

[250] Vgl. Adenauer, P., Internes Kontrollsystem, S. 143. Gleiches gilt für die amerikanische Prüfungsliteratur, die dem AICPA folgend, von einer Bestimmung des Kontrollrisikos auf "class-of-transactions level" ausgeht. Vgl. AICPA, Professional Standards, AU 312.19 und z.B. Arens, A. A./Loebbecke, J. K., Auditing, S. 250.

[251] Vgl. Zaeh, P. E., Entscheidungsunterstützung, S. 381 sowie für das Inhärente Risiko Stibi, E., Prüfungsrisikomodell, S. 192.

[252] Vgl. Zaeh, P. E., Entscheidungsunterstützung, S. 382.

teren Prüfungsschritten, deren Art und Ausmaß mit dem Kontrollrisiko variiert[253]. Die Anzahl der Handlungsalternativen hängt von der Anzahl der festgelegten Risikoklassen bzw. der Anzahl der unterschiedlichen Prüfungsprogramme ab. Bei vier Kontrollrisikoklassen muß der Abschlußprüfer eine Entscheidung unter vier Handlungsalternativen treffen (Tabelle 1).

Kontrollrisikoklasse	Kontrollrisiko	Handlungsalternativen des Abschlußprüfers
1	0 % bis 10 %	Prüfungsprogramm 1
2	> 10 % bis 30 %	Prüfungsprogramm 2
3	> 30 % bis 50 %	Prüfungsprogramm 3
4	> 50 % bis 100 %	Prüfungsprogramm 4

Tabelle 1: *Beispiel für die Handlungsalternativen des Abschlußprüfers*

Jede Risikoklasse repräsentiert eine Menge gleichwertiger, hypothetischer Beurteilungsobjekte, die dem Soll-IKS des Unternehmens als einzigem konkreten Beurteilungsobjekt für Vergleichszwecke gegenüberzustellen sind.[254] Beispielsweise beschreibt Klasse 1 die Menge "ausgezeichneter" IKS als Systeme, die ein Kontrollrisiko von 10 % nicht überschreiten, während Klasse 4 die Menge der "unzuverlässigen" IKS erfaßt, die durch ein 50 % übersteigendes Kontrollrisiko gekennzeichnet sind.[255] Die Auswahlentscheidung für ein bestimmtes Prüfungsprogramm

---

[253] In der Literatur wird ein derartiges Vorgehen bislang lediglich als Vorteil der qualitativen Methode zur Beurteilung des IKS angesehen. Vgl. Adenauer, P., Internes Kontrollsystem, S. 186 f.; Quick, R., Risiken, S. 372.

[254] Ist eine einzige konkrete "Alternative" gegeben, müssen für den Einsatz von Scoring-Modellen hypothetische Alternativen, die das Anspruchsniveau des Entscheidungsträgers repräsentieren, entwickelt und der konkreten Alternative zu Vergleichszwecken gegenübergestellt werden. Vgl. Dubber, O./Franz, P., Nutzwertanalyse, S. 22; Zangemeister, C., Nutzwertanalyse, S. 46. Eine Auswahlentscheidung mit vorgegebenen Anspruchsniveau bedingt die kardinale Meßbarkeit der Präferenzen des Entscheidungsträgers, so daß die beim Entwurf des Scoring-Modells zu entwickelnden Nutzenfunktionen mindestens Intervallskalenniveau aufweisen müssen. Vgl. Zangemeister, C., Nutzwertanalyse, S. 46.

[255] Zur qualitativen Beschreibung von IKS vgl. z.B. Quick, R., Risiken, S. 41.

trifft der Abschlußprüfer aus dem Vergleich des Kontrollrisikos des Unternehmens-Soll-IKS mit dem für die alternativen Prüfungsprogramme geltenden Anspruchsniveau, das durch die untere Grenze der jeweiligen Kontrollrisikoklasse festgelegt ist.

Im einfachsten Fall umfassen die Handlungsmöglichkeiten des Abschlußprüfers zwei Alternativen. Eine Handlungsmöglichkeit besteht darin, daß sich der Abschlußprüfer bei einem deutlich unter 100 % liegenden Kontrollrisiko für die Planung und Durchführung der ergebnisorientierten Prüfungshandlungen auf das IKS stützt und deshalb im Anschluß an die vorläufige Beurteilung des IKS einen Wirksamkeitstest des Systems durchführt. Als Anspruchsniveau dieser Handlungsalternative kann der Abschlußprüfer z.B. ein Kontrollrisiko von 50 % festlegen, wenn er die weitere Jahresabschlußprüfung nur auf einem IKS aufzubauen beabsichtigt, dessen "Wirksamkeit" mindestens 50 % erreicht[256]. In die Festlegung des Anspruchsniveaus können ergänzend Kostenüberlegungen[257] und der Umfang des Inhärenten Risikos[258] einfließen. Erreicht das Soll-IKS des

---

[256] So offenbar Hanisch, H./Kempf, D., Revision und Kontrolle, S. 384 - 388.

[257] Die Berücksichtigung von Kostenüberlegungen bedeutet, daß auch bei einem grundsätzlich als wirksam beurteilten System die Kosten für einen Wirksamkeitstest des IKS die Kosteneinsparung aus einer Reduktion der ergebnisorientierten Prüfungshandlungen nicht überschreiten dürfen, damit ein Systemtest durchgeführt wird. Vgl. z.B. Arens, A. A./Loebbecke, J. K., Auditing, S. 288.

[258] Insbesondere im Zusammenhang mit Kostenüberlegungen erscheint es plausibel, als Voraussetzung für einen Wirksamkeitstest des IKS das Erreichen eines bestimmten Fehlerrisikos (FR) festzulegen und auf diese Weise das Inhärente Risiko (IR) bei der Festlegung des Anspruchsniveaus des Kontrollrisikos (KR) zu berücksichtigen. Ähnlich Graham, L. E., The CPA Journal, October 1985, S. 40. Auf der Grundlage der Gleichung IR • KR = FR ergibt sich das Anspruchsniveau des Kontrollrisikos aus FR/IR = KR. Bei vorgegebenen Fehlerrisiko wird das Anspruchsniveau für das Kontrollrisiko an das Inhärente Risiko angepaßt. Ist z.B. aus Kostengründen ein Systemtest erst dann sinnvoll, wenn unter Berücksichtigung der Überwachung das Fehlerrisiko nicht über 15 % liegt, beträgt bei einem geringen Inhärenten Risiko von z.B. 30 % mit 0,15/0,3 = 0,5 das Anspruchsniveau für das Kontrollrisiko 50 %. Unter diesen Bedingungen werden nur Systeme, die nach der vorläufigen Einschätzung des Abschlußprüfers ein Kontrollrisiko von ≤ 50 % aufweisen, getestet. Ein IKS, das nach dem Urteil des Abschlußprüfers mit einem Kontrollrisiko von 50 % die Testvoraussetzungen bei niedrigem Inhärenten Risiko gerade noch erfüllt, würde dagegen bei einem mittleren Inhärenten Risiko von z.B. 40 % nicht getestet werden, denn wegen des höheren Inhärenten Risikos liegt das Anspruchsniveau für das Kontrollrisiko nun bei 37,5 % (0,15/0,4 = 0,375).

Unternehmens das für einen Wirksamkeitstest erforderliche Anspruchsniveau nicht, wird der Abschlußprüfer die Prüfung des IKS beenden und auf einen Systemtest verzichten (Unterlassungsalternative)[259], da dieser bestenfalls den geschätzten Grad der Unzuverlässigkeit des Systems bestätigen kann, wenn das vorläufige Urteil des Abschlußprüfers zutrifft.[260] Da bei der Beurteilung des IKS die Werte für das Kontrollrisiko jeweils für die Überwachungssachzielkategorien Vollständigkeit, Authentizität, Eindeutigkeit sowie materielle und formelle Richtigkeit ermittelt werden, kommt der Verzicht auf einen Systemtest ferner dann in Betracht, wenn das bestehende IKS das vorgegebene Anspruchsniveau nicht hinsichtlich sämtlicher Überwachungssachzielkategorien erreicht.[261] Tabelle 2 faßt die Überlegungen für den einfachen Fall von zwei Handlungsalternativen zusammen.

---

[259] Die Unterlassungsalternative als Vergleichsobjekt für die Bestimmung der Vorteilhaftigkeit einer Handlungsweise bei Nutzwertanalysen erwähnt explizit Kupsch, P., Risikomanagement, S. 540.

[260] Vgl. Adenauer, P., Internes Kontrollsystem, S. 144; Hanisch, H./Kempf, D., Revision und Kontrolle, S. 316 f.; Meyer zu Lösebeck, H., Unterschlagungsverhütung, S. 253, 272. A.A. Knop, W., Möglichkeit zur optimalen Planung, S. 127, der die Durchführung des Systemtests im Hinblick auf die analytische Bestimmung des Prüfungsumfangs der ergebnisorientierten Prüfungshandlungen und wegen möglicher Fehleinschätzungen des IKS für unverzichtbar hält.

[261] In diesem Fall würde ein Systemtest z.B. dann entfallen, wenn nur der Kontrollrisikowert hinsichtlich der Sicherstellung der Vollständigkeit das Anspruchsniveau nicht erreicht, das IKS aber hinsichtlich der anderen Ordnungsmäßigkeitselemente Authentizität, Eindeutigkeit sowie materielle und formelle Richtigkeit die Testvoraussetzungen erfüllt. So Adenauer, P., Internes Kontrollsystem, S. 144 f. Ein IKS, das die Anforderungen des Abschlußprüfer nicht hinsichtlich sämtlicher Ordnungsmäßigkeitselemente erfüllt, würde bei diesem Vorgehen insgesamt als "unreliable" beurteilt. Der Systemtest unterbleibt mit der Begründung, daß Überwachungsmaßnahmen nicht in einem Umfang oder einer Wirksamkeit vorgesehen sind, die die Ordnungsmäßigkeit des Rechnungslegungsprozesses nachweisbar garantieren können und damit ein Abstützen auf das IKS bei der Entwicklung der weiteren Prüfungsstrategie erlauben. Es ist jedoch auch ein weniger restriktives Vorgehen denkbar, bei dem der Systemtest auf die Ordnungsmäßigkeitselemente beschränkt wird, für die das IKS die Testanforderungen erfüllt.

Kontrollrisikoklasse	Kontrollrisiko	Handlungsalternativen des Abschlußprüfers
1	bis 50 %	Prüfungsprogramm 1: Fortsetzung der IKS-Prüfung, Durchführung des Systemtests
2	über 50 %	Prüfungsprogramm 2: Abbruch der IKS-Prüfung, Verzicht auf Systemtest (Unterlassungsalternative)

Tabelle 2: *Beispiel für die Handlungsalternativen des Abschlußprüfers bei zwei Kontrollrisikoklassen*

3.1.2 Zielsystem und Zielkriterien

Am Beginn einer Alternativenbewertung mit Scoring-Modellen steht die Aufstellung des entscheidungsrelevanten Zielsystems. Die Ziele sind durch die Formulierung von meßbaren Zielkriterien (Zielvariablen) in der Weise zu präzisieren, daß die Ziele vollständig und überschneidungsfrei abgebildet werden. Darüber hinaus müssen die Zielkriterien bedingt nutzenunabhängig[262] sein.[263]

Das Zielsystem des Scoring-Modells bildet die Soll-Vorstellungen des Abschlußprüfers über ein die Ordnungsmäßigkeit des Rechnungslegungsprozesses im geprüften Unternehmen verläßlich sicherndes IKS ab. Ausgangspunkt zur Erstellung des hierarchisch aufgebauten[264] Ziel-

---

[262] Vgl. Zangemeister, C., Nutzwertanalyse, S. 78 ff. Ebenso Dubber, O./Franz, P., Nutzwertanalyse, S. 15; Strebel, H., Forschungsplanung, S. 65. A.A. offenbar Weber, M./Krahnen, J./Weber, A., DB 1995, S. 1623.

[263] Zu den Anforderung an die Zielkriterien vgl. Eisenführ, F./Weber, M., Rationales Entscheiden, S. 58 ff.; Kern, W./Schröder, H., Forschung und Entwicklung, S. 201; Strebel, H., Forschungsplanung, S. 54 ff.

[264] Ein hierarchisches Vorgehen bei der Bestimmung der Ziele wird allgemein als zweckmäßig angesehen. Vgl. z.B. Eisenführ, F./Weber, M., Rationales Entscheiden, S. 60 ff.; Zangemeister, C., Nutzwertanalyse, S. 103 ff.

systems ist die überwachungssachzielspezifische Verhaltensspezifikation für IKS-Teilsysteme in Form von Aufgaben.[265] Die erste Ebene des Zielsystems besteht aus dem Überwachungssachziel, das die Außensicht der Überwachungsaufgabe des zu beurteilenden IKS-Teilsystems unter Bezugnahme auf den zu überwachenden Rechnungslegungsteilprozeß kennzeichnet (Systemziel). Das Systemziel besteht z.B. in der "Sicherstellung der Vollständigkeit des Verkaufs-Rechnungslegungsprozesses", wenn der Abschlußprüfer den Zielerreichungsgrad hinsichtlich des Vollständigkeitszieles für das Teilsystem des Unternehmens-Soll-IKS ermitteln will, das den Teilprozeß "Verkaufsrechnungslegung" überwacht.[266] Die zweite Ebene der Zielhierarchie setzt sich aus den Sachzielen der Überwachungsaufgaben zusammen, die im Aufgabensystem des IKS aus einer der Struktur des überwachten Rechnungslegungsprozesses folgenden Zerlegung der IKS-(Teil-)Systemaufgabe entstanden sind. Da im Aufgabensystem des Prüfer-Soll-IKS für jeden Rechnungslegungsvorgang als Element des zu überwachenden Rechnungslegungsprozesses eine Überwachungsaufgabe vorgesehen ist, wird mit der Übernahme der Sachziele dieser Aufgaben die Soll-Vorstellung des Abschlußprüfers von einer "lückenlosen Kontrolle jeder Arbeit" auch für das Zielsystem des Scoring-Modells übernommen. Die Ziele auf der zweiten Ebene des Zielsystems des Scoring-Modells sind durch den Bezug zum überwachten Rechnungslegungsvorgang "vorgangsspezifische Ausprägungen" des überge-

---

[265] Wegen der Bezugnahme auf einzelne Teilsysteme des IKS und die nach den Überwachungssachzielkategorien getrennte Ermittlung des Kontrollrisikos wird nicht das ganze Aufgabensystem des IKS im Zielsystem des Scoring-Modells abgebildet. Die vollständige Abbildung des Aufgabensystems ist nur dann erforderlich, wenn ein Urteil über das Gesamtsystem abgegeben werden soll. Ein Urteil über das Gesamtsystem ist jedoch weder erforderlich noch sinnvoll. Vgl. Arens, A. A./Loebbecke, J. K., Auditing, S. 250, 251; Quick, R., Risiken, S. 38. Die Zweckmäßigkeit eines Gesamturteils ist schon deshalb infrage gestellt, weil sich Stärken und Schwächen unterschiedlicher Teilsysteme nicht ausgleichen können (Vgl. Hermanson, R. H./Strawser, J. R./Strawser, R. H., Auditing,S. 342; Quick, R., Risiken, S. 38). Auch bei der Bildung eines Gesamturteils über die Zielerreichung bei unterschiedlichen Sachzielkategorien für ein Teilsystem des IKS ist nicht erforderlich, da der Prüfer für die Planung des weiteren Vorgehens differenzierte Aussagen zu den einzelnen Sachzielkategorien benötigt. Vgl. Adenauer, P., Internes Kontrollsystem, S. 193.

[266] Zur Kennzeichnung von Rechnungslegungsprozessen vgl. Kap. 2.2.2, S. 51 ff.

ordneten Systemziels.²⁶⁷ Besteht das Systemziel in der "Sicherstellung der Vollständigkeit des Verkaufs-Rechnungslegungsprozesses", ergibt sich für die Systemkomponente des Prüfer-Soll-IKS, die das Prozeßelement "Fakturierungsvorgang" überwachen soll, das Überwachungssachziel als "Sicherstellung der Vollständigkeit des Fakturierungsvorgangs".²⁶⁸ Wegen der an der Struktur des Rechnungslegungsprozesses orientierten Verhaltensspezifikation des Prüfer-Soll-IKS ist die Bestimmung der Elemente des Rechnungslegungsprozesses, ausschlaggebend für die Entscheidungsrelevanz und Vollständigkeit der Ziele auf der zweiten Hierarchieebene.²⁶⁹

Entsprechend dem Verständnis des Kontrollrisikos als Komplement der Korrekturwirkung der Überwachung²⁷⁰ bedeutet Sicherstellung der Ordnungsmäßigkeit die Aufdeckung und Beseitigung von die Ordnungsmäßigkeit wesentlich beeinträchtigenden Fehlern. Um diesen Aspekt im Zielsystem des Scoring-Modells explizit zu erfassen, werden die sich auf einzelne Rechnungslegungsvorgänge beziehenden Überwachungsaufgaben in die zwei Teilaufgaben "Fehleridentifikation" und "Fehlerelimination" zerlegt. Die dritte Hierarchieebene des Zielsystems des Scoring-Modells ergibt sich wiederum aus den Sachzielen, mit denen die Außensicht dieser Überwachungsaufgaben beschrieben wird. Besteht das Sachziel für die Systemkomponente des Prüfer-Soll-IKS, die das Prozeßelement "Fakturierungsvorgang" überwachen soll, in der "Sicherstellung der Vollständigkeit des Fakturierungsvorgangs", wird dieses Sachziel auf der dritten Hierarchieebene durch die Sachziele "Identifikation der durch den Fakturierungsvorgang verursachten wesentlichen Vollständigkeitsfehler"

---

[267] Zur Formulierung von vorgangsspezifischen Überwachungszielen vgl. z.B. Arens, A. A./Loebbecke, J. K., Auditing, S. 354; Carmichael, D. R./Willingham, J. J., Concepts and Methods, S. 149 f.

[268] Inhaltlich wird dieses Ziel durch die spezifischen Merkmale des Vorgangs präzisiert. Die Vollständigkeit des Fakturierungsvorgangs ist z.B. gegeben, wenn sämtliche ausgelieferten Güter oder erbrachten Leistungen auch berechnet worden sind.

[269] Vgl. Kap. 2.2.2 auf S. 58.

[270] Vgl. Kap. 2.1.1 auf S. 31.

und "Elimination der durch den Fakturierungsvorgang verursachten wesentlichen Vollständigkeitsfehler" präzisiert.

Die letzte Ebene des Zielsystems von Scoring-Modellen setzt sich aus meßbaren Zielkriterien zusammen, die als Indikatoren der Zielerfüllung gelten[271]. Mit der Bezugnahme auf die Zielerfüllung wechselt auf dieser Stufe der Herleitung des Zielsystems des Scoring-Modells die Betrachtungsweise für Überwachungsaufgaben. Beim Übergang zu den Zielkriterien wird die von den Einzelschritten der Zielverwirklichung abstrahierende Betrachtung der Überwachungsaufgaben aus der Außensicht (Zielsetzung) abgelöst durch eine Betrachtung der Innensicht der Überwachungsaufgaben (Zielerreichung).[272] Dadurch wird für die Operationalisierung der Überwachungsziele auf das Lösungsverfahren von Überwachungsaufgaben Bezug genommen. Das Lösungsverfahren wird durch Überwachungsregeln spezifiziert, die z.B. festlegen, zu welchem Zeitpunkt, in welcher Zeitspanne und auf welche Weise die zum Überwachungsvorgang gehörenden Einzelaktivitäten durchzuführen sind.[273] Das Ergebnis dieser Festlegung ist ein in seinem Ablauf definiertes Verfahren zur Durchführung der Überwachungsaufgabe, das als Überwachungsmethode oder Überwachungsverfahren bezeichnet wird[274]. Von der Ausgestaltung des Überwachungsverfahrens hängt es ab, in welchem Umfang die Ziele der Überwachungsaufgaben erreicht werden.[275] Das zur Realisierung der Ziele einer Überwachungsaufgabe vorgesehene Überwachungsverfahren bildet deshalb die Grundlage für die Bewertung des Unternehmens-Soll-IKS. Abbildung 12 veranschaulicht die beschriebenen Zusammenhänge.

---

[271] Vgl. Strebel, H., Forschungsplanung, S. 17.

[272] Zur Aufgabenaußensicht vgl. Kap. 2.2.1, S. 48 ff., zur Aufgabeninnensicht vgl. Kap. 2.3, S. 61 ff.

[273] In der Organisationslehre wird die Festlegung von Lösungsverfahren als Formalisierung (Festlegung von Aufgabenerfüllungsprozessen) bezeichnet. Formalisierung umfaßt Programmierung und Dokumentation. Vgl. Grochla, E., Gestaltung, S. 174 ff.

[274] Vgl. Wittmann, A., Systemprüfung, S. 55.

[275] Darauf weisen auch Ferstl, O. K./Sinz, E. J., Wirtschaftsinformatik, S. 96 hin.

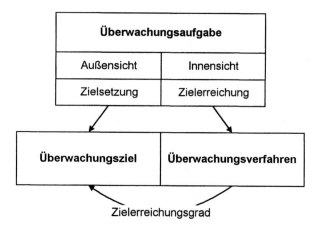

Abbildung 12: *Außensicht und Innensicht von Überwachungsaufgaben als Grundlage für die Aufstellung des Zielsystems*

Ausschlaggebend für den Grad der Erfüllung von Fehleridentifikationsziel und Fehlereliminationsziel sind als Teile des Überwachungsverfahrens das Fehleridentifikationsverfahren und das Fehlereliminationsverfahren. Wird der Grad der Zielerreichung als Wahrscheinlichkeit ausgedrückt, sind Fehleridentifikationsziel und Fehlereliminationsziel durch Zielkriterien zu operationalisieren, die diejenigen Regelungskomplexe des Fehleridentifikationsverfahrens bzw. des Fehlereliminationsverfahrens erfassen, die maßgeblichen Einfluß auf die Wahrscheinlichkeit von Fehleridentifikation und Fehlerelimination haben.

Die Wahrscheinlichkeit und damit der Zielerreichungsgrad der Fehleridentifikation wird durch Ausprägungen von Überwachungsregeln beeinflußt, die eine Aufdeckung von Fehlern, die allein oder zusammen mit anderen Fehlern wesentlich sind, (partiell) verhindern. Fehler können z.B. bei einer Auswahlüberwachung ("Stichprobenrisiko") nicht identifziert werden (Indikator: Fehleridentifikationspotential) oder bleiben wegen eines Fehlurteils unentdeckt (Indikatoren: Aggregationsgrad der Überwachungsobjekte, Zuverlässigkeitsgrad der Vergleichsobjekte). Darüber hinaus haben Überwachungsregeln Einfluß darauf, ob z.B. systematische oder zufällige Fehler identifiziert werden können (Indikator: Fehlerartenspektrum). Die Wahrscheinlichkeit der Fehlerelimination wird bestimmt von der Festlegung eines "kontrollierten" Vorgehens bei der Beseitigung von Fehlern (Indikator: Wiederholungsgrad) und dem Zeitdruck, dem die Überwachungsträger bei der Fehlerbeseitigung ausgesetzt sind (Indikator: Zeitrestriktion). Weiterhin ist aus Sicht des Abschlußprüfers eine Zielerfüllung bei der Fehlerelimination nicht gegeben, wenn die Regelungen zur Fehlerelimination nicht im Einklang mit der Aussagekraft der Überwachungsurteile stehen oder gegen gesetzliche Vorschriften (§ 239 Abs. 3 HGB) verstoßen (Indikator: Zweckmäßigkeit).

Die Wahrung des Prinzips der Funktionstrennung und die Wahrung des Vier-Augenprinzips, die das Schrifttum häufig als Beurteilungskriterien eines IKS nennt,[276] sind im Zielsystem des Scoring-Modells nicht enthalten, denn die Abgrenzung des IKS und seiner Beurteilungskriterien ist verhaltensorientiert und bezieht sich nicht unmittelbar auf bestimmte organisatorische Instrumentarien zur Realisierung des Verhaltens. Funktionstrennung und Vier-Augen-Prinzip kommt in erster Linie eine fehlerverhindernde Wirkung zu,[277] so daß sie die Wahrscheinlichkeit für das Auftreten von Fehlern beeinflussen und deshalb in die Bestimmung des Inhärenten Risikos einzubeziehen sind.[278] Die Auswirkung der personellen Trennung für die Durchführung einer Rechnungslegungsaufgabe und die

---

[276] Vgl. z.B. Adenauer, P., Internes Kontrollsystem, S. 79 f.; IDW, WP-Handbuch Bd. I 1996, Abschn. P, Tz 149 f.; Lück, W., Stbg 1997, S. 428; Quick, R., Risiken, S. 355 f.; Zaeh, P., Entscheidungsunterstützung, S. 223.

[277] Vgl. Arens, A. A./Loebbecke, J. K., Auditing, S. 277 ff.; Baetge, J., Überwachung, S. 194; Lück, W., Stbg 1997, S. 426.

[278] Bei der Beurteilung des Inhärenten Risikos wird z.B. als prüffeldspezifischer Faktor die "Art des Geschäftsvorfalls" berücksichtigt. Dabei wird das Risiko wesentlicher Fehler bei der Abbildung routinemäßig anfallender Geschäftsvorfälle als relativ gering beurteilt, weil die entsprechenden Rechnungslegungsvorgänge stark formalisiert sind. Vgl. Diehl, C., Strukturiertes Vorgehen, S. 205; Quick, R., Risiken, S. 291. In gleicher Weise lassen sich Funktionstrennung und Vier-Augen-Prinzip als risikomindernder Faktor berücksichtigen.

Erfüllung der Teilaufgabe Fehleraufdeckung[279] auf die Wahrscheinlichkeit der Fehleridentifikation wird hier im Rahmen des Zielkriteriums "Fehlerartenspektrum" berücksichtigt. Soweit nach Auffassung des Abschlußprüfer mit der Funktionstrennung und dem Vier-Augen-Prinzip grundsätzlich eine Korrekturwirkung verbunden ist,[280] steht es ihm frei, diese organisatorischen Regelungen des Rechnungslegungsprozesses als im Unternehmes-Soll-IKS realisierte Überwachungsaufgaben[281] seines Soll-IKS zu behandeln, und sie bei der Ermittlung des Kontrollrisikos zu erfassen.

Die beschriebene Vorgehensweise bei der Aufstellung des Zielsystems kann zu einem abstrakten Zielbaum verallgemeinert werden, der als Referenz-Modell für die Abbildung einer als elementar betrachteten Überwachungsaufgabe im Zielsystem von Scoring-Modellen Verwendung findet (Abbildung 13). Die Variable V_i bezeichnet das Überwachungssachziel

---

[279] Nach Adenauer handelt es sich dabei um einen Teilaspekt der Funktionstrennung nach dem Verständnis des Jahresabschlußprüfers, den er als Trennung zwischen Durchführungsaufgaben und Kontrollaufgaben beschreibt. Da Adenauer unter den Begriff der Kontrolle nur Aktivitäten zur Fehleraufdeckung und den Anstoß zur Fehlerbeseitigung faßt, bezieht sich die Trennung von Durchführung und Überwachung nach dem hier zugrundeliegenden Verständnis nur auf die Fehleridentifikation. Vgl. Adenauer, P., Internes Kontrollsystem, S. 79 ff. Baetge bezeichnet als Funktionstrennung lediglich die Trennung zwischen Durchführung und Fehleridentifikation. Vgl. Baetge, J., Überwachung, S. 197 f.

[280] Nach Adenauer faßt der Abschlußprüfer unter die Funktionstrennung auch die personelle Trennung von Rechnungslegungsaufgaben. Vgl. Adenauer, P., Internes Kontrollsystem, S. 82. Baetge verwendet für diesen Aspekt der Arbeitsteilung die Bezeichnung "vertikale Aufgabentrennung" und rechnet ihr eine korrektive Wirkung zu, weil bei sequentieller Ablaufstruktur die Durchführung einer nachgelagerten Aufgabe zunächst einen "impliziten Soll-Ist-Vergleich" voraussetze. Vgl. Baetge, J., Überwachung, S. 193. Das Vier-Augen-Prinzip wird durch Kompetenzzusammenfassung realisiert. Danach erhalten mehrere Mitarbeiter nur gemeinsam die Kompetenz eine Aufgabe durchzuführen. Diese Mitarbeiter überwachen sich folglich gegenseitig bei Durchführung ihrer Aufgaben. Durch die Kompetenzzusammenfassung wird ein Ist-Ist-Vergleich ausgelöst. Vgl. Baetge, J., Überwachung, S. 199, 201. Wohl zustimmend zur Berücksichtigung dieser Regelungen bei der Ermittlung des Kontrollrisikos Knop, W., Möglichkeit zur optimalen Planung, S. 90.

[281] Diese Arbeit berücksichtigt nicht, auf welche Weise die Regelungen der Überwachung realisiert werden und ob z.B. ein bestimmter Formalisierungsgrad als Ausmaß von Dokumentation und Programmierung (Festlegung der Aufgabenerfüllung) Voraussetzung dafür ist, daß der Abschlußprüfer eine Überwachungsaufgabe als im Unternehmens-Soll-IKS realisiert ansehen kann.

der i-ten Überwachungsaufgabe, wobei der Bezug zu dem zu überwachenden Rechnungslegungsvorgang mit dem Index i hergestellt wird. FI_i und FE_i stehen für die Ziele Fehleridentifikation und Fehlerelimination der durch den i-ten Rechnungslegungsvorgang verursachten Fehler. Die Zielkriterien K_j werden durch den Zusatz FI_i bzw. FE_i als zum Fehleridentifikations- bzw. Fehlereliminationsziel der i-ten Überwachungsaufgabe gehörend gekennzeichnet (FI_iK_j bzw. FE_iK_j). Mit dem Laufindex j wird das Einzelkriterium innerhalb der Kriteriengruppe angesprochen.

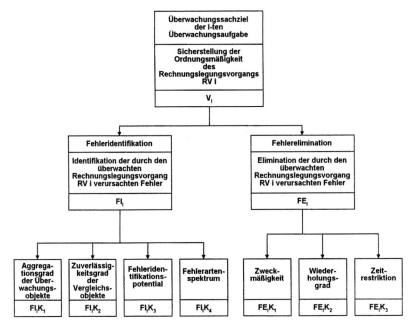

Abbildung 13: Referenz-Modell für die Abbildung einer als elementar betrachteten Überwachungsaufgabe im Zielsystem von Scoring-Modellen

Beim Einsatz des Scoring-Modells zur Beurteilung eines Teilsystems des Unternehmens-Soll-IKS hinsichtlich einer Kategorie von Überwachungszielen, kann das entscheidungsrelevante Zielsystem mit Hilfe des Referenz-Zielbaums relativ einfach generiert werden. Dieses Vorgehen soll an einem einfachen Beispiel gezeigt werden.

Es sei das Kontrollrisiko für das Teilsystem des Unternehmens-Soll-IKS zu ermitteln, das die Ordnungsmäßigkeit des Rechnungslegungsprozesses "RP" hinsichtlich seiner materiellen Richtigkeit sicherstellen soll. Die in Abbildung 14 wiedergegebene Ablaufstruktur von RP zeigt, daß sich der zu überwachende Rechnungslegungsprozeß aus den drei sequentiell verknüpften Rechnungslegungsvorgängen RV 1, RV 2 und RV 3 zusammensetzt.

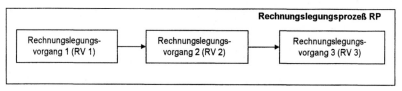

Abbildung 14: Beispiel für die Ablaufstruktur eines Rechnungslegungsprozesses

Die Gesamtaufgabe des zu beurteilenden IKS, deren Sachziel in der "Sicherstellung der materiellen Richtigkeit des Rechnungslegungsprozesses RP" besteht (Systemziel S), ist entsprechend der Struktur des Rechnungslegungsprozesses RP in drei Teilaufgaben zerlegt worden. Die drei Teilaufgaben werden unter Verwendung des Referenz-Modells einer Überwachungsaufgabe im Zielsystem des Scoring-Modells abgebildet, so daß für das Beispiel das in Abbildung 15 gezeigte entscheidungsrelevante Zielsystem entsteht.

Die Sachziele der auf die einzelnen Rechnungslegungsvorgänge bezogenen Überwachungsaufgaben ("Sicherstellung der materiellen Richtigkeit des Rechnungslegungsvorgangs RV i") bilden als V_1, V_2 und V_3 die Überwachungsziele auf der zweiten Ebene der Zielhierarchie. Jedes dieser vorgangsbezogenen Ziele wird durch die Teilziele Identifikation und Elimination von Fehlern hinsichtlich der materiellen Richtigkeit konkretisiert, so daß die dritte Hierarchiestufe sechs Ziele umfaßt (FI_i, FE_i mit i = 1, 2, 3). Auf der letzten Stufe wird jedes Fehleridentifikationsziel durch die vier Fehleridentifikationskriterien (FI_iK_j mit j = 1, 2, 3, 4) und jedes Fehlereliminationsziel durch die drei Fehlereliminationskriterien präzisiert (FE$_i$K$_j$ mit j = 1, 2, 3), so daß sich für die vierte Ebene insgesamt 21 Ziele ergeben.

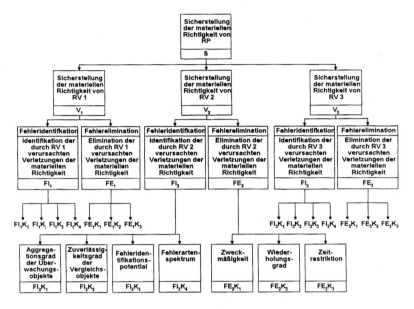

Abbildung 15: *Zielsystem für ein IKS zur Überwachung eines aus drei Vorgängen bestehenden Rechnungslegungsprozesses*

3.1.3 Nutzenabhängigkeiten im Zielsystem

Zu den Anforderungen an die Zielkriterien gehört deren bedingte Nutzenunabhängigkeit. Während vollkommene Nutzenunabhängigkeit voraussetzt, daß die Ausprägungen eines Kriteriums unabhängig von den Ausprägungen der anderen Kriterien bewertet werden können, ist eine bedingte Nutzenunabhängigkeit bereits dann gegeben, wenn die unabhängige Bewertung der Ausprägungen innerhalb bestimmter Sollgrenzen möglich ist.[282] Bei den Kriterien zur Beurteilung des IKS lassen sich Nutzenabhängigkeiten jeweils innerhalb der auf der Grundlage des Referenz-Modells einer Überwachungsaufgabe abgeleiteten Zielbaums feststellen.

---
[282] Vgl. Zangemeister, C., Nutzwertanalyse, S. 78.

Eine Realisierung von Überwachungssachzielen im Sinne einer Korrekturwirkung ist erst dann gegeben, wenn Fehler aufgedeckt und beseitigt werden und insoweit sowohl das Fehleridentifikationsziel als auch das Fehlereliminationsziel zumindest minimal erfüllt werden. Erst aus der Erreichung beider Ziele kann eine nutzbringende Korrekturwirkung entstehen.[283] Infolgedessen ist der Nutzen der Fehleridentifikation gleich Null, wenn das Fehlereliminationsziel nicht wenigstens minimal erfüllt wird.[284] Umgekehrt ist die Fehlerelimination wertlos, wenn nicht auch von der Fehleridentifikation ein geringer Zielbeitrag erwartet werden kann.[285]

Vergleichbare Nutzenabhängigkeiten müssen für die zur Zielgruppe der Fehleridentifikation gehörenden Zielkriterien sowie den zum Fehlereliminationsziel gehörenden Kriterien konstatiert werden. Den Ausprägungen von Aggregationsgrad und Fehleridentifikationspotential kommt z.b. kein Nutzen zu, wenn bei Vergleichshandlungen wegen falscher Vergleichsobjekte keine zutreffenden Urteile über den Zustand der Überwachungsobjekte zu erwarten sind.[286] Nutzenabhängigkeiten zwischen Zielkriterien unterschiedlicher Gruppenzugehörigkeit spiegeln die beschriebenen Nutzenabhängigkeiten zwischen den Gruppenzielen Fehleridentifikation und

---

[283] Vgl. Göbel, R., Auswahlverfahren, S. 123.

[284] Vgl. Schuppert, A., Routinetätigkeiten, S. 10; Selchert, F. W., Jahresabschlußprüfung, S. 217. Ebenso Drexl/Salewski, die eine Kontrolle als nicht zweckadäquat beurteilen, wenn der Fehleridentifikation durch Kontrolle keine Fehlerbeseitigung folgt. Vgl. Drexl, A./Salewski, F., ZfB 1991, S. 765.

[285] Vgl. Schuppert, A., Routinetätigkeiten, S. 10; Sanders, M., Quantitative Analyse, S. 28 f.

[286] Bei einem Soll-Ist-Vergleich wird z.B. aus festgestellten Abweichungen stets auf ein nicht normgerechtes Überwachungsobjekt geschlossen. Diese Schlußfolgerung entspricht nur dann den tatsächlichen Gegebenheiten, wenn das Soll-Vergleichsobjekt keine Fehler aufweist. Andernfalls löst das fehlerbehaftete Soll-Vergleichsobjekt ein Fehlurteil aus, da wegen festgestellter Abweichungen auch ein tatsächlich ordnungsgemäßes Überwachungsobjekt als nicht normgerecht abgelehnt wird. Ein Soll-Ist-Vergleich führt auch dann zu einem Fehlurteil, wenn Soll-Vergleichsobjekt und Überwachungsobjekt übereinstimmen, weil beide Objekte denselben Fehler enthalten. Zu Fehlurteilen bei fehlerhaften Soll-Vergleichsobjekten und irrtumsfrei durchgeführter Vergleichshandlung vgl. Schuppert, A., Routinetätigkeiten, S. 93 f. v. Wysocki gibt lediglich an, daß bei einem nicht normgerechten Soll-Vergleichsobjekt die Fehlerbehaftung des Überwachungsobjektes nicht feststellbar sei. Vgl. v. Wysocki, K., Prüfungswesen, S. 123.

Fehlerelimination wider. Eine Fehlerelimination, die der Forderung nach Zweckmäßigkeit nicht gerecht wird, bewirkt, daß den Ausprägungen der Fehleridentifikationskriterien kein Nutzen beigemessen werden kann.

Für die Zielkriterien unterschiedlicher vorgangsbezogener Überwachungsaufgaben (V_I, V_k) ist hingegen die Annahme der Nutzenunabhängigkeit gerechtfertigt, weil der Nutzen eines Überwachungsverfahrens nur von der Ausgestaltung seiner Regeln abhängig ist, die Regelungen anderer Überwachungsverfahren diesen Nutzen jedoch nicht beeinflussen.[287] Die Annahme der von der Ausprägung von V_I unabhängigen Bewertung der Ausprägung von V_k bedeutet, daß die Ausprägung von V_k für den Abschlußprüfer nicht wertlos ist, wenn z.B. das zu beurteilende IKS für den Rechnungslegungsvorgang i keine Überwachung vorsieht und V_I deshalb kein Nutzen zukommt. Beispielsweise hängt die Zielerreichung des für die Sicherstellung der Vollständigkeit des Vorgangs "Einbuchung der Debitorenforderungen" vorgesehenen Überwachungsverfahrens nicht davon ab, wie die Überwachung der Vollständigkeit des Fakturierungsvorgangs geregelt ist und in welchem Maße dieses Verfahren sein Sachziel erfüllt. Der für die beschriebenen Nutzenabhängigkeiten im Zielsystem des IKS geltende Satz, "Ein schlechter Eindruck bei einem Detail verdirbt den Gesamteindruck"[288], ist deshalb für die Ziele der zweiten Hierarchieebene nicht anwendbar.

Die im Zielsystem eines IKS bestehenden Nutzenabhängigkeiten sind allgemeiner Natur, denen durch die Berücksichtigung von Sollgrenzen der Kriterienausprägungen (sog. abgeleitete Nebenbedingungen)[289] bei der Festlegung der beurteilungsrelevanten Skalenbereiche und beim Entwurf

---

[287] Wohl ebenso Stibi, E., Prüfungsrisikomodell, S. 159, für die Unabhängigkeit zwischen analytischen Prüfungshandlungen und Einzelfallprüfungen im Rahmen der Jahresabschlußprüfung.

[288] Nieschlag, R./Dichtl, E./Hörschgen, H., Marketing, S. 148.

[289] Zur Unterscheidung zwischen ursprünglichen und abgeleiteten Nebenbedingungen vgl. Strebel, H., Forschungsplanung, S. 66 ff.

der Nutzenskalen Rechnung getragen wird, so daß bei der Anwendung des Modells eine rationale Bewertung sichergestellt ist.[290]

3.1.4 Meßskalen und beurteilungsrelevante Skalenbereiche der Zielkriterien

Die Festlegung von Meßvorschriften für die Zielkriterien beginnt mit der Zuordnung von Meßskalen zu den einzelnen Kriterien. An die zur Messung der Zielbeiträge (Zielerträge, Ausprägungen, Intensitäten) verwendeten Wertskalen stellen Scoring-Modelle keine besonderen Anforderungen, so daß in Abhängigkeit von der Art des Zielkriteriums sämtliche Skalentypen (Nominalskalen, Ordinalskalen und Kardinalskalen (Intervallskalen/Verhältnisskalen)) Verwendung finden können.[291]

Nach der Festlegung der Meßskalen erfolgt für jedes Kriterium die Bestimmung der jeweils beurteilungsrelevanten Skalenbereiche. Als beurteilungsrelevant gelten grundsätzlich diejenigen Skalenbereiche, innerhalb derer mit Realisationen der zu bewertenden Handlungsalternativen zu rechnen ist.[292] Die Skalen umfassen unter Berücksichtigung etwaiger Nebenbedingungen die Bandbreite von der kleinsten bis zur größten beurteilungsrelevanten Ausprägung der Zielkriterien. Die Art der Festlegung der Skalenbereiche hängt vom Skalenniveau ab.Während für Ordinal- und Kardinalskalen lediglich obere und untere Grenzen zu fixieren sind, ist bei Nominalskalen die Enumeration aller relevanten Ausprägungen erforderlich.

---

[290] Vgl. Becker, W./Weber, J., Scoring-Modelle, S. 348; Strebel, H., Forschungsplanung, S. 65; Zangemeister, C., Nutzwertanalyse, S. 80 f. Die Interdependenz der Gruppenziele, die der Addition der Gruppenwerte entgegensteht, kann auch in der Amalgamationsregel dadurch berücksicht werden, daß die Gruppenscores multipliziert werden. Vgl. Kupsch, P., Unternehmungsziele, S. 58; Strebel, H., Scoring-Methoden, S. 273.

[291] Vgl. Kern, W./Schröder, H., Forschung und Entwicklung, S. 203.

[292] Vgl. Kern, W./Schröder, H., Forschung und Entwicklung, S. 203.

Wie aus Tabelle 3 hervorgeht, handelt es sich bei den im Zielsystem des IKS verwendeten Skalen zur Messung der Zielkriterienausprägungen um Nominalskalen und Kardinalskalen.

Die Zielkriterien beziehen sich auf verschiedene Klassen von Überwachungsregelungen, so daß den möglichen Ausprägungen der Zielkriterien (k.j) Gestaltungsalternativen der jeweiligen Regelungsklassen entsprechen. Um einen unternehmensübergreifenden Einsatz des Scoring-Modells zu gewährleisten, sollte der Skalenbereich grundsätzlich nicht auf die im geprüften Unternehmen tatsächlich vorgefundenen Regelungsvarianten begrenzt sein, sondern auf das gesamte Spektrum alternativer Gestaltungsmöglichkeiten ausgedehnt werden. Welche Gestaltungsvarianten von Regelungen beurteilungsrelevant und welche davon als Nebenbedingungen anzusehen sind, entscheidet der Abschlußprüfer nach seinem subjektiven Ermessen gesondert für jedes der vorgangsbezogenen Überwachungsziele und unter Berücksichtigung "objektiver Gegebenheiten". Objektive Faktoren, wie z.B. die Kategorie des Überwachungssachziels und/oder die Art des überwachten Rechnungslegungsvorgangs, können dazu führen, daß für ein Zielkriterium unterschiedliche Nebenbedingungen und damit auch unterschiedliche Skalenbereiche gelten.

Zielkriterium		Meßskala	Sollausprägungen (Nebenbedingungen)
Fehleridentifikation (FI$_i$)			
FI$_i$K$_1$	Aggregationsgrad der Überwachungsobjekte	Kardinalskala	Aus Mindestanforderungen für die Objektgruppenabgrenzung in sachlicher und zeitlicher Hinsicht resultierender maximaler Aggregationsgrad wird nicht überschritten
FI$_i$K$_2$	Zuverlässigkeitsgrad der Vergleichsobjekte	Kardinalskala	> 0 %
FI$_i$K$_3$	Fehleridentifikationspotential	Kardinalskala	>10 %
FI$_i$K$_4$	Fehlerartenspektrum	Nominalskala	Fehlerartenspektren A - G.
Fehlerelimination (FE$_i$)			
FE$_i$K$_1$	Zweckmäßigkeit	Nominalskala	Die Form der Fehlerbeseitigung ist auf den Zeitpunkt der Fehlerelimination und auf die Art der zu beseitigenden Fehler abgestimmt.
FE$_i$K$_2$	Wiederholungsgrad	Kardinalskala	≥ 1
FE$_i$K$_3$	Zeitrestriktion	Nominalskala	Die Überwachung erfolgt rechtzeitig, so daß eine Gefährdung der fristgerechten Abwicklung von Rechnungslegungsvorgängen ausgeschlossen werden kann.

Tabelle 3: *Meßskalen und Nebenbedingungen für die Zielkriterien im Zielsystem des IKS*

Beispielsweise kann der beurteilungsrelevante Skalenbereich des Kriteriums "Aggregationsgrad der Überwachungsobjekte" bezüglich der Überwachungszielkategorie Vollständigkeit für die Überwachung unterschiedlicher Rechnungslegungsvorgänge übereinstimmen, während sich für die

Ziele Vollständigkeit und materielle Richtigkeit bei der Überwachung desselben Vorgangs aus verschiedenen Nebenbedingungen unterschiedliche Skalenbereiche resultieren. Die in Tabelle 3 wiedergegebenen Nebenbedingungen können deshalb nur Beispiele sein. Sie werden bei der Kennzeichnung der einzelnen Zielkriterien und ihrer Bewertungsskalen ausführlich erläutert.

3.1.5 Nutzenskalen zur Bewertung der Kriterienausprägungen

Nutzenskalen sind Transformationsfunktionen, die möglichen Kriterienausprägungen den Nutzenwert zuordnen, den der Entscheidungsträger diesen beimißt. Um den Kriterienausprägungen Nutzenwerte zuzuordnen, sind auf der Ausprägungsskala jedes Kriteriums Klassen nutzenäquivalenter Ausprägungen (Ausprägungsklassen) abzugrenzen. Die Bezeichnung des Inhalts einer Ausprägungsklasse erfolgt bei quantitativ formulierten Kriterien durch Angabe von Ober- und Untergrenze, bei qualitativ formulierten Kriterien durch eine weitgehend eindeutige verbale Beschreibung des Klasseninhalts.[293] Durch das Beziffern der Ausprägungsklassen $k.j$ mit Nutzenindices $n.j$ erfolgt die präferenzerhaltende Abbildung der Ausprägungsklassen auf die Menge der reellen Zahlen ($k.j \rightarrow n.j$).[294] Beim Einsatz des Scoring-Modells ergeben sich aus den festgestellten Ausprägungen mit Hilfe der Nutzenfunktion unmittelbar die zugehörigen Nutzenwerte.

Auf den Ausprägungsskalen für die Zielkriterien des IKS können sechs Ausprägungsklassen[295] ($k._{FIIKje}$ und $k._{FEIKje}$ mit e = 1, 2, 3, 4, 5, 6) gebildet werden, aus denen durch die präferenzbestimmte Zuordnung von Nutzenindices ($k._{FIIKje} \rightarrow n._{FIIKje}$ und $k._{FEIKje} \rightarrow n._{FEIKje}$) die Nutzenskalen

---

[293] Vgl. Strebel, H., Forschungsplanung, S. 74.

[294] Vgl. Strebel, H., Forschungsplanung, S. 75.

[295] Eine Anzahl von fünf bis sieben Ausprägungsklassen wird als guter Kompromiß für ein differenziertes Urteil bei einer beschränkt möglichen Urteilsgenauigkeit angesehen. Vgl. Becker, W./Weber, J., Scoring-Modelle, S. 353; Strebel, H., Forschungsplanung, S. 74.

entstehen. Die Nutzenskalen sind durch die Verwendung von natürlichen Zahlen (0, 2, 4, 6, 8, 10) und konstante Differenzen zwischen benachbarten Ausprägungsklassen (Punktdifferenz 2) sowie identische Punktzahlen für die jeweils günstigsten (Punktzahl 10) und ungünstigsten Ausprägungen (Punktzahl 0) der verschiedenen Kriterien gekennzeichnet. Abweichend davon sind für die Kriterien "Zweckmäßigkeit" und "Wiederholungsgrad" nur zwei Ausprägungsklassen (binäres Merkmal[296]) bzw. drei Ausprägungsklassen gebildet worden. Wegen der übereinstimmenden Nutzenzuordnung für die günstigsten bzw. ungünstigsten Ausprägungen beträgt für diese Kriterien die Differenz zwischen benachbarten Ausprägungsklassen 10 Punkte bzw. 6 und 4 Punkte.[297]

Das hier vorgestellte System von Nutzenskalen[298] bildet das Wertesystem eines Abschlußprüfers "richtig" ab, aus dessen Sicht gleicher Nutzen mit übereinstimmenden Punktzahlen gewertet wird.[299] Kennzeichnend für eine zutreffende Abbildung des Wertesystems ist ferner, daß gleiche Punktdifferenzen zwischen verschiedenen Ausprägungen eines Kriteriums gleichen Nutzendifferenzen der betreffenden Ausprägungsklassen entsprechen und der Nutzen von Ausprägungen verschiedener Kriterien, denen jeweils dieselbe Punktzahl zugeordnet wird, gleich ist oder (bezüglich der Gewichtung) in einem festen Verhältnis zueinander steht.[300]

---

[296] Strebel bezeichnet solche Zielkriterien als nicht graduierbar. Vgl. Strebel, H., Forschungsplanung, S. 66.

[297] Insoweit folgt die Konstruktion der Bewertungsskalen überwiegend einem in der Literatur eingebürgerten "Standard". Grundsätzlich sind auch nicht ganzzahlige Nutzenwerte, unterschiedliche Punktzahlen für die jeweils ungünstigsten und günstigsten Ausprägungen der verschiedenen Kriterien und unterschiedliche Differenzen zwischen benachbarten Ausprägungsklassen möglich. Vgl. Kern, W./Schröder, H., Forschung und Entwicklung, S. 206 f.

[298] Zu Beispielen für die Nutzenfunktionen der einzelnen Kriterien vgl. Kap. 3.2, S. 119 ff.

[299] Vgl. Strebel, H., Scoring-Methoden, S. 266.

[300] Vgl. Kern, W./Schröder, H., Forschung und Entwicklung, S. 207; Strebel, H., Scoring-Methoden, S. 264.

Die übereinstimmenden Anfangspunkte der Nutzenskalen der Zielkriterien (n.$_{FIIKj1}$ = 0 bzw. n.$_{FEIKj1}$ = 0) machen Aussagen über die zugrundeliegende Präferenzstruktur des Abschlußprüfers, da für jedes Zielkriterium eine Nebenbedingung bestimmt ist. Die Nebenbedingungen fixieren die Grenzen zwischen "unbefriedigenden" Kriterienausprägungen (Nutzen = 0) und Ausprägungen, die nach den Wertvorstellungen des Abschlußprüfers "befriedigend und besser" (Nutzen > 0) sind, und liefern damit empirisch begründet fixierte Nullpunkte.[301] Die Nutzenskalen im Zielsystem des IKS haben insoweit Verhältnisskalenniveau.[302]

Jede Kombination von Zielkriterienausprägungen beschreibt ein Überwachungsverfahren. Ein Verfahren, das hinsichtlich aller Kriterienausprägungen "befriedigend und besser" gewertet wird, gilt nach dem zugrundeliegenden Wertesystem als "wirksames Überwachungsverfahren". Die Ausprägungen sämtlicher Kriterien, denen durch die zugehörige Nutzenfunktion der Punktwert 2 zugeordnet wird, definieren ein Verfahren, das gerade die Mindestanforderungen des Abschlußprüfers erfüllt, während die jeweils günstigsten Ausprägungen aller Zielkriterien eine Überwachungsmethode beschreiben, die nach den Vorstellungen des Abschlußprüfers eine uneingeschränkte Zielerreichung gewährleistet und damit für Zwecke der Jahresabschlußprüfung den Idealfall repräsentiert.[303] Die Gesamtheit unterschiedlicher Kombinationen befriedigender Kriterienausprägungen liefert einen Katalog der wirksamen Überwachungsverfahren,[304] den der Abschlußprüfer als Soll-Objekt den Überwachungsverfahren im Unternehmens-Soll-IKS gegenüberstellt. Überwachungsverfahren des

---

[301] Zur Fixierung empirisch begründeter Nullpunkte durch Nebenbedingungen und ihrer Übereinstimmung vgl. Strebel, H., Forschungsplanung, S. 106 f.

[302] Vgl. Strebel, H., Forschungsplanung, S. 107.

[303] Ausnahmen sind die Kriterien "Zweckmäßigkeit" und "Wiederholungsgrad". Beim Zielkriterium "Wiederholungsgrad" entspricht der gerade befriedigenden Ausprägung ein Punktwert von 6. Bei dem Zielkriterium "Zweckmäßigkeit" stimmt die gerade befriedigene Ausprägung mit der bestmöglichen Ausprägung überein. Dieser Ausprägung wird durch die zugehörige Nutzenfunktion auch entsprechend nicht ein Punktwert von 2, sondern ein Punktwert von 10 zugeordnet.

[304] Ähnlich Drexl, A./Salewski, F., ZfB 1991, S. 762.

Unternehmens-Soll-IKS, die in mindestens einer Kriterienausprägung als "unbefriedigend" bewertet werden, entstammen nicht dem Soll-Katalog des Abschlußprüfers. Sie gelten als unwirksam[305] und legen eine Schwäche in der IKS-Konzeption des Unternehmens offen.

3.1.6 Zielgewichtung

3.1.6.1 Bedeutungsunterschiede von Überwachungsaufgaben

Die Zielgewichte eines Scoring-Modells bestimmen die Stärke, mit der die Nutzenwerte eines Ziels bzw. eines Zielkriteriums in die Gesamtbewertung eingehen. Durch die Festlegung von Gewichten werden Unterschiede in der Bedeutung der Ziele zum Ausdruck gebracht, die beim Entwurf der Nutzenskalen nicht berücksichtigt wurden. Bei gegebener Zielhierarchie können Zielgewichte durch ein sukzessives Vorgehen ermittelt werden, indem jeweils separat die Bedeutung der zu einem Gruppenziel gehörenden Einzelziele für die Erfüllung des Gruppenziels bestimmt wird.

Ausgehend von der für das zu beurteilende IKS aufgestellten Zielhierarchie ist für die Ziele jeder Stufe zu klären, ob die Ziele gleich oder unterschiedlich wichtig sind. Dazu wird auf die beim Entwurf der Nutzenskalen abgegrenzten Klassen äquivalenter Kriterienausprägungen zurückgegriffen. Zwei Einzelziele (z.B. die Zielkriterien Fl_iK_1 und Fl_iK_2) sind unterschiedlich wichtig, wenn sie bei übereinstimmenden Ausprägungsklassen (z.B. $k._{FlI13}$ und $k._{FlI23}$) gemessen in ihren jeweiligen Nutzeneinheiten (z.B. $n._{FlI13}$ und $n._{FlI23}$), unterschiedliche Nutzenbeiträge für die Erfüllung des Gruppenziels (z.B. Fl_i) leisten.[306] Übertragen auf die vorgangsbezogenen Überwachungsziele der Hierarchiestufe 2 (V_i), bedeuten "übereinstimmende Ausprägungsklassen", daß zur Lösung verschiedener Überwachungsaufgaben identische Überwachungsverfahren eingesetzt werden.

---

[305] Ähnlich Drexl/Salewski, bei denen nicht dem "Katalog der normgerechten Verfahren" entnommene Überwachungsmethoden als nicht zweckadäquat eingestuft werden. Vgl. Drexl, A./Salewski, F., ZfB 1991, S. 762.

[306] Vgl. Strebel, H., Forschungsplanung, S. 95.

Überwachungsverfahren sind identisch, wenn ihre Regelungen hinsichtlich aller Kriterien denselben Ausprägungsklassen angehören. Da der Bewertung der Überwachungsverfahren jeweils das gleiche System von Nutzenskalen zugrunde liegt, werden identische Überwachungsverfahren auch gleich bewertet. Insoweit beschränkt sich die Berücksichtigung unterschiedlicher Stellenwerte von Überwachungsaufgaben für die Erfüllung des Systemziels auf "regelungsbedingte" Unterschiede ihrer Lösungsverfahren. Überwachungsaufgaben sind bedeutungsgleich, wenn identische Überwachungsverfahren gleiche Nutzenbeiträge für die Erfüllung des Systemziels leisten. Andernfalls muß dem unterschiedlichen Stellenwert der Überwachungsaufgaben durch eine entsprechende Gewichtung ihrer Überwachungsziele im Scoring-Modell Rechnung getragen werden. Im Schrifttum wird davon ausgegangen, daß die Ziele der einzelnen Überwachungsaufgaben regelmäßig von unterschiedlicher Wichtigkeit für die Erfüllung des Systemziels sind.[307] Die Empfehlungen zur Durchführung der Gewichtung beschränken sich jedoch auf die konkretisierungsbedürftige Aussage, "jede Kontrolle im Hinblick auf ihre Bedeutung für das Erreichen eines ordnungsmäßigen Verarbeitungsergebnisses zu prüfen, um daraus den jeweiligen Gewichtungsfaktor abzuleiten"[308].

Eine grundsätzlich unterschiedliche Bedeutung der vorgangsspezifischen Überwachungsziele drückt aus, daß gleichwertige Überwachungsverfahren, in Abhängigkeit von der Bedeutung der Überwachungsaufgabe unter-

---

[307] Ebenso Quick, R., Risiken, S. 374 mit der Begründung, daß das Gewicht von Kontrollen davon bestimmt wird, ob sie für das Zustandekommen ordnungsmäßiger Verarbeitungsergebnisse unerläßlich sind oder bei geringerer Wichtigkeit durch andere Überwachungsmaßnahmen kompensiert werden können. Auch Brown, R. G., JoA, November 1962, S. 51 geht für seinen "quantified questionaire" von einer grundsätzlich unterschiedlichen Bedeutung einzelner Überwachungsmaßnahmen aus. Die Bedeutung einer Überwachungsmaßnahme ist durch den Abschlußprüfer nach ihrem Einfluß auf das Zustandekommen eines ordnungsmäßigen Verarbeitungsergebnisses zu schätzen. Bei Brown erfolgt die Gewichtung durch die Zuordnung unterschiedlicher maximaler Scores zu den einzelnen Überwachungsmaßnahmen. Vgl. Brown, R. G., JoA, November 1962, S. 52 und das Beispiel S. 55 f. Hanisch/Kempf verwenden ebenfalls unterschiedliche Gewichtungsfaktoren, ohne für deren Zustandekommen eine Begründung zu liefern. Vgl. Hanisch, H./Kempf, D., Revision und Kontrolle, S. 384 f.

[308] Quick, R., Risiken, S. 374.

schiedliche Nutzenbeiträge zur Erreichung des Systemziels leisten. Unterschiedliche Nutzenbeiträge für die Erreichung des Systemziels sind gerechtfertigt, wenn im Hinblick auf die Identifikation und Elimination von Fehlern gleichwertige und daher "leistungsäquivalente" Überwachungsverfahren unter unterschiedlichen "Umweltbedingungen" eingesetzt werden.[309] Zu den wertungsrelevanten Umweltbedingungen gehören die Zuverlässigkeit des überwachten Rechnungslegungsvorgangs und seine ablauforganisatorische Stellung im Rechnungslegungsprozeß.

In der Ablaufstruktur des Rechnungslegungsprozesses spiegeln sich sachlogisch begründete Austauschbeziehungen zwischen Rechnungslegungsaufgaben wider. Die Austauschbeziehungen haben zur Folge, daß bei der nicht ordnungsmäßigen Abwicklung eines Rechnungslegungsvorgangs entstandene Fehler in nachfolgende Rechnungslegungsvorgänge eingeschleppt werden. Aus vorgelagerten Vorgängen eingeschleppte Fehler begrenzen das durch die Überwachung eines Rechnungslegungsvorgangs erreichbare Zuverlässigkeitsniveau[310], denn durch den Bezug der Überwachungsaufgaben auf bestimmte Vorgänge sind die zu ihrer Realisierung eingesetzten Überwachungsverfahren in ihrer fehleraufdeckenden und fehlerbeseitigenden Wirkung "lokal" auf den überwachten Vorgang beschränkt. Die lokale Korrekturwirkung hat zur Folge, daß mit der Überwachung eines Rechnungslegungsvorgangs im günstigsten Fall das bereits zu Beginn des Vorgangs vorhandene Zuverlässigkeitsniveau

---

[309] Verschiedene Umweltbedingungen wirken sich im Ergebnis nur dann nicht auf den Gesamtnutzenwert des beurteilten IKS aus, wenn sämtliche vorgangsspezifischen Überwachungsaufgaben durch "ideale" Überwachungsverfahren realisiert werden.

[310] Das hier angesprochene Zuverlässigkeitsniveau bezieht sich auf die Wahrscheinlichkeit der Fehlerfreiheit von Rechnungslegungsergebnissen und ist nicht mit dem Komplement des Kontrollrisikos identisch. Ergebniszuverlässigkeiten werden in den analytischen Modellen von Baetge und seinen Schülern aus den sog. Einsatzzuverlässigkeiten von Aufgabenträgern abgeleitet. Vgl. z.B. Baetge, J., Überwachung, S. 204 ff.; Göbel, R., Auswahlverfahren, S. 114 f. Die Einsatzzuverlässigkeit bei Rechnungslegungsvorgängen entspricht der Berücksichtigung eines "vorgangsbezogenen Fehlerrisikos", während für das hier ermittelte Kontrollrisiko in einer weiten Auslegung lediglich die Interpretation als Einsatzzuverlässigkeit der Überwachung zulässig erscheint.

aufrechterhalten, nicht aber erhöht werden kann.[311] Deshalb kann z.b. eine bereits vor dem Beginn des überwachten Vorgangs verlorene Vollständigkeit durch die Überwachung dieses Vorgangs nicht wieder hergestellt werden.[312] Bestenfalls werden durch ein die uneingeschränkte Zielerreichung gewährleistendes Überwachungsverfahren sämtliche durch den überwachten Vorgang (zusätzlich) verursachten Vollständigkeitsfehler aufgedeckt und beseitigt, so daß das zu Beginn des überwachten Rechnungslegungsvorgangs bestehende Vollständigkeitsniveau erhalten bleibt.

Die Überwachung entfaltet neben dieser lokalen Korrekturwirkung, die der Abschlußprüfer mit der Beurteilung des Überwachungsverfahrens schätzt, eine über den überwachten Rechnungslegungsvorgang hinausgehende, vorgangsübergreifende (globale) Wirkung, die selbst nicht Gegenstand der Verfahrensbeurteilung ist. Der vorgangsübergreifende Einfluß läßt sich als "Präventivwirkung" kennzeichnen, denn die Aufdeckung und Beseitigung der durch den überwachten Vorgang verursachten Fehler verhindert, daß diese in nachfolgende Rechnungslegungsvorgänge eingeschleppt werden und dort das durch die Überwachung dieser Vorgänge erzielbare Zuverlässigkeitsniveau einschränken. Da sich die vorgangsübergreifende Präventivwirkung auf sämtliche dem überwachten Vorgang nachfolgende Rechnungslegungsvorgänge erstreckt, kann ihre Stärke als "Reichweite" mit der Anzahl der Vorgänge, für die eine Fehlerfortpflanzung verhindert wird, ausgedrückt werden. Leistungsäquivalente Überwachungsverfahren sind in ihrer lokalen Korrekturwirkung identisch, unterscheiden sich aber in ihrer globalen Präventivwirkung. Ausschlaggebend für die Reichweite der globalen Wirkung ist die Ablaufstruktur des Rechnungslegungsprozesses, mit der die Positionierung des überwachten Rechnungslegungsvorgangs innerhalb der Vorgangskette und relativ zum Prozeßbeginn (Ereignis (Geschäftsvorfall), das den Rechnungslegungsprozeß auslöst) festgelegt ist. Die Überwachung des initialen Rechnungslegungsvorgangs, durch den die erstmalige Abbildung eines Ge-

---

[311] Vgl. dazu die Spalte "Gesamtzuverlässigkeit" in dem von Baetge, J., Überwachung, S. 216 angeführten Beispiel.

[312] Vgl. IDW, WP-Handbuch Bd. I 1996, Abschn. P, Tz 152.

schäftsvorfalls erfolgt (erstes Glied der Vorgangskette), hat die stärkste Präventivwirkung, weil sie sich auf sämtliche nachfolgende Elemente der Vorgangskette erstreckt. Mit fortschreitender Entfernung des überwachten Rechnungslegungsvorgangs vom Prozeßbeginn nimmt die Reichweite der globalen Überwachungswirkung ab, denn sie kann eine Fehlerfortpflanzung nur noch für die geringere Anzahl der bis zum Prozeßende verbleibenden Vorgänge verhindern. Das zur Überwachung des in der Kette letzten Rechnungslegungsvorgangs eingesetzte Überwachungsverfahren kann eine globale Präventivwirkung nicht mehr entfalten. Die Stärke der globalen Überwachungswirkung unterscheidet leistungsäquivalente Überwachungsverfahren und bringt Bedeutungsunterschiede von Überwachungsaufgaben zum Ausdruck, die mit einem identischen System der Nutzenskalen nicht wiedergegeben werden können. Eine entsprechende Zielgewichtung berücksichtigt, daß mit zunehmender Entfernung des überwachten Rechnungslegungsvorgangs vom Prozeßbeginn die Bedeutung seiner Überwachung[313] für die Erreichung des Systemziels abnimmt.

Neben der ablauforganisatorischen Positionierung eines überwachten Rechnungslegungsvorgangs in der Vorgangskette und der dadurch determinierten Reichweite von Überwachungswirkungen kann seine Zuverlässigkeit, verstanden als die Wahrscheinlichkeit, mit der der überwachte Rechnungslegungsvorgang fehlerfrei vollzogen wird[314], Bedeutungsunterschiede von Überwachungsaufgaben begründen. Die Bedeutung einer Überwachungsaufgabe für das Zustandekommen eines ordnungsmäßigen (fehlerfreien) Ergebnisses wächst mit sinkender Zuverlässigkeit des Rechnungslegungsvorgangs. Umgekehrt sinkt die Bedeutung einer Überwachungsaufgabe mit wachsender Zuverlässigkeit des überwachten

---

[313] Vgl. IDW, WP-Handbuch Bd. I 1996, Abschn. P, Tz 152.

[314] Baetge und seine Schüler sprechen in diesem Zusammenhang von "Bearbeitungszuverlässigkeit" oder "Einsatzzuverlässigkeit" und definieren die Zuverlässigkeit als Grenzwert der relativen Häufigkeit. Vgl. z.B. Baetge, J., Überwachung, S. 204 ff.; Göbel, R., Auswahlverfahren, S. 114 f.; Sanders, M., Quantitative Analyse, S. 42 f.

Rechnungslegungsvorgangs.[315] Beträgt bei einem Überwachungsverfahren die Wahrscheinlichkeit für die Identifikation und Elimination von Fehlern z.b. 60 % und die Zuverlässigkeit des überwachten Vorgangs 80 %, kann durch die Überwachung die Zuverlässigkeit der Rechnungslegungsergebnisse von 80 % auf 92 % erhöht werden (1 - [(1 - 0,8) • (1 - 0,6)] = 0,92), während bei einer Zuverlässigkeit des überwachten Vorgangs von nur 60 %, die Ergebniszuverlässigkeit durch die Überwachung von 60 % auf 84 % steigt (1 - [(1 - 0,6) • (1 - 0,6)] = 0,84). Obwohl im ersten Fall durch die Überwachung mit 92 % gegenüber 84 % eine absolut höhere Zuverlässigkeit der Rechnungslegungsergebnisse erreicht wird, ist der relative Einfluß der Überwachung auf die Ergebniszuverlässigkeit im zweiten Fall stärker. Im zweiten Fall erhöht sich die Ergebniszuverlässigkeit unter dem Einfluß der Überwachung um 40 % ((0,84/0,6) - 1 = 0,4), während die Überwachung im ersten Fall lediglich eine Erhöhung der Ergebniszuverlässigkeit um 15 % ((0,92/0,8) - 1 = 0,15) bewirkt.[316] Im Extremfall 100 %-iger Zuverlässigkeit eines Rechnungslegungsvorgangs, kann die Überwachung die Wahrscheinlichkeit für die Fehlerfreiheit der Ergebnisse nicht mehr erhöhen (1 - [(1 - 1) • (1 - 0,6)] = 1). Der Einfluß der Überwachung auf die Ergebniszuverlässigkeit ist deshalb gleich Null ((1/1) - 1 = 0)).[317]

---

[315] Ähnlich Stibi, die davon ausgeht, daß die Unternehmung sich bei der Konzeption des IKS an den Fehlermöglichkeiten des Rechungslegungsprozesses orientiert. Vgl. Stibi, E., Prüfungsrisikomodell, S. 148 f.

[316] Diese Größen lassen sich mit der von Göbel, R., Auswahlverfahren, S. 123 f. verwendeten Terminologie als "absolute Korrekturwirkung" kennzeichnen, während die Wahrscheinlichkeit für die Identifikation und Elimination von Fehlern der "relativen Korrekturwirkung" entspricht und sich für beide Varianten die Zuverlässigkeit des überwachten Rechnungslegungsvorgangs auch nach der von Göbel verwendeten Formel ((0,92 - 0,8)/(1 - 0,8) = 0,6 bzw. (0,84 - 0,6)/(1 - 0,6) = 0,6 mit 60 % ergibt.

[317] Entsprechend der Definition des Kontrollrisikos als einer zwischen 0 und 1 liegenden Größe wird eine grundsätzlich ebenfalls mögliche Verschlechterung der Ergebniszuverlässigkeit nicht berücksichtigt. Verschlechterungen der Ergebniszuverlässigkeit resultieren aus Fehlurteilen, bei denen ein tatsächlich fehlerfreier Zustand von Überwachungsobjekten als "falsch" beurteilt wird und durch die Fehlerbeseitigungsmaßnahmen in einen tatsächlich fehlerbehafteten Zustand überführt wird. Vgl. dazu auch Kap. 3.2.1.2.2, Fn 437 auf S.150.

Übertragen auf leistungsäquivalente Überwachungsverfahren, die zur Überwachung von Rechnungslegungsvorgängen mit unterschiedlicher Zuverlässigkeit eingesetzt werden, ergeben sich aus diesen Zusammenhängen Bedeutungsunterschiede der zugehörigen Überwachungsaufgaben, die in der Zielgewichtung zum Ausdruck gebracht werden können. Tabelle 4 faßt in der letzten Zeile die Ergebnisse der Überlegungen zum Einfluß der Zuverlässigkeit des überwachten Rechnungslegungsvorgangs auf die Bedeutung der Überwachungsaufgaben in Form einer Rangordnung der Überwachungsziele zusammen. Da Bedeutungsunterschiede ein unterschiedliches Zuverlässigkeitsniveau voraussetzen, sind die durch die Überwachungsverfahren 1 und 3 zu erreichenden Überwachungsziele gleich wichtig. In der Rangordnung der Überwachungsziele ist der Rang II deshalb doppelt besetzt.

	Überwachungsverfahren			
	1	2	3	4
Wahrscheinlichkeit der Fehleridentifikation und Fehlerelimination	60 %	60 %	60 %	60 %
Zuverlässigkeit des überwachten Rechnungslegungsvorgangs	80 %	60 %	80 %	100 %
Zuverlässigkeit der Rechnungslegungsergebnisse unter dem Einfluß der Überwachung	92 %	84 %	92 %	100 %
Erhöhung der Ergebniszuverlässigkeit	15 %	40 %	15 %	0 %
Rangordnung der Überwachungsziele nach dem Einfluß auf die Ergebniszuverlässigkeit	II	I	II	III

Tabelle 4: *Beispiel für die Bedeutungsunterschiede von Überwachungszielen bei leistungsäquivalenten Überwachungsverfahren in Abhängigkeit von der Zuverlässigkeit des überwachten Rechnungslegungsvorgangs*

Zur Ermittlung der Zuverlässigkeit des überwachten Rechnungslegungsvorgangs könnten diejenigen Bestimmungsfaktoren des Inhärenten Risikos eingesetzt werden, die eine vorgangsbezogene Interpretation zulassen (z.B. Qualität des Personals, Prüfungserfahrungen mit dem Mandanten, insbesondere die sog. prüffeldspezifischen Faktoren wie die Komplexität eines Rechnungslegungsvorgangs)[318].

In der hier vorgestellten Beurteilungskonzeption wird auf die ergänzende Berücksichtigung der Zuverlässigkeit des überwachten Rechnungslegungsvorgangs bei der Zielgewichtung verzichtet, um eine von inhärenten Risikofaktoren nicht beeinflußte Kontrollrisikogröße ermitteln zu können.[319] Damit das Kontrollrisiko ausschließlich Ausdruck der Korrekturwirkung des IKS ist, berücksichtigt die Zielgewichtung hier nur die ablauforganisatorische Positionierung von Rechnungslegungsvorgängen.

Für die Ziele auf der dritten und vierten Stufe des Zielsystems wird nach dem zugrundeliegenden Wertsystem angenommen, daß sie einen jeweils gleichwertigen Beitrag zur Erreichung der übergeordneten Gruppenziele leisten.

Für die Ableitung der Zielgewichte nach der von Churchman/Ackoff[320] entwickelten Methode der sukzessiven Vergleiche ist für unterschiedlich wichtige Ziele eine Rangreihe aufzustellen. Für die unterschiedlich wichti-

---

[318] Vgl. zum Inhalt dieser Kriterien z.B. Quick, R., Risiken, S. 270 ff.

[319] Dem Abschlußprüfer steht es dennoch frei, die Entscheidung über einen Systemtest nicht ausschließlich vom Kontrollrisiko, sondern unter Berücksichtigung inhärenter Risikofaktoren zu treffen und damit vom Fehlerrisiko abhängig zu machen. Zudem würde eine Berücksichtigung der Zuverlässigkeit der Rechnungslegungsvorgänge bei der Zielgewichtung, deren Komplexität erhöhen, da es zu kompensatorischen Effekten zwischen den Einflußgrößen kommen kann. Soll der Einfluß mehrerer Faktoren auf die Bedeutung von Überwachungsaufgaben berücksichtigt werden, besteht die Möglichkeit, ein einfaches Scoring-Modell zu ermitteln, das zumindest eine Rangreihe der Überwachungsaufgaben liefert. Im Hinblick auf die spätere numerische Bestimmung der Gewichtungsfaktoren wäre ein Modell, das ergänzend quantitative Aussagen über die Bedeutungsunterschiede ermöglicht, allerdings besser geeignet.

[320] Vgl. Churchman, C. W./Ackoff, R. L., OR, May 1954, S. 172 ff.

gen Ziele der Überwachungsaufgaben (Hierarchieebene 2) orientiert sich die Rangreihe an der Ablaufstruktur des Rechnungslegungsprozesses. Für eine Folge sequentiell angeordneter Rechnungslegungsvorgänge nimmt die Wichtigkeit der Ziele zugehöriger Überwachungsaufgaben mit wachsender Entfernung des überwachten Vorgangs vom Prozeßbeginn entsprechend der Verkürzung der Reichweite der Überwachungswirkungen ab. Treten innerhalb eines Rechnungslegungsprozesses parallel angeordnete Vorgänge auf, so ist die Überwachung dieser Vorgänge von gleicher Wichtigkeit. Für das Beispiel mit dem aus drei sequentiell ablaufenden Rechnungslegungsvorgängen bestehenden Rechnungslegungsprozeß[321] ergibt sich danach die Überwachung des initialen Rechnungslegungsvorgangs (V_1) als das wichtigste Ziel, gefolgt von der Überwachung des Vorgangs 2 (V_2). Die Überwachung von Vorgang 3 (V_3) erhält den letzten Rang, so daß die Rangreihe mit $V_1 > V_2 > V_3$ bestimmt ist (Abbildung 16).[322]

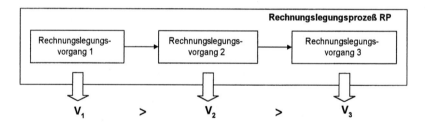

Abbildung 16: *Rangordnung der Ziele auf der zweiten Ebene der Zielhierarchie nach der Positionierung des überwachten Rechnungslegungsvorgangs im Prozeß*

---

[321] Vgl. Abbildung 14 auf S. 82.

[322] Würden die Vorgänge RV 2 und RV 3 parallel ablaufen ist ihre Überwachung von gleicher Wichtigkeit, so daß der zweite Rang mehrfach besetzt ist. Die Überwachung von Vorgang 1 behält den ersten Rang.

3.1.6.2 Numerische Bestimmung der Gewichtungsfaktoren von Überwachungszielen

Sind die Ziele der einzelnen Überwachungsaufgaben nach ihrer ordinalen Wichtigkeit geordnet, müssen die Gewichtungsfaktoren g_i numerisch bestimmt werden. Nach der Methode der sukzessiven Vergleiche erhält das am höchsten eingestufte Ziel vorläufig den Wert 1,0. Den übrigen Zielen werden ihrem Rang entsprechende Zahlenwerte zugeordnet, welche die Bedeutungsunterschiede zum Ausdruck bringen. Anschließend werden sukzessive die einzelnen Gewichte g_i jeweils mit der Summe der restlichen Gewichte verglichen. Dabei kann g_i größer, kleiner oder gleich dieser Vergleichssumme geschätzt werden. Falls das ursprünglich zugeordnete Gewicht dieser Einschätzung nicht entspricht, muß entweder g_i oder die Gewichte der Vergleichssumme korrigiert werden. Die Vergleichsprozedur ist beendet, wenn die Vergleichsgruppe der restlichen Ziele nur noch 2 Elemente enthält,[323] und es schließt sich eine Normierung der Gewichte an.[324] Bei der Normierung wird jeder einzelne Wert eines Gewichts g_i durch die Gesamtsumme aller Einzelgewichte dividiert.

Wird zur numerischen Bestimmung der Zielgewichte für die vorgangsspezifischen Überwachungsziele auf der zweiten Stufe des Zielsystems auf die Überlegungen zur Reichweite von lokaler und globaler Überwachungswirkung zurückgegriffen, kann die Quantifizierung der Gewichtungsfaktoren ohne vorläufige Wertzuordnungen und das anschließende Vergleichsprozedere auskommen. Die Bedeutungsunterschiede der Überwachungsaufgaben kommen direkt in der Reichweite der Überwachungswirkungen der zugehörigen Überwachungsverfahren zum Ausdruck. Die Reichweite der Überwachungwirkungen ergibt sich aus der Reichweite von lokaler Korrekturwirkung und globaler Präventivwirkung. Im Beispiel wirkt die Überwachung des initialen Rechnungslegungsvorgangs RV 1 unmittelbar auf diesen Vorgang (Reichweite der lokalen Kor-

---

[323] Vgl. Strebel, H., Forschungsplanung, S. 100.
[324] Zum Vorgehen vgl. Zangemeister, C., Nutzwertanalyse, S. 212.

rekturwirkung) und erstreckt sich vorgangsübergreifend auf die nachfolgenden Rechnungslegungsvorgänge RV 2 und RV 3 (Reichweite der globalen Präventivwirkung). Die Überwachung von RV 1 betrifft damit insgesamt 3 Vorgänge, so daß die Reichweite der Überwachungswirkungen des Verfahrens mit 3 angegeben werden kann. Die Wirkung eines zur Realisierung von Überwachungsziel V_2 eingesetzten Verfahrens besteht zu gleichen Teilen aus lokaler Korrekturwirkung (Vorgang 2) und globaler Präventivwirkung (Vorgang 3). Die Reichweite der Überwachungswirkungen beträgt demnach 2. Die Überwachungsaufgabe mit dem Ziel V_3 bezieht sich auf den Vorgang RV 3, der das Endglied der Vorgangskette bildet. Das zugehörige Überwachungsverfahren wirkt deshalb nicht vorgangsübergreifend und bleibt in seinem Einfluß lokal auf RV 3 beschränkt, so daß die Reichweite der Überwachung 1 beträgt.[325]

Das Zuverlässigkeitsniveau des Ergebnisses von Rechnungslegungsprozessen wird durch die Überwachungswirkungen sämtlicher zum IKS gehörenden Überwachungsverfahren beeinflußt, wobei die Stärke des Einflusses eines einzelnen Überwachungsverfahrens mit der Reichweite seiner Überwachungswirkungen variiert. Der Einfluß eines einzelnen Überwachungsverfahrens auf die Zuverlässigkeit des Prozeßergebnisses kann als das Verhältnis seiner Einflußstärke (Reichweite der Überwachungswirkungen) zum Gesamteinfluß, der von sämtlichen Überwachungsverfahren des IKS ausgeht (Summe der Reichweite der Überwachungswirkungen aller systemzugehörigen Überwachungsverfahren), beschrieben werden. Im Beispiel ergibt die Gesamtsumme der Reichweite der Überwachungwirkungen einen Wert von 6, so daß nach dieser Interpretation das Zuverlässigkeitsniveau des Prozeßergebnisses jeweils zur Hälfte dem das Überwachungsziel V_1 realisierenden Verfahren (3/6) und gemeinsam den Verfahren, die die Überwachung der Vorgänge RV 2 und RV 3 regeln (2/6 + 1/6 = 3/6), zuzuschreiben ist. Werden die Verhältnis-

---

[325] Bei paralleler Anordnung der Vorgänge RV 2 und RV 3 ergibt sich als einzige Veränderung der Wegfall der globalen Präventivwirkung aus der Überwachung von RV 2. Auch bei paralleler Anordnung erstreckt sich die globale Präventivwirkung der Überwachung von RV 1 auf die Vorgänge 2 und 3.

zahlen als numerischer Ausdruck für die relativen Bedeutungsunterschiede der Überwachungsaufgaben akzeptiert ($V_1 \sim (V_2 \wedge V_3)$), stehen die Gewichtungsfaktoren mit $g_{V1} = 0{,}5$, $g_{V2} \approx 0{,}3333$, $g_{V3} \approx 0{,}1667$ fest.[326]

Da die Ziele der Hierarchieebenen 3 und 4 jeweils als gleich wichtig beurteilt werden, erhalten alle einer Zielgruppe angehörenden Einzelziele übereinstimmende Gewichte größer Null. Fehleridentifikationsziel und Fehlereliminationsziel gelten als gleich wichtig, so daß ihre normierten Gewichte in allen Zielgruppen jeweils 0,5 betragen. Wegen der unterschiedlichen Anzahl der Zielkriterien für Fehleridentifikation und Fehlerelimination ergeben sich trotz gleicher Bedeutung für die jeweiligen Gruppenziele unterschiedliche Gewichtungsfaktoren für die Zielkriterien. Für die vier zur Gruppe der Fehleridentifikation gehörenden Zielkriterien belaufen sich die normierten Zielgewichte auf 0,25 und für die drei Fehlereliminationskriterin auf ca. 0,3333. Die Gewichte für die Zielhierarchie des Beispiels zeigt Abbildung 17, wobei identische Gewichte innerhalb einer Zielgruppe nicht gesondert aufgeführt werden.

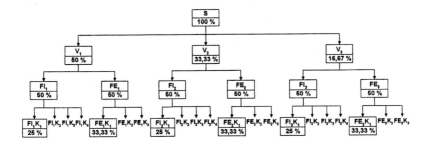

Abbildung 17: Beispiel für die Zielgewichte in der Zielhierarchie eines IKS.

Die numerischen Gewichtungsfaktoren geben die relative Bedeutung der Einzelziele für die Erfüllung des jeweils übergeordneten Gruppenziels an. Da innerhalb der Zielhierarchie das Gewichten eines Gruppenzieles (z.B.

---

[326] Bei paralleler Anordnung der Vorgänge RV 2 und RV 3 beträgt die Reichweite von V_1 3 und die Reichweiten von V_2 und V_3 sind identisch gleich 1. Der Gesamteinfluß ist 5, so daß sich als Gewichtungsfaktoren $g_{V1} = 3/5 = 0{,}6$ und $g_{V2} = g_{V3} = 1/5 = 0{,}2$ ergeben.

g_{FII} = 50 %) gleichbedeutend mit der Gewichtung jedes gruppenzugehörigen Einzelzieles mit dem Gruppengewicht ist,[327] kann durch Multiplikation der Gewichte von Fehleridentifikationsziel und Fehlereliminationszeil mit den Gewichten der Zielkriterien die absolute Bedeutung der Zielkriterien für die Erfüllung der Ziele der Hierarchieebene 2 ermittelt werden. Mit 0,25 • 0,5 = 0,125 ergibt sich der Beitrag eines Fehleridentifikationskriteriums zur Erfüllung der vorgangsbezogenen Überwachungsziele mit 12,5 %, während einem Fehlereliminationskriterium wegen 0,3333 • 0,5 ≈ 0,1667 das größere Gewicht von ca. 16,67 % zukommt.

3.1.7 Amalgamierung und Ermittlung des Kontrollrisikos

Der Gesamtnutzenwert des zu beurteilenden IKS ergibt sich unter Berücksichtigung der Zielgewichte aus der Aggregation oder "Amalgamierung" der Teilnutzenwerte. Nach welcher Regel amalgamiert werden darf, hängt vom Niveau der Nutzenskalen, der Lage ihrer Nullpunkte und der Übereinstimmung oder Nichtübereinstimmung ihrer Skaleneinheiten ab.[328] Bei den zur Bewertung der Kriterienausprägungen gebildeten Nutzenskalen handelt es sich um Verhältnisskalen mit übereinstimmenden Nullpunkten. Die Nutzenskalen innerhalb der Gruppe der Fehleridentifikationskriterien und innerhalb der Fehlereliminationskriterien weisen unterschiedliche, aber kardinal vergleichbare Skaleneinheiten auf, während die Skaleneinheiten der Nutzenskalen von Kriterien unterschiedlicher Gruppenzugehörigkeit nicht kardinal vergleichbar sind. Für die Aggregation der Teilnutzenwerte zum Nutzenwert des IKS stehen deshalb grundsätzlich die additive und die multiplikative Amalgamierungsregel zur Verfügung. Wegen der Mehrstufigkeit der Zielhierarchie kommt darüber hinaus eine Mischform in Betracht.

Für die Zusammenfassung der Nutzenwerte der Fehleridentifikationskriterien zum Teilnutzenwert des Fehleridentifikationsverfahrens und für die

---

[327] Vgl. Strebel, H., Forschungsplanung, S. 78.
[328] Vgl. Strebel, H., Forschungsplanung, S. 104.

Aggregation der Nutzenwerte der Fehlereliminationskriterien zum Teilnutzenwert des Fehlereliminationsverfahrens stehen beide Amalgamierungsvarianten zur Auswahl, wenn man der Auffassung folgt, daß bei unterschiedlichen, aber kardinal vergleichbaren Skaleneinheiten ein Wahlrecht für eine multiplikative oder additive Amalgamierung und kein Zwang für die Anwendung der additiven Amalgamierungsregel besteht.[329]

Da bei einer additiven Verknüpfung dem Fehleridentifikationsverfahrens bzw. dem Fehlereliminationsverfahrens erst dann kein Nutzen mehr zukommen würde, wenn jeweils sämtliche Kriterien entsprechender Gruppenzugehörigkeit die definierten Nebenbedingungen nicht erfüllen, erscheint die Anwendung der additiven Amalgamierungsregel nicht sachgerecht. Nur mit einer multiplikativen Zusammenfassung der Teilnutzenwerte kann ausgedrückt werden, daß ein Fehleridentifikationsverfahren bzw. einem Fehlereliminationsverfahren bereits dann keinen Nutzen mehr besitzt, wenn das jeweilige Verfahren bereits bei einem der Zielkriterien die Nebenbedingung nicht erfüllt, unabhängig davon welche Teilnutzenwerte ihm in den anderen Kriterin zugeordnet worden sind.[330]

Bei der Verknüpfung der Nutzenwerte von Fehleridentifikationsverfahren und Fehlereliminationsverfahren zum Nutzenwert des Überwachungsverfahrens ist zu beachten, daß die Nutzenwerte der Fehleridentifikationskriterien und die Nutzenwerte der Fehlereliminationskriterien unterschiedlichen Nutzenkategorien angehören[331] und die Skaleneinheiten ihrer Nut-

---

[329] So Kern, W./Schröder, H., Forschung und Entwicklung, S. 213 ohne Berücksichtigung einer Gruppenbildung für den Fall, daß die Nutzenskalen sämtlicher Zielkriterien kardinal vergleichbar sind. A.A. offenbar Strebel, H., Scoring-Methoden, S. 272, der von einer zwingenden Anwendung der additiven Amalgamierungsregel ausgeht, wenn die Nutzenskalen der Kriterien innerhalb einer Gruppe kardinal vergleichbare Skaleneinheiten aufweisen.

[330] Zur Bedeutung der Nebenbedingungen bei der Festlegung der Amalgamierungsregel vgl. Kern, W./Schröder, H., Forschung und Entwicklung, S. 214.

[331] Die Zugehörigkeit von Einzelkriterien zu unterschiedlichen Zielgruppen ist nach Strebel ein Indiz für das Vorliegen unterschiedlicher Nutzenkategorien. Vgl. Strebel, H., Scoring-Methoden, S. 272.

zenskalen deshalb kardinal nicht vergleichbar sind.[332] Da Nutzenwerte unterschiedlicher Nutzenkategorien nicht addiert, sondern nur multipliziert werden dürfen,[333] existiert kein Wahlrecht bei der Festlegung der Amalgamierungsregel. Der Nutzenwert des Überwachungsverfahrens ist multiplikativ aus den Teilnutzenwerten von Fehleridentifikations- und Fehlereliminationsverfahren zu ermitteln. Die Anwendung der multiplikativen Amalgamierungsregel steht im Einklang mit der bei der Analyse der Nutzenabhängigkeiten getroffenen Aussage, daß einem Überwachungsverfahren nur dann ein Nutzen zugerechnet werden kann, wenn sowohl Fehleridentifikationsziel als auch Fehlereliminationsziel zumindest minimal erfüllt werden.

Bei der Zusammenfassung der Nutzenwerte aller Überwachungsverfahren zum Nutzenwert des IKS besteht bei der Festlegung der Amalgamierungsregel ebenfalls ein Wahlrecht.[334] Die Entscheidung wird zugunsten einer Addition der Teilnutzenwerte getroffen, weil nach den hier unterstellten Wertvorstellungen dem Gesamtsystem erst dann kein Nutzen mehr zukommt, wenn jedes beteiligte Überwachungsverfahren keinen Nutzen aufweist. Insoweit kommen bei der mehrstufigen Ermittlung des Gesamtnutzenwertes eines IKS sowohl die additive als auch die multiplikative Amalgamierungsregel zur Anwendung. Bei multiplikativer Amalgamierung wird die Gewichtung der Nutzenwerte exponentiell vorgenommen, bei additiver Amalgamierung erfolgt sie multiplikativ.

Da das Kontrollrisiko als Wahrscheinlichkeit nur Werte zwischen 0 und 1 annehmen kann, ist der Systemnutzenwert auf das Intervall [0;1] zu nor-

---

[332] Als Beispiele für kardinal nicht vergleichbare Skaleneinheiten werden in der Literatur z.B. Zeit- und Geldeinheiten (Kern, W./Schröder, H., Forschung und Entwicklung, S. 213) sowie Gewichts- und Längeneinheiten (Strebel, H., Forschungsplanung, S. 81) genannt, während z.B. unterschiedliche Währungseinheiten durch Wechselkurse kardinal vergleichbar sind (Strebel, H., DB 1978, S. 2184).

[333] Vgl. Kern, W./Schröder, H., Forschung und Entwicklung, S. 213; Strebel, H., Forschungsplanung, S. 104.

[334] Die aus der Multiplikation der Teilnutzenwerte von Fehleridentifikations- und Fehlereliminationsverfahren resultierenden Nutzenwerte der Überwachungsverfahren sind m. E. kardinal vergleichbar.

mieren, indem der Gesamtnutzenwert des beurteilten IKS zum maximalen Gesamtnutzenwert in Beziehung gesetzt wird.[335] Die zur Ermittlung des Risikomaßes erforderliche, abschließende Normierung wird hier ersetzt durch die Transformation absoluter Nutzenwerte in relative Nutzenwerte im Rahmen der Wertsynthese, um die Aussagekraft wesentlicher Teilnutzenwerte zu verbessern.[336] Aus dem gleichen Grund erfolgt die Gewichtung der Zielkriterien mit Gewichtungsfaktoren, welche die absolute Bedeutung jedes einzelnen Kriteriums für die Erreichung der vorgangsbezogenen Überwachungsziele auf der zweiten Ebene der Zielhierarchie wiedergeben.

Werden die exponentiell gewichteten absoluten Nutzenwerte der zum Fehleridentifikationsverfahren der i-ten Überwachungsaufgabe gehörenden Kriterien (n_{FIIKj}^{gKj}) zu ihren maximalen absoluten Nutzenwerten ($n_{FIIKjmax}^{gKj}$) in Beziehung gesetzt, ergeben sich die relativen Nutzenwerte der Fehleridentifikationskriterien. Aus den relativen Nutzenwerten leitet sich als Produkt der Nutzenwert des i-ten Fehleridentifikationsverfahrens (FI_i) ab:

$$(1) \quad FI_i = \prod_{j=1}^{4} \frac{n_{FIIKj}^{gKj}}{n_{FIIKjmax}^{gKj}}$$

Der Nutzenwert eines Fehlereliminationsverfahrens beschreibt den Grad der Zielerreichung für das Fehlereliminationsziel einer Überwachungsaufgabe und repräsentiert die subjektive Schätzung des Abschlußprüfers für die Wahrscheinlichkeit der Fehleridentifikation. Entsprechendes gilt für den Nutzenwert der Fehlereliminationsverfahren der i-ten Überwa-

---

[335] Brown bezeichnet die daraus resultierende Größe als "effectiveness index". Vgl. Brown, R. G., JoA, November 1962, S. 52.

[336] Ohne Begründung verwenden auch Quick und Zaeh relative Nutzenwerte. Vgl. Quick, R., Risiken, S. 350; Zaeh, P. E., Entscheidungsunterstützung, S. 383.

chungsaufgabe (FE_i) hinsichtlich der Erreichung des Fehlereliminationsziels[337]:

$$(2) \quad FE_i = \prod_{j=1}^{3} \frac{n_{FEIKj}{}^{gKj}}{n_{FEIKjmax}{}^{gKj}}$$

Im Beispiel sei für die auf den Rechnungslegungsvorgang RV 1 gerichtete Überwachungsaufgabe im Soll-IKS des geprüften Unternehmens ein Fehleridentifikationsverfahren vorgesehen, dessen Regelungen nach den Nutzenskalen der Zielkriterien wie folgt bewertet wurden: $n_{FI1K1} = 2$, $n_{FI1K2} = 8$, $n_{FI1K3} = 4$, $n_{FI1K4} = 6$. Ferner wurden den im Unternehmens-Soll-IKS vorgesehenen Regeln des Fehlereliminationsverfahrens die Nutzenwerte $n_{FE1K1} = 10$, $n_{FE1K2} = 10$, $n_{FE1K3} = 4$ zugeordnet (Tabelle 5, Spalte G). Da keines der Zielkriterien einen Nutzenwert von Null aufweist, erfüllt das zur Realisierung des Überwachungsziels V_1 verwendete Überwachungsverfahren sämtliche Nebenbedingungen. Es ist in allen Kriterienausprägungen durch den Abschlußprüfer als "befriedigend und besser" eingestuft worden und gilt deshalb als "wirksam".

Unter Berücksichtigung der Zielgewichte (Tabelle 5, Spalte E) und der maximalen absoluten Nutzenwerte (Tabelle 5, Spalte F) gilt nach Formel (1) für den Nutzenwert des Fehleridentifikationsverfahrens :

---

[337] In diesem Fall ähneln die Wahrscheinlichkeiten für Fehleridentifikation und Fehlerelimination geschätzten Einsatzzuverlässigkeiten für die Überwachungsaktivitäten Fehleridentifikation und Fehlerelimination, wie sie Baetge und seine Schüler in ihren analytischen Modellen verwenden. Die Einsatzzuverlässigkeiten im analytischen Modell von Baetge werden jedoch nicht als subjektive Wahrscheinlichkeiten, sondern als Grenzwert relativer Häufigkeiten (empirisch) bestimmt und damit als objektive Wahrscheinlichkeiten verstanden. Vgl. Baetge, J., Überwachung, S. 204 ff.

	A	B	C	D	E	F	G	H	I	J
1						Nutzenwerte	Nutzenwerte	Nutzenwerte	Nutzenwerte	Nutzenwerte
2		Zielhierarchie			Zielgewicht	(ungewichtet, absolut)		(gewichtet, absolut)	(gewichtet, absolut)	(gewichtet, relativ)
3						Maximum	System	Maximum	System	System
4										
5				FI_1K_1	12,50%	10	2	1,3335	1,0905	81,78%
6				FI_1K_2	12,50%	10	8	1,3335	1,2968	97,25%
7				FI_1K_3	12,50%	10	4	1,3335	1,1892	89,18%
8				FI_1K_4	12,50%	10	6	1,3335	1,2510	93,81%
9			FI_1							66,54%
10										
11				FE_1K_1	16,66%	10	10	1,4678	1,4678	100,00%
12				FE_1K_2	16,66%	10	10	1,4678	1,4678	100,00%
13				FE_1K_3	16,66%	10	4	1,4678	1,2599	85,84%
14			FE_1							85,84%
15										

Tabelle 5:   Beispiel für die Ermittlung der Nutzenwerte von Fehleridentifikation und Fehlerelimination

$$FI_1 = \frac{2^{0,125}}{10^{0,125}} \cdot \frac{8^{0,125}}{10^{0,125}} \cdot \frac{4^{0,125}}{10^{0,125}} \cdot \frac{6^{0,125}}{10^{0,125}}$$

$$FI_1 = \frac{1,0905}{1,3335} \cdot \frac{1,2968}{1,3335} \cdot \frac{1,1892}{1,3335} \cdot \frac{1,2510}{1,3335}$$

$$FI_1 = 0,8178 \cdot 0,9725 \cdot 0,8918 \cdot 0,9381$$

$$\underline{FI_1 = 0,6654}$$

Der Nutzenwert des Fehlereliminationsverfahrens ergibt sich nach Formel (2) entsprechend aus:

$$FE_1 = \frac{10^{0,166\overline{6}}}{10^{0,166\overline{6}}} \cdot \frac{10^{0,166\overline{6}}}{10^{0,166\overline{6}}} \cdot \frac{4^{0,166\overline{6}}}{10^{0,166\overline{6}}}$$

$$FE_1 = \frac{1,4678}{1,4678} \cdot \frac{1,4678}{1,4678} \cdot \frac{1,2599}{1,4678}$$

$FE_1 = 1{,}0 \cdot 1{,}0 \cdot 0{,}8584$

$\underline{FE_1 = 0{,}8584}$

Für das zur Realisierung des Überwachungsziels V_1 im Unternehmens-Soll-IKS vorgesehene Überwachungsverfahren schätzt der Abschlußprüfer subjektiv die Wahrscheinlichkeit der Fehleridentifikation auf ca. 67 % und die Wahrscheinlichkeit der Fehlerelimination auf ca. 86 %. Bei konzeptionsgemäßer Anwendung des Fehleridentifikationsverfahrens wird der Überwachungsträger nach dem Urteil des Abschlußprüfers durch den Rechnungslegungsvorgang 1 verursachte Verletzungen der materiellen Richtigkeit mit einer Wahrscheinlichkeit von 67 % erkennen. Die Wahrscheinlichkeit für Fehlurteile, mit denen tatsächlich fehlerbehaftete Überwachungsobjekte als fehlerfrei eingestuft werden, liegt bei diesem Verfahren bei 33 %. Festgestellte Fehler, die die materielle Richtigkeit betreffen, werden unter der Annahme regelkonformer Verfahrensanwendung mit einer Wahrscheinlichkeit von 86 % eliminiert, während die Überwachungsobjekte mit einer Wahrscheinlichkeit von 14 % in ihrem fehlerhaften Zustand belassen werden.

Die Ermittlung des Nutzenwertes des Überwachungsverfahrens der i-ten Überwachungsaufgabe (V_i) erfolgt durch Multiplikation der Nutzenwerte von Fehleridentifikations- und Fehlereliminationsverfahren:

(3) $\quad V_i = FI_i \cdot FE_i$

Der Nutzenwert eines Überwachungsverfahrens beschreibt den Grad der Zielerreichung eines vorgangsbezogenen Überwachungsziels als subjektive Wahrscheinlichkeit für die Aufdeckung und Beseitigung wesentlicher Fehler unter der Bedingung regelkonformer Verfahrensanwendung. Insoweit kann V_I auch als "konzeptuelle" Korrekturwirkung des Überwachungsverfahrens bezeichnet werden.[338]

Im Beispiel liegt der Grad der Zielerreichung für die Sicherstellung der materiellen Richtigkeit des Rechnungslegungsvorgangs 1 auf der Grundlage der Bewertung des im Unternehmens-Soll-IKS vorgesehenen Überwachungsverfahrens mit 0,6654 • 0,8584 = 0,5712 bei ca. 57 %. Nach der Schätzung des Abschlußprüfers werden bei konzeptionsgemäßer Anwendung des Überwachungsverfahrens etwa 57 % der die materielle Richtigkeit betreffenden und durch den Rechnungslegungsvorgang 1 verursachten Fehler aufgedeckt und beseitigt.

Der Gesamtnutzenwert des Systems wird aus der Summe der multiplikativ gewichteten Nutzenwerte aller Überwachungsverfahren gebildet:

$$(4) \quad S = \sum_{i=1}^{m} g_{VI} \cdot V_I$$

Der Gesamtnutzenwert des Systems beschreibt den Zielerreichungsgrad des IKS als durchschnittlichen Zielerreichungsgrad der vorgangsbezogenen Überwachungsziele. Das sich als Komplement des Systemnutzen-

---

[338] Der Begriff der "konzeptuellen" Korrekturwirkung soll diese Größe von den mit analytischen Modellen ermittelten Größen abgrenzen, die unter Korrekturwirkung die absolute bzw. die relative Erhöhung der Zuverlässigkeit, die die Wahrscheinlichkeit der Fehlerfreiheit von Rechnungslegungsergebnissen ausdrückt, verstehen. Zur absoluten Korrekturwirkung (Überwachungsbeitrag) vgl. Baetge, J., Überwachung, S. 214 f., zur relativen Korrekturwirkung vgl. Göbel, R., Auswahlverfahren, S. 123 f. Diese analytischen Modelle beziehen neben den Einsatzzuverlässigkeiten für Überwachungsvorgänge, die grundsätzlich auch als subjektive Wahrscheinlichkeiten der Fehleridentifikation bzw. Fehlerelimination interpretierbar wären, auch die Einsatzzuverlässigkeiten der Rechnungslegungsvorgänge ein. Die Einsatzzuverlässigkeit bei Rechnungslegungsvorgängen entspricht der Berücksichtigung eines "vorgangsbezogenen Fehlerrisikos", für die es in dieser Bewertungskonzeption kein Pendant gibt. Im Ergebnis sind deshalb die Korrekturwirkungen der analytischen Modelle nicht mit der hier ermittelten konzeptuellen Korrekturwirkung vergleichbar.

wertes ergebende Kontrollrisiko (KR_S) stellt deshalb gleichfalls eine (gewogene) Durchschnittsgröße[339] dar:

(5) $KR_S = 1 - S$

Im Beispiel seien die Nutzenwerte für die Überwachungsverfahren, die die Durchführung der Überwachung der Rechnungslegungsvorgänge RV 2 und RV 3 regeln, mit $V_2 = 0{,}5755$ und $V_3 = 0{,}8931$ ermittelt worden (Tabelle 6).

Da $V_1 = 0{,}5712$ und $V_2 = 0{,}5755$, sind die zur Realisierung der Ziele V_1 und V_2 im Soll-IKS des geprüften Unternehmens vorgesehenen Überwachungsverfahren nahezu leistungsäquivalent. Unter Berücksichtigung der in den Zielgewichten ausgedrückten Bedeutung der drei Überwachungsaufgaben ist nach Formel (4) der Gesamtnutzenwert des Systems:

$S \;=\; (0{,}5 \cdot 0{,}5712) \;+\; (0{,}3333 \cdot 0{,}5755) \;+\; (0{,}1667 \cdot 0{,}8931)$

$S \;=\; 0{,}2856 \;+\; 0{,}1918 \;+\; 0{,}1489$

$\underline{S \;=\; 0{,}6263}$

Die Sicherstellung der materiellen Richtigkeit des Rechnungslegungsprozesses RP erreicht auf der Grundlage der Bewertung der im Unternehmens-Soll-IKS vorgesehenen Überwachungsverfahren ca. 63 %.

---

[339] Die Ermittlung des Kontrollrisikos als Durchschnittsgröße ist eine modellimmanente Konsequenz und insoweit durch dieselben Vor- und Nachteile gekennzeichnet, die jeder Durchschnittsbildung anhaften. Wegen der modellimmanenten Nachteile und der Unmöglichkeit, sämtliche Gesichtspunkte im Modell zu berücksichtigen, ist es zweckmäßig, das auf der Grundlage des Scoring-Modells ermittelte Kontrollrisiko nur als eine Entscheidungsgrundlage neben anderen zu betrachten. Vgl. Strebel, H., Scoring-Methoden, S. 275, 278. Auch das IDW geht davon aus, daß ein Urteil über das Zusammenwirken der IKS-Elemente mehr verlangt, "als das Addieren deren einzelner Beiträge". Vgl. dazu IDW, WP-Handbuch Bd. I 1996, Abschn. P, Tz 154.

	A	B	C	D	E	F	G	H	I	J
1							Nutzenwerte	Nutzenwerte	Nutzenwerte	Nutzenwerte
2		Zielhierarchie				Zielgewicht	(ungewichtet, absolut)	(gewichtet, absolut)	(gewichtet, absolut)	(gewichtet, relativ)
3							Maximum	System	Maximum	System	System
4										
5					Fl_1K_1	12,50%	10	2	1,3335	1,0905	81,78%
6					Fl_1K_2	12,50%	10	8	1,3335	1,2968	97,25%
7					Fl_1K_3	12,50%	10	4	1,3335	1,1892	89,18%
8					Fl_1K_4	12,50%	10	6	1,3335	1,2510	93,81%
9					Fl_1						66,54%
10										
11					FE_1K_1	16,6̄6̄%	10	10	1,4678	1,4678	100,00%
12					FE_1K_2	16,6̄6̄%	10	10	1,4678	1,4678	100,00%
13					FE_1K_3	16,6̄6̄%	10	4	1,4678	1,2599	85,84%
14					FE_1						85,84%
15										
16					V_1						57,12%
17										
18					Fl_2K_1	12,50%	10	10	1,3335	1,3335	100,00%
19					Fl_2K_2	12,50%	10	4	1,3335	1,1892	89,18%
20					Fl_2K_3	12,50%	10	4	1,3335	1,1892	89,18%
21					Fl_2K_4	12,50%	10	2	1,3335	1,0905	81,78%
22					Fl_2						65,04%
23										
24					FE_2K_1	16,6̄6̄%	10	10	1,4678	1,4678	100,00%
25					FE_2K_2	16,6̄6̄%	10	6	1,4678	1,3480	91,84%
26					FE_2K_3	16,6̄6̄%	10	8	1,4678	1,4142	96,35%
27					FE_2						88,49%
28										
29					V_2						57,55%
30										
31					Fl_3K_1	12,50%	10	10	1,3335	1,3335	100,00%
32					Fl_3K_2	12,50%	10	10	1,3335	1,3335	100,00%
33					Fl_3K_3	12,50%	10	8	1,3335	1,2968	97,25%
34					Fl_3K_4	12,50%	10	10	1,3335	1,3335	100,00%
35					Fl_3						97,25%
36										
37					FE_3K_1	16,6̄6̄%	10	10	1,4678	1,4678	100,00%
38					FE_3K_2	16,6̄6̄%	10	6	1,4678	1,3480	91,84%
39					FE_3K_3	16,6̄6̄%	10	10	1,4678	1,4678	100,00%
40					FE_3						91,84%
41										
42					V_3						89,31%
43										

Tabelle 6: *Beispiel für die Berechnung des Kontrollrisikos für ein IKS mit drei Überwachungszielen*

Das Kontrollrisiko des IKS beträgt für das Ordnungsmäßigkeitselement "Materielle Richtigkeit" nach Formel (5) KR_S = 1 - 0,6263 = 0,3737. Damit schätzt der Abschlußprüfer die Wahrscheinlichkeit, daß das zur Überwachung des Rechnungslegungsprozesses RP konzipierte IKS die materielle Richtigkeit betreffende wesentliche Fehler nicht aufdeckt und beseitigt, auf etwa 37 %. Das Kontrollrisiko des beurteilten IKS unterschreitet deutlich das beispielhaft unterstellte Anspruchsniveau für einen Systemtest von < 50 %, so daß sich der Abschlußprüfer hinsichtlich der materiellen Richtigkeit mit der Durchführung eines Wirksamkeitstests für die Fortsetzung der IKS-Prüfung entscheiden wird.

Nach der hier vorgeschlagenen Beurteilungskonzeption stellen im Soll-IKS des geprüften Unternehmens vorgesehene Überwachungsverfahren, die in mindestens einer Kriterienausprägung durch den Abschlußprüfer als "unbefriedigend" beurteilt werden, keine geeigneten Lösungsverfahren für Überwachungsaufgaben dar. Ihnen wird ein Nutzenwert von Null zugeordnet. Gleiches gilt, wenn das Unternehmens-Soll-IKS für eine Überwachungsaufgabe des Prüfer-Soll-IKS kein Lösungsverfahren enthält, so daß eine Überwachungslücke zu konstatieren ist. Als Folge dieser Bewertung geht das Zielgewicht der Überwachungsaufgabe nicht in die Ermittlung des Gesamtnutzenwertes des IKS ein. Die Aussage, daß "[sich] das Nichtvorhandensein bzw. Nichtfunktionieren einer wichtigen Kontrolle ... deshalb genauso auf den Wirksamkeitsgrad des IKS [auswirkt,] wie das einer weniger wichtigen"[340], ist nicht zutreffend. Durch die Gewichtung jeder Überwachungsaufgabe im Verhältnis zur Bedeutung aller Überwachungsaufgaben drückt jeder Gewichtungsfaktor implizit auch die Bedeutung aller anderen Überwachungsaufgaben aus. In Abhängigkeit davon, welches Gewicht den Überwachungsaufgaben der im System vorgesehenen und als unwirksam beurteilten oder gänzlich fehlenden Überwachungsverfahren zukommt, verschlechtert sich der Zielerreichungsgrad des Unternehmens-Soll-IKS mehr oder weniger stark, wie anhand von Gestaltungsvarianten des IKS für das Beispiel leicht verdeutlicht werden kann.

---

[340] Quick, R., Risiken, S. 374; Einfügungen in Klammern durch Verf.

Würde unter sonst gleichen Bedingungen im Beispiel das Verfahren, das das im System wichtigste Überwachungsziel V1 realisieren soll, als unwirksam beurteilt oder fehlt es gänzlich (Tabelle 7, Systemvariante 1), und wird V_1 demzufolge ein Nutzenwert von 0 zugewiesen, verschlechtert sich der Wirkungsgrad des Gesamtsystems drastisch. Er sinkt um ca. 46 % von 62,63 % auf 34,07 %. Das Kontrollrisiko steigt um ca. 76 % von 37,37 % auf 65,93 %.

Die Systemvarianten 2 und 3 sind dadurch gekennzeichnet, daß die Überwachungsverfahren der jeweils weniger bedeutsamen Überwachungsaufgaben V_2 und V_3 einen Nutzenwert von Null aufweisen. Im Vergleich zur Systemvariante 1 verschlechtert sich der Wirkungsgrad des Systems mit ca. 57 % bzw. ca. 52 % in diesen Fällen deutlich weniger stark. Als Folge der geringeren Abnahme des Systemwirkungsgrades fällt die Zunahme des Kontrollrisikos mit ca. 51 % bzw. ca. 40 % im Vergleich zur Systemvariante 1 moderat aus. Damit spiegelt die prozentuale Veränderung des Systemwirkungsgrades das Gewicht der als unwirksam beurteilten Verfahren wider. Eine betragsmäßig exakt dem Gewichtungsfaktor der Überwachungsaufgabe unwirksamer bzw. fehlender Verfahren ergibt sich, wenn Vergleichsbasis für entsprechende Variationen ein ideales System mit maximalen Nutzenwerten ist.[341]

---

[341] Der Systemnutzenwert eines idealen Systems würde sich für den Beispielfall mit 0,5 • 1 + 0,3333 • 1 + 0,1667 • 1 = 1,0 ergeben. Für die Systemvarianten 1 bis 3 betragen die entsprechenden Nutzenwerte 0,5 • 0 + 0,3333 • 1 + 0,1667 • 1 = 0,5 (Variante 1), 0,5 • 1 + 0,3333 • 0 + 0,1667 • 1 = 0,6667 (Variante 2) und 0,5 • 1 + 0,3333 • 1 + 0,1667 • 0 = 0,8333 (Variante 3). Die prozentuale Veränderung der Systemnutzenwerte entspricht mit 0,5/1,0 = 0,5 (Variante 1), 0,3333/1 = 0,3333 (Variante 2) und 0,16667/1 = 0,16667 exakt den Aufgabengewichten der als unwirksam beurteilten bzw. fehlenden Verfahren.

	Ziel-gewicht	Ausgangs-system	System-variante 1	System-variante 2	System-variante 3
V_1	50 %	57,12 %	0 %	57,12 %	57,12 %
V_2	33,33 %	57,55 %	57,55 %	0 %	57,55 %
V_3	16,67 %	89,31 %	89,31 %	89,31 %	0 %
S	-	62,63 %	34,07 %	43,45 %	47,74 %
KR_S	-	37,37 %	65,93 %	56,55 %	52,26 %
Veränderung S gegenüber Ausgangssystem	-	-	- 45,60 %	- 30,62 %	- 23,77 %
Veränderung KR_S gegenüber Ausgangssystem	-	-	+ 76,42 %	+ 51,32 %	+ 39,84 %

Tabelle 7: Beispiel für die Veränderung von Systemnutzenwert und Kontrollrisiko bei Gestaltungsvarianten des IKS unter Berücksichtigung von Überwachungslücken

Ein Teilsystem des Unternehmens-Soll-IKS, das sich aus Überwachungsverfahren mit den jeweils günstigsten Kriterienausprägungen zusammensetzt, wird nach dieser Bewertungskonzeption als uneingeschränkt wirksam beurteilt und weist deshalb ein Kontrollrisiko von 0 % auf. Diese Aussage ist gerechtfertigt, weil es sich bei der vorläufigen Beurteilung um eine Verfahrensprüfung mit der Annahme handelt, daß die geplanten Überwachungsverfahren im gesamten Abrechnungszeitraum regelungskonform angewendet werden und das beurteilte Teilsystem deshalb das aufgrund der Regelungen anzunehmende Verhalten realisiert wird.[342] Die Auswirkungen einer nicht regelkonformen Überwachungsdurchführung, "informeller" Überwachungsformen[343] oder vorübergehender Systemzusammenbrüche[344] sowie ein Umgehen oder außer Kraft setzen des IKS-Teilsystems durch die Geschäftsführung (Management Override[345]) während des Abrechnungszeitraumes, die eine generelle Wirksamkeitsgrenze für das System rechtfertigen,[346] und ein Kontrollrisiko von 0 % ausschließen würden, fließen deshalb nicht in die Bestimmung des Kontrollrisikos bei der vorläufigen Systembeurteilung ein. Eine nachträgliche Berücksichtigung derartiger Faktoren durch lineare Transformation des ermittelten Risikowertes[347] ist nicht möglich, da bei Verhältnisskalen nach Nullpunktverschiebungen nicht mehr die ursprüngliche Präferenzordnung abgebildet wird[348]. Zudem handelt es sich um die Beurteilung von Teilsystemen, so daß nicht der Anspruch erhoben wird, daß sich jeder Teilprozeß und

---

[342] Vgl. IDW, WP-Handbuch Bd. I 1996, Abschn. P, Tz 149.

[343] Vgl. Knop, W., Möglichkeit zur optimalen Planung, S. 117.

[344] Vgl. Meyer zu Lösebeck, H., Unterschlagungsverhütung, S. 250 f.

[345] Vgl. Adenauer, P., Internes Kontrollsystem, S. 130; Carmichael, D. R., JoA, September 1988, S. 42; Elliott, R. K./Rogers, J. R., JoA, July 1972, S. 49 f.; Lohse, D., WPK 1996, S. 145.

[346] Vgl. Quick, R., Risiken, S. 359 f. In einem von Quick angeführten Beispiel beträgt die Untergrenze des Kontrollrisikos 10 %. Vgl. Quick, R., Risiken, S. 41. Carmichael/Willingham gehen dagegen von einem minimalen Kontrollrisiko von 40 % aus. Vgl. Carmichael, D. R./Willingham, J. J., Concepts and Methods, S. 204. Im angelsächsischen Schrifttum wird die Gesamtheit dieser Faktoren als "inherent limitations" bezeichnet. Vgl. z.B. AICPA, Professional Standards, AU 312.20 b; Arens, A. A./Loebbecke, J. K., Auditing, S. 275. Grenzen sind dem IKS auch hinsichtlich der Fehlerrisiken gesetzt, die aus externen Einflüssen wie z.B. verändertem Nachfrageverhalten oder Konkurrenzdruck resultieren. Da das IKS langfristig angelegt ist, kann es nicht entsprechend schnell auf kurzfristige Änderungen von Datenkonstellationen reagieren. Vgl. Stibi, E., Prüfungsrisikomodell, S. 154. Zu Grenzen des IKS bei der Aufdeckung von Unterschlagungen vgl. Meyer zu Lösebeck, H., Unterschlagungsverhütung, S. 170 ff.

[347] Vgl. dazu einen entsprechenden Vorschlag für Intervallskalen von Zaeh, P. E., Entscheidungsunterstützung, S. 393.

[348] Vgl. Strebel, H., Forschungsplanung, S. 51.

jeder Vorgang der Rechnungslegung mit einem 100 %-igen Zielerreichungsgrad überwachen läßt.[349]

---

[349] Vgl. dazu Quick, R., Risiken, S. 359.

3.2 Zielkriterien und Bewertungsskalen

3.2.1 Zielkriterien der Fehleridentifikation

3.2.1.1 Aggregationsgrad der Überwachungsobjekte

Mit dem Zielkriterium "Aggregationsgrad der Überwachungsobjekte" werden die Auswirkungen von Gestaltungsvarianten der Regelungen eines Überwachungsverfahrens auf die Wahrscheinlichkeit der Fehleridentifikation erfaßt, die den Aggregationsgrad von Überwachungsobjekten festlegen. Als Überwachungsobjekt wird dabei der Beurteilungsgegenstand einer einzelnen Vergleichshandlung angesehen.

Neben elementaren Beurteilungsgegenständen (elementare Überwachungsobjekte),[350] die sich auf die Merkmale eines einzelnen Geschäftsvorfalls beziehen, können einer Vergleichshandlung auch (komplexe) Beurteilungseinheiten (komplexe Überwachungsobjekte) zugrunde liegen (Abbildung 18).

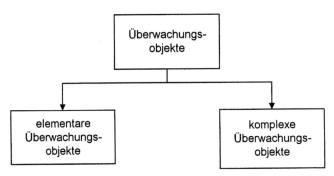

Abbildung 18: *Kategorien von Überwachungsobjekten*

Komplexe Überwachungsobjekte können als Aggregationsform elementarer Überwachungsobjekte aufgefaßt werden, da die Ausprägungen ihrer Merkmale aus der Aggregation der Merkmalsausprägungen einer abgegrenzten Menge (Gruppe) elementarer Überwachungsobjekte ermittelt

---

[350] Blum spricht in diesem Zusammenhang von Einzelobjekten. Vgl. Blum, E., Kontrolle, S. 237.

werden. Die Merkmalsausprägungen komplexer Überwachungsobjekte werden deshalb auch als "Gruppenergebnisse" bezeichnet.[351] Die zur Aggregation bestimmten elementaren Einzelobjekte bilden geschlossene Objektmengen oder Stapel.[352] Die Gruppengröße (n) gibt den Umfang der Objektmenge an und entspricht der Anzahl der in die Gruppe einbezogenen elementaren Überwachungsobjekte. Für $n > 1$ entspricht die Gruppengröße dem Aggregationsgrad eines komplexen Überwachungsobjektes. Elementare Überwachungsobjekte haben einen Aggregationsgrad von Null.

Die Aggregation der Merkmalsausprägungen ist wie z.b. bei Sammelbuchungen auf Hauptbuchkonten Bestandteil des Rechnungslegungsvorgangs ("originäre" komplexe Überwachungsobjekte) oder wird für Überwachungszwecke durchgeführt ("derivative" komplexe Überwachungsobjekte). Zu den Fehleridentifikationsverfahren, die komplexe Überwachungsobjekte verwenden, gehören die verschiedenen Varianten von Kontrollsummenverfahren[353] sowie das Spektrum der globalen Verfahren, bei denen zwischen Abstimmungen und Verprobungen differenziert

---

[351] Vgl. IDW, WP-Handbuch Bd. I 1996, Abschn. P, Tz 257.

[352] Vgl. Blum, E., Kontrolle, S. 237.

[353] Als Kontrollsummenverfahren werden "Stapelkontrollsummenverfahren", "Mischkontrollsummenverfahren" und "Satzkontrollsummenverfahren" unterschieden, wobei die Bezeichnung auf die Art der Merkmale, deren Ausprägungen aggregiert werden, Bezug nimmt. Bei Mischkontrollsummen (hash control totals) ergibt die als Summe abgeleitete Merkmalsausprägung keinen logischen Sinn (z.B. Summe von Kontonummern, Summen aus Kontonummer und Buchungsbetrag), während Stapelkontrollsummen (batch control totals) aus den Ausprägungen aussagefähiger Merkmale von Wertfeldern oder Mengenfeldern abgeleitet werden (z.B. Gesamtbetrag von Forderungen aus Lieferungen und Leistungen, Gesamtmenge des Bestands an Vorratsvermögen). Satzkontrollsummen oder Satzzählungen (record control totals) stehen für die Anzahl von eingegebenen oder verarbeiteten Transaktionen (Sätzen einer Datei). Zu diesen Verfahren mit teilweise geringfügig abweichenden Definitionen z.B. Carmichael, D. R./Willingham, J. J., Concepts and Methods, S. 287; Davis, G. B./Adams, D. L./Schaller, C. A., Auditing & EDP, S. 158; Dürr, H., Datenerfassung, S. 183 f.; Günther, H., Interne Revision, S. 71; Reckel, G., Kontrollsysteme, S. 137 ff.; Schuppenhauer, R., GoDV, Abschn. A, Tz 346, 349; van Belkum, J. W./van't Klooster, A. J., Kontrolle und Revision, S. 49 ff.; Vasarhelyi, M. A./Lin, T. W., Fundamentals, S. 211 f. Zur Berücksichtigung von Kontrollsummenverfahren bei der Beurteilung der IKS-Konzeption vgl. Hanisch, H./Kempf, D., Revision und Kontrolle, S. 385 f.

wird[354]. Verprobungen werden in der Wirtschaftsprüfung als analytische Prüfungshandlungen bezeichnet.[355] Detaillierte Prüfungshandlungen (Einzelprüfungen von Geschäftsvorfällen/Einzelfallprüfungen)[356] zählen zu den Verfahren, die auf die Fehleridentifikation bei elementaren Überwachungsobjekten gerichtet sind.

Der beurteilungsrelevante Skalenbereich des Zielkriteriums ist nach unten durch einen Aggregationsgrad von Null begrenzt (z.B. für durch den Fakturierungsvorgang erstellte elementare Überwachungsobjekte der Objektklasse Ausgangsrechnung). Der für die Jahresabschlußprüfung relevante zeitliche Bezug der Überwachungsziele auf den Zeitraum der Abrechnungsperiode[357] fixiert die maximale Gruppengröße auf die Anzahl der im Abrechnungszeitraum abgebildeten Geschäftsvorfälle (z.B. für die durch den Fakturierungsvorgang im Abrechnungszeitraum erstellte Gesamtmenge von Ausgangsrechnungen). Wegen der Abhängigkeit dieser Größe vom Umfang der Geschäftstätigkeit ist eine quantitative Fixierung der Obergrenze des Aggregationsgrades nicht generell möglich.

Bei der Aufstellung der Präferenzordnung für die Ausprägungen des Aggregationsgrades ist zu berücksichtigen, daß mit einem positiven Überwachungsurteil über das komplexe Überwachungsobjekt die gesamte Objektgruppe zur weiteren Verwendung freigegeben wird. Wegen der Aggregation der Merkmalsausprägungen besteht bei komplexen Überwachungsobjekten die Möglichkeit, daß sich Fehler von Einzelobjekten gegenseitig ausgleichen[358] oder daß Fehler durch andere gegenläufige Fak-

---

[354] Vgl. Lachnit, L., Globalabstimmung und Verprobung, Sp. 719 f.; v. Wysocki, K., Prüfungswesen, S. 162 f.

[355] Vgl. Gärtner, M., DB 1994, S. 951. Zur Einordnung und Bezeichnung verschiedener Verfahren vgl. Gärtner, M., Analytische Prüfungshandlungen, S. 7 - 14; Müller, C./Kropp, M., DB 1992, S. 151 f.

[356] Zum Begriff vgl. IDW, WP-Handbuch Bd. I 1996, Abschn. P, Tz 76; Müller, C./Kropp, M., DB 1992, S. 150.

[357] Vgl. Kap. 2.1 auf S. 31.

[358] Vgl. Reckel, G., Kontrollsysteme, S. 139; van Belkum, J. W./van't Klooster, A. J., Kontrolle und Revision, S. 51.

toren kompensiert und dadurch verdeckt werden[359]. Ein positives Urteil über den Zustand eines komplexen Überwachungsobjektes erlaubt deshalb keine eindeutigen (sicheren) Rückschlüsse auf den Zustand der einzelnen, dem komplexen Überwachungsobjekt zugrundeliegenden elementaren Überwachungsobjekte.[360] Dennoch erfolgt in Form der Freigabe der Objektgruppe eine Übertragung des positiven Urteils über das komplexe Überwachungsobjekt auf die gruppenzugehörigen Einzelobjekte, so daß die im Rahmen einer Gruppe freigegebenen Einzelobjekte nicht anders behandelt werden, als ob über ihren Zustand ein positives Einzelurteil abgegeben worden wäre. Wegen fehlender Eindeutigkeit des Rückschlusses vom Zustand des komplexen Überwachungsobjektes auf den Zustand der gruppenzugehörigen Einzelobjekte werden hinsichtlich der Einzelobjekte aggregationsbedingte Fehlurteile möglich, die bei Urteilen über elementare Überwachungsobjekte ausgeschlossen sind.[361] Die Wahrscheinlichkeit für derartige Fehlurteile hängt von der Gruppengröße und der Wahrscheinlichkeit für das Auftreten einander ausgleichender Fehler[362] bzw. der Wahrscheinlichkeit für das Auftreten gegenläufiger Fak-

---

[359] Hanisch, H./Kempf, D., Revision und Kontrolle, S. 291; IDW, WP-Handbuch Bd. I 1996, Abschn. P, Tz 274. Gegenläufige Faktoren sind vor allem Veränderungen in der Geschäftspolitik wie z.b. die Erweiterung des Produktsortiments oder Änderungen in der Absatzpolitik (Preise, Kreditlimite etc.). Zu Beispielen vgl. Gauntt, J. E./Glezen, G. W., Internal Auditor, February 1997, S. 58. Solche Faktoren können nicht nur fehlerkompensierend wirken, sondern auch zu wirtschaftlich begründeten Abweichungen zwischen Überwachungs- und Vergleichsobjekt führen. Darüber hinaus kann auch eine fehlerhafte Durchführung der Aggregation oder eine Verletzung der vorgegebenen Abgrenzungsregeln die Kompensation von Fehlern bewirken und auf diese Weise deren Aufdeckung verhindern. Im Rahmen der vorläufigen Beurteilung des IKS werden solche Durchführungsfehler nicht berücksichtigt.

[360] Vgl. Schuppenhauer, R., WPg 1996, S. 693.

[361] Im Ergebnis ist diese Aussage mit der Zurechnung unterschiedlicher maximaler Sicherheitsbeiträge zu den bei der Jahresabschlußprüfung angewendeten unterschiedlichen Prüfungsverfahren vergleichbar. Die Beweiskraft analytischer Prüfungshandlungen wird geringer eingeschätzt als die Beweiskraft von detaillierten Prüfungshandlungen, so daß mit globalen Prüfungsverfahren nur ein geringerer maximaler Sicherheitsbeitrag als mit detaillierten Prüfungshandlungen erzielbar ist. Vgl. z.B. Stibi, E., Prüfungsrisikomodell, S. 180 f. Quick bezeichnet Einzelfallprüfungen "wegen ihrer Art" als wirksamer bei der Fehleridentifikation. Vgl. Quick, R., Risiken, S. 59.

[362] Vgl. Reckel, G., Kontrollsysteme, S. 140 f.; van Belkum, J. W./van't Klooster, A. J., Kontrolle und Revision, S. 51.

toren[363] ab. Die Wahrscheinlichkeit der Freigabe tatsächlich fehlerbehafteter Einzelobjekte als Elemente einer als fehlerfrei beurteilten Objektgruppe wächst mit zunehmendem Aggregationsgrad[364], weil sich die Möglichkeiten für einen Fehlerausgleich innerhalb der Objektgruppe mit der Gruppengröße erweitern[365]. Die Grenze zwischen "unbefriedigend" und "befriedigend und besser" zu bewertenden Ausprägungungen ist bei einem Aggregationsgrad zu ziehen, bei dem unter Berücksichtigung der Wahrscheinlichkeit für das Auftreten einander ausgleichender Fehler bzw. für das Auftreten fehlerkompensierender Faktoren zutreffende Urteile über die gruppenzugehörigen Einzelobjekte unwahrscheinlich oder gänzlich unmöglich werden. Überwachungsverfahren sind unter diesen Bedingungen als unwirksam einzustufen, da mit einer Aufdeckung wesentlicher Fehler nicht zu rechnen ist.[366] Die Wahrscheinlichkeit für eine Fehlerkompensation wird bestimmt durch die Fehlerart und den Umfang der möglichen Falschausprägungen des beurteilten Merkmals. Bei zufälligen Fehlern verringert sich mit steigender Zahl der möglichen falschen Ausprägungen des beurteilten Merkmals die Wahrscheinlichkeit eines Fehlerausgleichs.[367] Die Wahrscheinlichkeit für einen Fehlerausgleich wird ferner durch die Wahl der Abgrenzungskriterien für die Gruppenbildung beeinflußt. Auf der Grundlage dieser Zusammenhänge ergibt sich für die

---

[363] Vgl. Dörner, D., Risikoorientierte Abschlußprüfung, S. 346; IDW, WP-Handbuch Bd. I 1996, Abschn. P, Tz 274.

[364] Vgl. Zaeh, P. E., Entscheidungsunterstützung, S. 230 Fn 360, der von einem wachsenden Risiko der Nichtidentifikation von Fehlern mit steigendem Aggregationsgrad der bei analytischen Prüfungshandlungen herangezogenen Daten ausgeht.

[365] Vgl. IDW, WP-Handbuch Bd. I 1996, Abschn. P, Tz 274.

[366] Vgl. Stibi, E., Prüfungsrisikomodell, S. 162, die die Anwendbarkeit analytischer Prüfungshandlungen neben dem allgemeinen Fehlerrisiko von der Beschaffenheit der möglichen Fehler abhängig macht. Nach Quick ist es nicht ungewöhnlich, daß Abschlußprüfer kein Vertrauen in die Fähigkeit analytischer Prüfungshandlungen zur Fehleridentifikation haben und deshalb im Prüfungsrisikomodell das Analytische Risiko mit 100 % einschätzen. Vgl. Quick, R., Risiken, S. 58. Allerdings wird mit dem Aggregationsgrad nur ein Teilaspekt des Analytischen Risikos erfaßt.

[367] Vgl. Schuppert, A., Routinetätigkeiten, S. 32. Entsprechend wertet Meyer zu Lösebeck die Wahrscheinlichkeit des zufälligen Fehlerausgleichs für den Saldo einer abgegrenzten Menge von Debitorenkonten als gering. Vgl. Meyer zu Lösebeck, H., Unterschlagungsverhütung, S. 316.

Ausprägungen des Kriteriums eine Rangordnung nach abnehmendem Aggregationsgrad, in der Überwachungsobjekte mit einem Aggregationsgrad von Null den obersten Rang einnehmen.[368]

Die Bildung der Ausprägungsklassen von Aggregationsgraden mit übereinstimmenden Nutzenwerten kann sich an den Abgrenzungskriterien für die Bildung der Objektgruppen orientieren. Die Bildung der Objektgruppen folgt meist einer "natürlichen" Systematik, bei der nach sachlichen und zeitlichen Merkmalen der Einzelobjekte abgegrenzt wird[369]. Denkbar ist auch die Vorgabe einer bestimmten Gruppengröße in Verbindung mit einer zufälligen Auswahl der Einzelobjekte.[370] Werden Einzelobjekte zeitraumbezogen abgegrenzt, entscheidet der Realisationszeitpunkt des Einzelobjekts über die Zugehörigkeit zu einer bestimmten Objektgruppe. Nach dem abgrenzungsrelevanten Zeitraum werden z.B. die innerhalb eines Tages, Monats oder Jahres realisierten Einzelobjekte zu einer Gruppe zusammengefaßt. Unter Bezugnahme auf den überwachten Rechnungslegungsvorgang bilden dann z.B. die innerhalb eines Monats gebuchten Forderungen eine Gruppe. Bei einer im Zeitablauf gleichbleibenden Realisationsfrequenz ist die Länge des Abgrenzungszeitraumes für die Gruppengröße und damit für den Aggregationsgrad ausschlagge-

---

[368] Im Ergebnis entspricht diese Wertung der Aggregationsgrade von Überwachungsobjekten Aussagen über die Präzisionsgrade der im Rahmen analytischer Prüfungshandlungen zu entwickelnden Vergleichsobjekte. Analytische Prüfungshandlungen, die Vergleichsobjekte geringeren Aggregationsgrades verwenden, werden als "effektiver" eingeschätzt. Unter Effektivität wird dabei die Wahrscheinlichkeit verstanden, daß festgestellte Abweichungen tatsächlich Fehler bedeuten bzw. Übereinstimmungen die Fehlerfreiheit der Prüfungsobjekte anzeigen und das Urteil des Abschlußprüfers mit dem tatsächlichen Zustand des Prüfungsobjektes übereinstimmt. Vgl. Blocher, E./Patterson, G. F., JoA, February 1996, S. 55; Gärtner, M., Analytische Prüfungshandlungen, S. 77 f. Die Übertragung dieser Zusammenhänge auf Überwachungsobjekte ist wegen der für die Vergleichsfähigkeit von Objekten erforderlichen strukturellen Ähnlichkeit zwischen Überwachungs- und Vergleichsobjekten gerechtfertigt. Zu den Anforderungen an die Vergleichsfähigkeit vgl. v. Wysocki, K., Prüfungswesen, S. 123 und zur Struktur der Prüfungsobjekte bei analytischen Prüfungshandlungen vgl. z.B. IDW, WP-Handbuch Bd. I 1996, Abschn. P, Tz 257; Stibi, E., Prüfungsrisikomodell, S. 167.

[369] Vgl. Blocher, E./Patterson, G., JoA, February 1996, S. 55; Blum, E., Kontrolle, S. 237; Leffson, U., Wirtschaftsprüfung, S. 169.

[370] Vgl. Meyer zu Lösebeck, H., Unterschlagungsverhütung, S. 317.

bend. Objektgruppen auf Tagesbasis weisen deshalb einen geringeren Aggregationsgrad als Objektgruppen auf Monatsbasis auf. Sachliche Merkmale können eine zeitraumbezogene Abgrenzung ergänzen und die Gruppengröße verringern. Beispielsweise ist für die innerhalb eines Monats gebuchten Forderungen eine Gruppierung nach einzelnen Debitoren (Merkmal: Debitorenkontonummer), eine Einteilung der Debitoren nach geographischem Bezug (z.b. Inland und Ausland) oder die Erfassung von jeweil 50 % der Debitorenkonten in einer Gruppe nach zufälliger Auswahl denkbar. Auf der Grundlage möglicher Objektgruppenabgrenzungen lassen sich Klassen von Aggregationsgraden durch die Angabe von zeitraumbezogenen Ober- und Untergrenzen unter Berücksichtigung sachlicher Aspekte formulieren. Sachlichen Abgrenzungskriterien kann in Abhängigkeit vom Überwachungssachziel die Funktion einer Nebenbedingung zukommen. Werden die innerhalb eines Monats gebuchten Forderungen zu einer Gruppe zusammengefaßt, besteht z.b. keine Möglichkeit, die durch das Buchen einer Forderung auf einem falschen Debitorenkonto (Vertauschen der Debitorenkontonummer) entstehende Verletzung der materiellen Richtigkeit aufzudecken. Für diese Fehlerart kann als Nebenbedingung eine minimale sachliche Differenzierung der Debitorenkonten von 50 % gefordert werden. Auf diese Weise besteht auch für eine in zeitlicher Hinsicht das gesamte Geschäftsjahr umfassende Gruppe die Möglichkeit, Vertauschungen von Debitorenkontonummern unterschiedlicher Gruppenzugehörigkeit aufzudecken. Für die Identifikation von Vollständigkeitsfehlern ist dagegen eine sachliche Abgrenzung nicht erforderlich.

Aus der präferenzerhaltenden Abbildung der aus der Kombination von zeitlichen und sachlichen Abgrenzungskriterien gewonnenen Ausprägungsklassen des Aggregationsgrades komplexer Überwachungsobjekte sowie des Aggregationsgrades von Null bei elementaren Überwachungsobjekten auf die natürlichen Zahlen [0, 2, 4, 6, 8, 10] entsteht die Nutzenfunktion des Zielkriteriums. Für das Sachziel der Identifikation von Verletzungen der materiellen Richtigkeit in Form von Vertauschungen der Debitorenkontonummer bei der Einbuchung von Debitorenforderungen

(Journalisierungsvorgang innerhalb des Verkaufs-Rechnungslegungsprozesses) könnte die Nutzenfunktion des Zielkriteriums "Aggregationsgrad der Überwachungsobjekte" z.B. das in Tabelle 8 wiedergegebene Aussehen haben.

Die Nutzenfunktion veranschaulicht, wie sich der Inhalt der durch zeitraumbezogene Ober- und Untergrenzen beschriebenen Ausprägungsklassen des Aggregationsgrades komplexer Überwachungsobjekte verändert, wenn die sachliche Abgrenzung variiert (minimal/maximal), und welche Aggregationsgrade nach den zugrundeliegenden Präferenzen als gleichwertig angesehen werden.

Überwachungsverfahren im Unternehmens-Soll-IKS, bei denen sich die Fehleridentifikation an komplexen Überwachungsobjekten vollzieht, gelten hinsichtlich des Kriteriums "Aggregationsgrad der Überwachungsobjekte" als wirksam, wenn die vorgegebenen Regeln zur Bildung der Objektgruppen eine minimale sachliche Differenzierung von z.B. 50 % der Debitorenkonten vorsehen und die Testperiode als zeitliche Abgrenzung ein Quartal nicht überschreitet. Gestatten die Regeln ein Quartal deutlich übersteigende Gruppenabgrenzungen von z.B. der halben oder gesamten Abrechnungsperiode, sind bei minimaler sachlicher Abgrenzung die resultierenden Ausprägungen des Aggregationsgrades der komplexen Überwachungsobjekte "unbefriedigend". Zum gleichen Urteil kommt der Prüfer, wenn das Merkmal der minimalen sachlichen Abgrenzung nicht erfüllt wird, weil eine sachliche Abgrenzung gänzlich fehlt oder die Abgrenzungsregeln zu einer deutlich ungleichen Aufteilung der Debitorenkonten führen, wie es z.B. bei einer Differenzierung nach Inlands- und Auslandskunden der Fall sein kann, wenn der Anteil der Auslandskunden sehr gering ist.

Aggregationsgrad der Überwachungsobjekte			
Ausprägungsklassen ($k._{FIIK1e}$)	Klasseninhalt bei minimaler sachlicher Differenzierung	Klasseninhalt bei maximaler sachlicher Differenzierung	Nutzenwert ($n._{FIIK1e}$)
Elementare Überwachungsobjekte			
$k._{FIIK16}$	Null	Null	10
Komplexe Überwachungsobjekte			
$k._{FIIK15}$	> Null bis 1 Tag	> Null bis 2 Monate	8
$k._{FIIK14}$	> 1 Tag bis 1 Woche	> 2 Monate bis halbe Abrechnungsperiode	6
$k._{FIIK13}$	> 1 Woche bis 1 Monat	gesamte Abrechnungsperiode	4
$k._{FIIK12}$	>1 Monat bis 1 Quartal	-	2
$k._{FIIK11}$	sachliche Abgrenzung fehlt oder führt zu einer deutlich ungleichen Verteilung der Debitorenkonten oder zeitliche Abgrenzung reicht bei minimaler sachlicher Differenzierung deutlich über die Drei-Monats-Grenze hinaus		0

Tabelle 8: *Beispiel für eine Nutzenfunktion des Kriteriums "Aggregationsgrad der Überwachungsobjekte"*

Sehen die Regeln zur Bildung der Objektgruppen vor, daß jedes Debitorenkonto gesondert zu erfassen ist (maximale sachliche Differenzierung), ergeben sich "befriedigende" Ausprägungen des Aggregationsgrades auch dann, wenn bei der Gruppenbildung die Testperiode das gesamte Geschäftsjahr umfaßt.

Als jeweils gleichwertig werden nach der vorliegenden Nutzenfunktion sämtliche Aggregationsgrade erachtet, die sich bei gegebener sachlicher Differenzierung aufgrund der zeitraumbezogenen Grenzen einer Ausprägungsklasse ergeben. Unter Berücksichtigung der Hälfte der Debitorenkonten werden z.B. Aggregationsgrade, die aus Testperioden von mehr als einer bis maximal vier Wochen resultieren, als gleichwertig eingestuft (Ausprägungsklasse k_{FIIK13}). Unter der Annahme von z.B. durchschnittlich 100 Buchungen je Arbeitstag und gleichmäßiger Verteilung auf 50 Debitorenkonten, ergeben sich 2 Buchungen je Arbeitstag und Konto. Bei Testperioden, die sich auf mindestens 6 und maximal 20 Arbeitstage erstrecken, entstehen in diesem Fall Objektgruppen, die zwischen 300 (6 Tage • 2 Buchungen je Tag und Konto • 25 Konten je Gruppe) und 1000 Einzelobjekte (20 Tage • 2 Buchungen je Tag und Konto • 25 Konten je Gruppe) beinhalten. Die sich daraus ergebenden Aggregationsgrade der Überwachungsobjekte gelten im Hinblick auf die Wahrscheinlichkeit der Fehleridentifikation als gleichwertig.

Bei unterschiedlicher sachlicher Differenzierung werden Klassen von Aggregationsgraden, die sich aus übereinstimmenden zeitlichen Abgrenzungsregeln ergeben, unterschiedlich bewertet. Die Testperiode muß bei minimaler sachlicher Differenzierung deshalb einen kürzeren Zeitraum umfassen als bei maximaler sachlicher Differenzierung, damit die resultierenden Aggregationsgrade für den Abschlußprüfer den gleichen Nutzenwert repräsentieren.

In der Ausprägungsklasse k_{FIIK13} darf bei einzelkontenbezogener Gruppenbildung die Testperiode das gesamte Geschäftsjahr (ca. 240 Arbeitstage) umfassen, während sie bei minimaler sachlicher Differenzierung auf 20 Arbeitstage beschränkt ist. Entsprechend der Realisationsfrequenz von 2 Buchungen je Arbeitstag und Konto ergibt sich bezogen auf die 50 einzelnen Debitorenkonten eine Gruppengröße von 480 (240 Tage • 2 Buchungen je Tag und Konto • 1 Konto je Gruppe). Da in zeitlicher Hinsicht das Geschäftsjahr die längste Testperiode bildet, können bei maximaler sachlicher Differenzierung für die hier unterstellten Bedingungen keine höheren Aggregationsgrade auftreten. Bei einzelkontenbezogener Gruppenbildung fehlt daher die Ausprägungsklasse $k_{.FIIK12}$, der die Aggregationsgrade zugerechnet werden, die sich bei minimaler sachlicher Differenzierung aus Gruppengrößen von 1050 bis 3000 Einzelobjekten ergeben.

3.2.1.2 Zuverlässigkeitsgrad der Vergleichsobjekte

3.2.1.2.1 Vergleichsobjektkategorien

Im Rahmen des Zielkriteriums "Zuverlässigkeitsgrad der Vergleichsobjekte" werden die Überwachungsregeln erfaßt, die der Spezifikation der zur Aufdeckung von Fehlern eingesetzten Vergleichsobjekte zuzurechnen sind.

Die Zuverlässigkeit der Vergleichsobjekte beeinflußt die Wahrscheinlichkeit, mit der das Urteil des Überwachungsträgers mit dem tatsächlichen Zustand des Überwachungsobjektes übereinstimmt. Da eine Identifikation von Fehlern nur dann erfolgt, wenn tatsächlich fehlerhafte Überwachungsobjekte bei der Durchführung der Überwachung auch als solche erkannt werden, hat die Zuverlässigkeit der Vergleichsobjekte Auswirkungen auf den Umfang, in dem das Fehleridentifikationsziel erreicht wird. Die Zuverlässigkeit ist dabei als Wahrscheinlichkeit für die Fehlerfreiheit der Vergleichsobjekte zu verstehen. Sie ist als subjektive Wahrscheinlichkeit Ausdruck für den "Grad der Gewißheit"[371] des Abschlußprüfers, daß die Vergleichsobjekte fehlerfrei sind.

Die Erscheinungsformen der in der Praxis eingesetzten Vergleichsobjekte sind außerordentlich vielfältig. Sie werden in hohem Maße durch den Automatisierungs- und Integrationsgrad der im Unternehmen eingesetzten

---

[371] Zur Definition subjektiver Wahrscheinlichkeiten als Maß für den "Grad der Gewißheit" vgl. Krelle, W./Coenen, D., Entscheidungstheorie, S. 198 ff.

Informationssysteme beeinflußt.[372] Vergleichsobjekte können in verschiedene Kategorien eingeteilt werden. Die Kategorie der Vergleichsobjekte entscheidet über die Kriterien zur Beurteilung der Zuverlässigkeit und determiniert darüber hinaus die Sicherheit, mit der der Abschlußprüfer die Zuverlässigkeit beurteilen kann.

Als Unterscheidungsmerkmale von Vergleichsobjekten können ihr Geltungsbereich und der Grad ihrer Verbindlichkeit für die Merkmalsausprägungen der Überwachungsobjekte herangezogen werden. Nach dem Kriterium der Verbindlichkeit wird zwischen Soll-Vergleichsobjekten und Ist-Vergleichsobjekten differenziert. (Abbildung 19). Da Überwachungsobjekte in der Literatur häufig "Ist-Objekte" genannt werden, sind für die

---

[372] So verlangt bzw. ermöglicht die dialoggestützte Echtzeitverarbeitung von Daten unter Verwendung eines Datenbanksystems (DBS) als maschinellem Aufgabenträger andere Formen von Vergleichsobjekten als eine Stapel(Batch)verarbeitung. Bei der Eingabe von Daten im Dialog entfällt die Bildung physischer Belegstapel, die zur Bildung von Kontrollsummen für die Sicherstellung der Vollständigkeit der Eingabe herangezogen werden können. Vgl. Zillessen, W., Systemprüfung, S. 321. Erfolgt die Verarbeitung der Daten im Batch-Betrieb, können zu Vergleichszwecken zumindest logische Belegpakete gebildet werden. Vgl. Schuppenhauer, R., GoDV, Abschn. A, Tz 349; Zillessen, W., Systemprüfung, S. 289 Fn 101. Bei Dialogeingabe und Echtzeitverarbeitung entfällt auch diese Möglichkeit zur Überwachung der Vollständigkeit. Vgl. Carmichael, D. R./Willingham, J. J., Concepts and Methods, S. 307 f.; Zillessen, W., Systemprüfung, S. 289. Einen Überblick zu den veränderten Anforderungen bzw. Möglichkeiten der Überwachung bei unterschiedlichen Buchführungskonzepten gibt Fischer, T., Gestaltung, S. 140 ff. Zusammenfassende Darstellungen zu DV-Buchführungssystemem bzw. zu besonderen Formen der DV-Buchführung (Stand 1987/88) finden sich bei Fröhlich, M., Finanzbuchführung, S. 69 ff; Minz, R., Jahresabschlußprüfung. S. 5 - 25; Sieben, G./Duck, K./Minz, R./Swart, C., Dialog-Buchführungssysteme, S. 47 - 71; Swart, Ch., Systemprüfung, S. 29 - 35, 99 - 150. Bei der Verwendung von DBS ergeben sich Realisierungsunterscheide aus dem vom jeweiligen System unterstützten Datenmodell. Vgl. Hanisch, H., Jahresabschlußprüfung, S. 178, der deshalb auf Beispiele verzichtet. Einen guten Eindruck über die Vielfalt der Realisierungsformen von Vergleichsobjekten bei unterschiedlichen Datenbanksystemen vermittelt Reuter, A., Integritätsbedingungen, S. 384 - 395. Bei DBS haben (Soll-) Vergleichsobjekte die Form von "semantischen Integritätsbedingungen" und die zugehörigen Überwachungsmaßnahmen werden als Integritätskontrollen bezeichnet. Vgl. Zillessen, W., Systemprüfung, S. 286.

entsprechenden Vergleichshandlungen zur Fehleridentifikation die Bezeichnungen "Ist-Ist-Vergleich" und "Soll-Ist-Vergleich" üblich.[373]

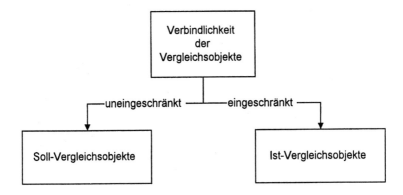

Abbildung 19: *Vergleichsobjektkategorien nach dem Kriterium Verbindlichkeit*

Mit der Festlegung von Soll-Vergleichsobjekten wird der unternehmensindividuell als fehlerfrei geltende Zustand der Überwachungsobjekte definiert,[374] indem diese durch eine Willenserklärung zur Norm für das Überwachungsobjekt erhoben werden.[375] Die Erhebung zur Norm hat zur Folge, daß die Merkmalsausprägungen des Vergleichsobjektes verbindlich für das Überwachungsobjekt sind. Anhand eines Soll-Vergleichsobjektes festgestellte Abweichungen werden daher stets dem Überwachungsobjekt als Fehler zugerechnet,[376] obwohl auch ein Soll-Vergleichsobjekt fehlerhaft sein kann[377].

Sind die Merkmalsausprägungen des Vergleichsobjektes nicht uneingeschränkt verbindlich für das Überwachungsobjekt, handelt es sich um ein

---

[373] Vgl. Schuppert, A., Routinetätigkeiten, S. 12.

[374] Vgl. Meyer zu Lösebeck, H., Unterschlagungsverhütung, S. 106.

[375] Vgl. Sanders, M., Quantitative Analyse, S. 26 f.

[376] Vgl. Baetge, J., Überwachung, S. 180; Sanders, M., Quantitative Analyse, S. 26; Schuppert, A., Routinetätigkeiten, S. 12.

[377] Vgl. Baetge, J./Schuppert, A., ZfB 1991, S. 1048; Blum, E., Kontrolle, S. 235; Davis, G. B./Adams, D. L./Schaller, C. A., Auditing & EDP, S. 158; Sanders, M., Quantitative Analyse, S. 26; Schuppert, A., Routinetätigkeiten, S. 92.

Ist-Vergleichsobjekt.[378] Die Relativierung des Verbindlichkeitsgrades für die Merkmalsausprägungen des Überwachungsobjektes, durch die sich Ist-Vergleichsobjekte von Soll-Vergleichsobjekten unterscheiden, ist mit einer Einschränkung der Aussagekraft der mit Ist-Vergleichsobjekten gewonnenen Überwachungsurteile verbunden. Sie kommt dadurch zum Ausdruck, daß festgestellte Abweichungen keinem der am Vergleich beteiligten Objekte unmittelbar als Fehler zugerechnet werden können[379] und nicht in allen Fällen eine Abweichung auch zweifelsfrei das Vorliegen eines Fehlers anzeigt.[380] Abweichungen sind lediglich als Fehlerhinweis zu interpretieren, denn sie können durch die Geschäftsentwicklung bedingt und insoweit wirtschaftlich begründet sein.

Nach dem Geltungsbereich der Vergleichsobjekte lassen sich generelle und individuelle Vergleichsobjekte unterscheiden (Abbildung 20). Generelle Vergleichsobjekte beschreiben den aus Unternehmenssicht fehlerfreien Zustand für eine abgrenzbare Menge gleichartiger, meist elementarer Überwachungsobjekte (Objektklasse) und können deshalb zur Beurteilung aller in ihren Gültigkeitsbereich fallenden Objekte eingesetzt werden.[381] Generelle Vergleichsobjekte werden grundsätzlich mit ihren Merkmalen und Merkmalsausprägungen bei der Konzeption des Überwa-

---

[378] Vgl. Schuppert, A., Routinetätigkeiten, S. 29. Auf die Relativierung der Verbindlichkeit von Vergleichsobjekten für die Merkmalsausprägungen von Überwachungsobjekten weist auch v. Wysocki hin. Er bezeichnet jedoch auch Vergleichsobjekte mit eingeschränkter Verbindlichkeit als Soll-Vergleichsobjekte. Vgl. v. Wysocki, Prüfungswesen, S. 125.

[379] Vgl. Baetge, J., Überwachung, S. 180; Schuppert, A., Routinetätigkeiten, S. 31.

[380] Eine Abweichung läßt nur dann die eindeutige Schlußfolgerung zu, daß mindestens eines der beteiligten Objekte einen Fehler aufweist, wenn beide Objekte nur zwei Merkmalsausprägungen annehmen können, von denen eine richtig und die andere falsch ist. Vgl. Schuppert, A., Routinetätigkeiten, S. 31.

[381] Vgl. Schuppert, A., Routinetätigkeiten, S. 21.

chungsverfahrens festgelegt[382] und damit für die Durchführung der Überwachung vorgegeben.[383] Das Vergleichsobjekt wird auf diese Weise selbst zu einem festen Bestandteil der Überwachungsregeln.

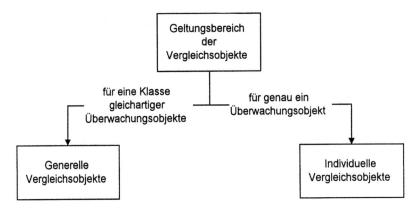

Abbildung 20: Unterscheidung von Vergleichsobjekten nach dem Kriterium Geltungsbereich

Unterscheiden sich die Überwachungsobjekte in den Ausprägungen der zu beurteilenden Merkmale, ist jedem Überwachungsobjekt ein anderes, individuelles Vergleichsobjekt gegenüberzustellen.[384] Wegen ihres eingeschränkten Geltungsbereiches können bei der Konzeption des Überwachungsverfahrens zwar die beurteilungsrelevanten Merkmale der indivi-

---

[382] Diese Festlegung kann auch durch den Verweis auf oder die Entscheidung für ein anderes Objekt erfolgen. Vgl. Schuppert, A. Routinetätigkeiten, S. 21. So können z.B. Arbeitsanweisungen, die für die Durchführung eines Rechnungslegungsvorgangs erstellt werden, durch eine Wahlentscheidung bei der Planung des Überwachungsverfahrens zum Soll-Vergleichsobjekt erhoben werden. Die Festlegung der Soll-Vergleichsobjekte bedeutet nicht, daß diese im Zeitablauf keinen Veränderungen unterliegen. Veränderungen können z.b. durch eine dispositionsorientierte Überwachung (vgl. Göbel, R., Auswahlverfahren, S. 10; Schuppert, A., Routinetätigkeiten, S. 23) induziert sein.

[383] Wegen der personellen Trennung von Vergleichsobjekterstellung und Fehleridentifikation schließt die Festlegung von Merkmalen und Merkmalsausprägungen die Dokumentation der Vergleichsobjekte ein, denn für die Durchführung der Fehleridentifikation müssen dem Überwachungsträger die Vergleichsobjekte bekannt gemacht werden.

[384] Vgl. Schuppert, A., Routinetätigkeiten, S. 24.

duellen Vergleichsobjekte, nicht aber ihre Merkmalsausprägungen festgelegt werden. Für individuelle Vergleichsobjekte muß das Überwachungsverfahren deshalb ergänzend zu den Merkmalen die Regeln zur Ermittlung der Merkmalsausprägungen vorgeben. Die Vorgehensweisen bei der Ermittlung der Merkmalsausprägungen sind außerordentlich vielfältig und weisen unterschiedliche Komplexitätsgrade auf. Sie können in einem Nachvollziehen des überwachten Rechnungslegungsvorgangs bestehen oder auf die Feststellung von Merkmalsausprägungen beschränkt sein und von einfachen Berechnungen bis hin zu komplexen mathematisch-statistischen Verfahren reichen.

Ausgehend von der Unterscheidung in Soll-Vergleichsobjekte und Ist-Vergleichsobjekte, gestattet der Geltungsbereich der Vergleichsobjekte ergänzend eine Differenzierung zwischen generellen und individuellen Vergleichsobjekten, so daß mit generellen und individuellen Soll-Vergleichsobjekten einerseits und generellen und individuellen Ist-Vergleichsobjekten andererseits,[385] vier Kategorien von Vergleichsobjekten unterschieden werden können (Abbildung 21).

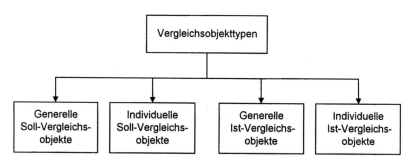

Abbildung 21: *Vergleichsobjekttypen nach den Kriterien Verbindlichkeit und Geltungsbereich*

---

[385] Soweit in der Literatur eine Unterscheidung zwischen generellen und individuellen Vergleichsobjekten getroffen wird, bezieht sich diese lediglich auf Soll-Vergleichsobjekte. Vgl. Baetge, J., Überwachung, S. 188; Schuppert, A., Routinetätigkeiten, S. 21; v. Wysocki, K., Prüfungswesen, S. 123 f.

Generelle Soll-Vergleichsobjekte sind insbesondere Arbeits- und Dienstanweisungen für personelle Aufgabenträger (z.B. Bilanzierungsanweisungen, Bewertungs- und Kontierungsrichtlinien, Kontenplan) und inhaltlich entsprechende Vorgaben für maschinelle Aufgabenträger[386], mit denen allgemein verbindliche Rechnungslegungsnormen der unternehmensspezifischen Situation angepaßt und die in Form von Wahlrechten und Ermessensspielräumen bei der Rechnungslegung bestehenden Freiheitsgrade unternehmensindividuell ausgefüllt werden. Bei der Sicherstellung der **formellen Richtigkeit** ist z.B. der im Unternehmen verwendete Kontenplan ein generelles Soll-Vergleichsobjekt, das für sämtliche Überwachungsobjekte, die das Merkmal Konto bzw. Gegenkonto aufweisen, die zulässigen Merkmalsausprägungen in Form der Kontonummern enumerativ beschreibt.[387] Zur formellen Richtigkeit gehört auch die Einhaltung der Notationsregel, daß von der Buchung auf den Beleg und umgekehrt zu verweisen ist.[388] Bei Überwachungsobjekten der Klasse Buchung muß als Belegverweis deshalb das Merkmal "Belegnummer" ausgeprägt sein, so daß in diesem Fall bereits das Vorhandensein einer Merkmalsausprägung als Soll gilt.[389]

Mit Kontierungsrichtlinien als generellem Soll-Vergleichsobjekt soll durch eine der Wirklichkeit entsprechenden Sachbeschreibung die **materielle**

---

[386] Die automatisierte bzw. teilautomatisierte Überwachung des Rechnungslegungsprozesses einschließlich der dazu verwendeten Vergleichsobjekte bei der Prüfung des Internen Kontrollsystems mit Hinweis auf eine EDV-Systemprüfung auszublenden, würde nicht den Gegebenheiten der Praxis entsprechen. Nachdrücklich Wanik, O., Internes Kontrollsystem, Sp. 900. Zur wachsenden Bedeutung (teil-) automatisierter Überwachung vgl. auch Zepf, G., Buchführungssysteme, in HdJ Abt. I/3, Tz 47.

[387] Das Soll-Vergleichsobjekt kann auch in Form einer Kontenstammdatei vorliegen. Vgl. Fröhlich, M., Finanzbuchführung, S. 106.

[388] Vgl. Leffson, U., GoB, S. 170.

[389] In der Literatur werden Vergleichshandlungen, die sich auf das Vorhandensein einer Merkmalsausprägung beziehen, als Existenzkontrollen bezeichnet. Vgl. Fröhlich, M., Finanzbuchführung, S. 106; Schuppenhauer, R., GoDV, Abschn. A, Tz 334. Gilt das Vorhandensein bei einer Reihe von Merkmalen als Soll, wird der Vergleich "Vollständigkeitskontrolle" genannt. Vgl. Horvath, P./Schäfer, H., Datenverarbeitung, S. 87; Meyer zu Lösebeck, H., Unterschlagungsverhütung, S. 155.

Richtigkeit der Abbildungsvorgänge sichergestellt werden. Die Kontierungsrichtlinien beschreiben die zulässigen Kombinationen von Geschäftsvorfallklassen und Konten bzw. Konten und Kostenstellen,[390] wobei die Zuordnung eines Geschäftsvorfalls zu einer Kategorie durch das Merkmal "Belegart" erfaßt wird. Der sachlogische bzw. buchhalterische Zusammenhang zwischen der Belegart "Ausgangsrechnung" und der Abbildung im Rechnungswesen auf den Debitoren- und Umsatzkonten (einschl. Umsatzsteuer) erlaubt es, daß bei der Kontierung einer Ausgangsrechnung bzw. beim Einbuchen von Kundenforderungen die zulässigen Ausprägungen des Merkmals "Sollkonto" auf die im Kontenplan definierten Debitorenkontonummern und die zulässigen Ausprägungen des Merkmals "Habenkonto" auf die im Kontenplan festgelegten Umsatzkonten beschränkt werden.[391]

Ähnlich strukturierte generelle Soll-Vergleichsobjekte können z.B. bei der Sicherstellung der **Vollständigkeit** des Rechnungslegungsvorgangs "Übernahme der Debitorenbuchung in das Hauptbuch" verwendet werden. Wird beispielsweise bei Buchungen in Nebenbüchern das Hauptbuch automatisch anhand eines Mitbuchkontos oder Abstimmkontos (Sachkonto im Hauptbuch) fortgeschrieben,[392] muß bei den Überwachungsobjekten das Merkmal "Mitbuchkonto" ausgeprägt sein. Buchungen, die dieses Merkmal nicht aufweisen, können nicht automatisch im Hauptbuch mitgebucht werden.[393] Das generelle Soll-Vergleichsobjekt kann in diesem Fall das Vorhandensein eines (beliebigen) Hauptbuchkontos sein oder in den Konten bestimmter Kontenklassen wie z.B. Inlandsforderungen, Aus-

---

[390] Das Soll-Vergleichsobjekt kann in Form einer "Prüftabelle" auftreten. Vgl. Thomas, A., WI 1994, S. 221.

[391] Für SAP R/3 vgl. Jäger, M./Oswald, P./Hohwieler, M./Steinhauser, R, Finanzbuchhaltung, S. 149. In der Literatur werden die zugehörigen Vergleichshandlungen als Kombinationskontrollen bezeichnet. Vgl. Fröhlich, M., Finanzbuchführung, S. 107 und zu weiteren Beispielen Schuppenhauer, R., GoDV, Abschn. A, Tz 334; Thomas, A., WPg 1994, S. 139 sowie v. zur Mühlen, R. A. H., Computer-Kriminalität, S. 147 hinsichtlich bewußter Fehler.

[392] Dies ist z.B. bei SAP R/3 der Fall. Vgl. Jäger, M./Oswald, P./Hohwieler, M./ Steinhauser, R, Finanzbuchhaltung, S. 146.

[393] Vgl. Thomas, A., WPg 1994, S. 143.

landsforderungen oder Forderungen gegenüber verbundenen Unternehmen bestehen.[394]

Generelle Soll-Vergleichsobjekte können die zulässigen Merkmalsausprägungen auch in Form einseitiger oder zweiseitiger Begrenzungen beschreiben.[395] Eine zweiseitige Begrenzung ist gegeben, wenn z.b. die Geschäftsführung die Absatzpreise für Erzeugnisse durch Preisober- und -untergrenzen festgelegt hat. Diese Bereiche können bei der Sicherstellung der materiellen Richtigkeit des Fakturierungsvorgangs hinsichtlich der Bepreisung Soll-Vergleichsobjekt sein. Der Sicherstellung der materiellen Richtigkeit bei Bewertungsvorgängen dient ein generelles Soll-Vergleichsobjekt, das die Obergrenze für den Wertansatz von Vermögensgegenständen gem. § 253 Abs. 1 S. 1 HGB mit den Anschaffungs- oder Herstellungskosten festschreibt.[396]

Individuelle Soll-Vergleichsobjekte werden vor allem dann herangezogen, wenn die Fehleridentifikation auf komplexe Überwachungsobjekte gerichtet ist. Daneben stellen sie eine sinnvolle Ergänzung in den Fällen dar, in denen generelle Soll-Vergleichsobjekte nur ein relativ grobes Urteil über den Zustand der Überwachungsobjekte erlauben. Individuelle Soll-

---

[394] Ohne nähere Beschreibung des Soll-Vergleichsobjektes Thomas, A., WPg 1994, S. 143. Eine solche Überwachungshandlung ist insbesondere dann erforderlich, wenn für Debitoren, mit denen nur einmal oder selten Geschäfte gemacht werden kein Debitorenstammsatz wie bei Stammkunden zur Verfügung steht, der eine solche Information enthält. Vgl. zum Aufbau der Debitorenstammdaten und der Behandlung von Einmalkunden bei SAP R/3 Jäger, M./Oswald, P./Hohwieler, M./ Steinhauser, R, Finanzbuchhaltung, S. 138 - 141, 160. Gleiches gilt für Kreditoren. Vgl. Thomas, A., WPg 1994, S. 143.

[395] Vgl. v. Wysocki, K., Prüfungswesen, S. 142.

[396] Ein solches Vergleichsobjekt könnte auch als individuelles Vergleichsobjekt eingeordnet werden, da es sich auf einen bestimmten Vermögensgegenstand bezieht. Die Einordnung als generelles Vergleichsobjekt erscheint jedoch gerechtfertigt, da die Anschaffungs- oder Herstellungskosten des Vermögensgegenstands als Wertobergrenze nach § 253 Abs. 1 Satz 1 HGB für sämtliche Bewertungsprüfungen Gültigkeit besitzt, denen der Vermögensgegenstand für die Dauer seiner Betriebszugehörigkeit unterliegt. Veränderungen ergeben sich nur aufgrund nachträglicher Anschaffungs- oder Herstellungskosten.

Vergleichsobjekte zeichnen sich dadurch aus, daß sie[397] für jede Vergleichshandlung gesondert, gedanklich oder real,[398] erstellt werden müssen. Sie werden häufig in der gleichen Weise hergeleitet, in der auch die Überwachungsobjekte entstehen.[399] Bei der Herleitung eines Soll-Vergleichsobjektes zur Sicherstellung der **materiellen Richtigkeit** des Vorgangs Kundenauftragserfassung ist z.B. wie bei der Durchführung des Vorgangs selbst zu überlegen, wie nach den für den Vorgang geltenden Regeln die vorliegende vertragliche Vereinbarung abzubilden ist. Ein generelles Soll-Vergleichsobjekt in Form der im Kontenplan definierten Debitorenkontonummern repräsentiert für die Sicherstellung der materiellen Richtigkeit der Kontierung von Ausgangsrechnungen nur grobe Normvorstellungen und ist lediglich zur Aufdeckung gänzlich sachfremder Kontierungen geeignet. Daß eine Forderung auf dem Debitorenkonto des Geschäftspartners gebucht wird, gegen den die Forderung tatsächlich besteht, kann nur durch ein individuelles Soll-Vergleichsobjekt sichergestellt werden, bei dessen Herleitung auf die gleichen Informationen zurückgegriffen wird wie bei dem Kontierungsvorgang.

Eindeutigkeit bedeutet beispielsweise für den Fakturierungsvorgang, daß jede Lieferung nur einmal berechnet werden darf, für den Vorgang der Journalbuchung, daß jede Rechnung nur einmal buchhalterisch abzubilden ist oder für den Vorgang der Jahresabschlußerstellung, daß der Saldo eines Debitorenkontos genau einer Bilanzposition zugeordnet wird. Ein Soll-Vergleichsobjekt für den Buchungsvorgang kann sich z.B. auf die Rechnungsnummer als identifizierendes Merkmal einer Rechnung beziehen, das aufgrund der geltenden Notationsregeln in Form der Belegnummer gleichzeitig Merkmal der Journalbuchungen ist. Da zu jeder Rech-

---

[397] Vgl. v. Wysocki, K., Prüfungswesen, S. 123.

[398] Vgl. Sanders, M., Quantitative Analyse, S. 25. Individuelle Soll-Vergleichsobjekte werden nur dann real (in dokumentierter Form) erstellt, wenn Vergleichsobjekterstellung und Vergleichshandlung bzw. Vergleichshandlung und Fehlerelimination von verschiedenen Überwachungsträgern ausgeführt werden und die Soll-Vergleichsobjekte deshalb dem jeweils anderen Überwachungsträger bekannt gemacht werden müssen. Vgl. Schuppert, A., Routinetätigkeiten, S. 20.

[399] Vgl. Leffson, U., Wirtschaftsprüfung, S. 15.

nung nur genau eine Buchung existieren darf, hat das Soll-Vergleichsobjekt die Form eines speziellen Verbots,[400] und die zulässigen Merkmalsausprägungen können in Form einer Negativabgrenzung beschrieben werden. Für das Merkmal Belegnummer sind alle Ausprägungen zulässig, mit Ausnahme der bereits in anderen Buchungssätzen enthaltenen Rechnungsnummern.

Individuelle Soll-Vergleichsobjekte zur Sicherstellung der **Authentizität** bei den verschiedenen Vorgängen eines Rechnungslegungsprozesses beziehen sich auf "Existenzabhängigkeiten".[401] Das Vorliegen eines Kundenauftrags setzt die Existenz eines Kunden voraus, und die Buchung einer Forderung auf einem Debitorenkonto ist an einen realisierten Umsatz, der in Form einer Rechnung dokumentiert sein kann, gebunden. Ein individuelles Soll-Vergleichsobjekt bei der Sicherstellung der Authentizität des Vorgangs "Kundenauftragserfassung" kann sich auf die Kundennummer als identifizierendes Merkmal eines Kunden beziehen, das gleichzeitig Attribut eines Kundenauftrags ist. Die zulässigen Merkmalsausprägungen ergeben sich aus der Menge der Kundennummern aller Abnehmer, mit denen die Geschäftsführung Absatzgeschäfte tätigt.[402] Für die Journalbuchung werden die zulässigen Merkmalsausprägungen eines Überwachungsobjektes mit dem Merkmal Belegnummer, das die Beziehung zwischen den Objekten Rechnung und Buchung herstellt, aus der Menge aller existierenden Rechnungsnummern gebildet.

Individuelle Soll-Vergleichsobjekte zur **Fehleridentifikation** bei komplexen Überwachungsobjekten werden im Rahmen von Kontrollsummenverfahren verwendet.[403] Sie werden auch als "predetermined totals" bezeich-

---

[400] Vgl. v. Wysocki, K., Prüfungswesen, S. 141.

[401] Zur graphischen Darstellung von Existenzabhängigkeiten vgl. Ferstl, O. K./Sinz, E. J., Wirtschaftsinformatik, S. 154.

[402] Dabei kann es sich z.B. um alle in der Debitorenstammdatei gespeicherten Kunden handeln, für die eine Liefersperre wegen Überschreitung des Kreditlimits nicht gesetzt wurde. Zum Sperren eines Debitorenkontos bei SAP R/3 vgl. Jäger, M./ Oswald, P./Hohwieler, M./Steinhauser, R, Finanzbuchhaltung, S. 144.

[403] Zu Kontrollsummenverfahren vgl. Kap. 3.2.1.1, Fn 353 auf S. 120.

net.[404] Bei der Sicherstellung der **Vollständigkeit** des "Journalisierungsvorgangs" und der Gewährleistung der Vollständigkeit des Vorgangs "Übergabe der durch den Vertriebsbereich erstellten Ausgangsrechnungen"[405] wird das Überwachungssachziel durch die Konsistenzbedingung präzisiert, daß der Gesamtbetrag ausgehender Rechnungen gleich der Summe der Forderungszugänge sein muß.[406] Das individuelle Soll-Vergleichsobjekt kann in diesem Fall durch das Merkmal "Rechnungsbetrag" gekennzeichnet werden, dessen Ausprägung sich z.B. aus der Summe der Rechnungsbeträge aller innerhalb einer Woche erstellten Fakturen ergibt. Die vollständige Weiterleitung von Fakturen kann ergänzend durch ähnlich strukturierte Soll-Vergleichsobjekte mit den Merkmalen Anzahl und Positionen der Fakturen abgesichert werden.[407] Für die Sicherstellung der Vollständigkeit des Vorgangs "Übertragung der Debitorenforderungen in das Hauptbuch" wird das Überwachungssachziel durch die Bedingung konkretisiert, daß der Betrag der Forderungszugänge laut Journal der Zunahme des Forderungsbestandes auf dem Konto Forderungen aus Lieferungen und Leistungen im Hauptbuch entsprechen muß. Die Journalsumme ist individuelles Soll-Vergleichsobjekt für das komplexe Überwachungsobjekt Hauptbuchkontensumme, wenn die Journaleinträge den

---

[404] Vgl. van Belkum, J. W./van't Klooster, A. J., Kontrolle und Revision, S. 49; Vasarhelyi, M. A./Lin, T. W., Fundamentals, S. 114.

[405] Auch Thomas hält die Überwachung dieses Vorgangs für erforderlich. Vgl. Thomas, A., WPg 1994, S. 143.

[406] Vgl. Hanisch, H., Jahresabschlußprüfung, S. 179. Die Sicherstellung der Vollständigkeit der Debitorenbuchungen gegenüber den Ausgangsrechnungen läßt sich z.B. durch eine zeitabhängige Konsistenzbedingung (vgl. Reuter, A., Integritätsbedingungen, S. 383) realisieren, bei der der Ablauf der äußeren Zeit den Anlaß zur Überprüfung erzeugt.

[407] Vgl. Thomas, A., WI 1994, S. 222.

Input für den Vorgang der Kontenfortschreibung im Hauptbuch darstellen.[408]

Anstelle von Soll-Vergleichsobjekten werden zur Fehleridentifikation auch Ist-Vergleichsobjekte herangezogen. Ist-Vergleichsobjekte werden z.b. verwendet, wenn zwar generelle Normvorstellungen über den Zustand der Überwachungsobjekte existieren, die jedoch bestimmte Ausnahmen nicht abdecken können und aus Kostengründen (zunächst) auf die Ableitung von individuellen Soll-Vergleichsobjekten verzichtet werden soll. Ist-Vergleichsobjekte sind ferner die einzige Möglichkeit der Fehleridentifikation, wenn keine Normvorstellungen über die Merkmalsausprägungen von Überwachungsobjekten entwickelt werden können.[409] Die zugehörigen Verfahren der Fehleridentifikation werden vielfach als Plausibilitätskontrolle oder Plausibilitätsbeurteilung bezeichnet.[410] Bestimmte Formen von Ist-Vergleichsobjekten eigenen sich für die Fehleridentifikation bei mehreren Rechnungslegungsvorgängen, wobei dieses Charakteristikum ergänzt wird durch die Identifikation ganzer Fehlerkomplexe, so daß mehrere Überwachungssachziele abgedeckt werden.

Zur Kategorie der generellen Ist-Vergleichsobjekte gehören Vergleichsobjekte, die den aus Unternehmenssicht im Regel- oder Normalfall fehlerfreien Zustand für eine Klasse gleichartiger Überwachungsobjekte festle-

---

[408] Wohl ebenso IDW, WP-Handbuch Bd. I 1996, Abschn. P, Tz 153; Schuppenhauer, R., GoDV, Abschn. A, Tz 340. Dies ist z.B. der Fall, wenn zu bestimmten Zeitpunkten die innerhalb eines Zeitraums erfolgten Einzelbuchungen auf den Debitorenkonten zu einer Summe verdichtet und auf das entsprechende Sachkonto im Hauptbuch übertragen werden. Vgl. Nath, G./Stoeckmann, H., Buchführung, S. 142.

[409] Vgl. Schuppert, A., Routinetätigkeiten, S. 24.

[410] Vgl. Gärtner, M., DB 1994, S. 950 f.; IDW, WP-Handbuch 1996 Bd. I, Abschn. P, Tz 75, 257 ff.; Meyer zu Lösebeck, H., Unterschlagungsverhütung, S. 155; Schwaderer, J./Dinnebier, O., ZIR 1979, S. 207. Diehl führt an, daß insbesondere bei der Überwachung von sog. "Beurteilungs- und Schätzvorgängen" Plausibilitätsbeurteilungen verwendet werden, ohne dies weiter zu konkretisieren. Vgl. Diehl, C., DStR 1993, S. 1119.

gen.[411] Die Festlegung des fehlerfreien Zustands ist jedoch nicht eindeutig, weil nicht alle Abweichungen vom Vergleichsobjekt ex ante als Fehler deklariert werden können.[412] Für Ausnahmefälle erfährt der Verbindlichkeitsgrad deshalb eine Relativierung mit der Folge, daß bei Abweichungen eine Fehlervermutung für das Überwachungsobjekt besteht (sog. bedingter Fehler[413]). Diese Fehlervermutung wird erst durch der Vergleichshandlung im Überwachungsvorgang nachfolgende Aktivitäten entkräftet oder bestätigt. Die Zurechnung einer Abweichung zum Überwachungsobjekt ist spezifisch für Soll-Vergleichsobjekte, während der relativierte Verbindlichkeitsgrad der Merkmalsausprägungen Ist-Vergleichsobjekte kennzeichnet. Aufgrund dieser Charakteristik weisen generelle Ist-Vergleichsobjekte sowohl Merkmale von Soll-Vergleichsobjekten als auch von Ist-Vergleichsobjekten auf. Sie verkörpern eine Mischform oder einen Typus hybrider Vergleichsobjekte. Typisch ist die Festlegung der für den Normalfall als fehlerfrei geltenden Merkmalsausprägungen durch die Angabe von Ober- oder Untergrenzen.[414] Obergrenzen sind z.B. die Beschränkung des monatlichen Bruttogehalts von Angestellten auf einen bestimmten Betrag, die Begrenzung der verbrauchten Mittel einer Abteilung auf das Budget oder ein Kreditlimit, das den Gesamtbetrag der offenen Forderungen eines Debitors begrenzt[415]. Ein Beispiel für eine Untergrenze

---

[411] Schrammel bezeichnet Verfahren, die derartige Vergleichsobjekte verwenden, treffend als "Prüfung durch Ausnahmen", da nur Abweichungen vom Normalfall aufgedeckt werden. Vgl. Schrammel, R., Kontrolle und Revision, S. 195.

[412] Vgl. Köster, H., Prüfungsmethoden, S. 40.

[413] Vgl. Fröhlich, M., Finanzbuchführung, S. 106; Günther, H., Interne Revision, S. 150 f.; Harrmann, A., DB 1980, S. 1084; Horvath, P./Schäfer, H., Datenverarbeitung, S. 90; Köster, H., Prüfungsmethoden, S. 40.

[414] Zur Verwendung von Grenzwerten als Vergleichsobjekte vgl. Günther, H., Interne Revision, S. 74; Horvath, P./Schäfer, H., Datenverarbeitung, S. 87, 91; Kendall, R., Risk Management, S. 196 f.; Scherff, J., HMD 163/1992, S. 71; Schuppenhauer, R., GoDV, Abschn. A, Tz 334; Zillessen, W., Systemprüfung, S. 291. Zahlreiche Beispiele finden sich bei Schrammel, R., Kontrolle und Revision, S. 195.

[415] Daß es sich bei einem Kreditlimit um ein generelles Ist-Vergleichsobjekt und nicht um ein generelles Soll-Vergleichsobjekt handelt ist z.B. daran zu erkennen, daß beim Überschreiten des Kreditlimits keine Liefersperre verhängt wird oder eine automatisch gesetzte Sperre wieder aufgehoben werden kann. Zu Liefersperren vgl. z.B. Jäger, M./Oswald, P./Hohwieler, M./Steinhauser, R, Finanzbuchhaltung, S. 144; SAP AG, Vertriebssystem, S. 6-16.

ist die Vorgabe eines Mindestbestandes für eine Warengruppe. Der "Regelfall" kann auch durch eine einzige zulässige Merkmalsausprägung auszeichnen, wie es z.b. bei einem vorgegebenen Absatzpreis für ein Erzeugnis der Fall ist. In diesem Fall gilt jede Abweichung als bedingter Fehler, während bei mehreren zulässigen Merkmalsausprägungen der Bereich der Fehlervermutung erst jenseits der gezogenen Grenzen beginnt. Bei Abweichungen von den vorgeschriebenen Absatzpreisen oder bei Überschreitungen des Kreditlimits wird die Fehlervermutung z.b. entkräftet, wenn es sich um Ausnahmefälle handelt, die im Wege einer spezifischen Autorisation genehmigt worden sind.

Während die Merkmalsausprägungen genereller Ist-Vergleichsobjekte für die Durchführung der Überwachung vorgegeben werden und nur bei veränderten Umweltbedingungen eine Anpassung erfahren, enthält das Überwachungsverfahren für individuelle Ist-Vergleichsobjekte lediglich Vorgaben, nach denen die Merkmalsausprägungen zu ermitteln sind. Die Merkmalsausprägungen **individueller Ist-Vergleichsobjekte** können auf dem gleichen Weg gewonnen werden wie das Überwachungsobjekt. Ein durch Nachrechnen ermittelter Rechnungsbetrag stellt ein solches individuelles Ist-Vergleichsobjekt dar,[416] das der Einhaltung der materiellen Richtigkeit dient. Die Mehrzahl der in der Praxis verwendeten individuellen Ist-Vergleichsobjekte wird jedoch auf eine andere Weise ermittelt als das Überwachungsobjekt. Das Vergleichsobjekt beruht in diesen Fällen auf einem Ersatzobjekt, daß in einer bekannten oder unterstellten Beziehung zum Überwachungsobjekt steht. Bei den Beziehungen zwischen Überwachungsobjekt und Ersatzobjekt kann es sich um rechnerische und/oder sachlogische Relationen handeln, wobei sachlogische Beziehungen funktionaler oder nicht funktionaler Art sein können.[417]

---

[416] Vgl. Schuppert, A., Routinetätigkeiten, S. 32.

[417] Eine zusammenfassende Darstellung solcher Zusammenhänge findet sich bei Lachnit, L., Globalabstimmung und Verprobung, Sp. 720 - 742. Allgemeinere Formen rechnerischer Zusammenhänge beschreiben z.B. Günther, H., Interne Revision, S. 74 f.; Zillessen, W., Systemprüfung, S. 327 f.

Für die Sicherstellung der **formellen Richtigkeit** hinsichtlich der für das buchhalterische Abbildungssystem geltenden Notationsregeln kann z.B. der Betrag der Habenbuchung ein individuelles Ist-Vergleichsobjekt sein, das Überwachungsobjekten mit dem Merkmal "Sollbuchungsbetrag" gegenübergestellt wird.[418] Solche Vergleichsobjekte finden nicht nur bei elementaren, sondern auch bei komplexen Überwachungsobjekten Anwendung. Beispielsweise kann dem Sollsaldo des Sachkontos Forderungen aus Lieferungen und Leistungen (komplexes Überwachungsobjekt) der aus den Habensalden der Konten Umsatzerlöse und Umsatzsteuer gebildete Betrag (individuelles Ist-Vergleichsobjekt) gegenübergestellt werden.[419]

Zur Sicherstellung der **Vollständigkeit** des Vorgangs "Übertragung der Debitorenforderungen in das Hauptbuch" wird das Überwachungssachziel durch die Konsistenzbedingung konkretisiert, daß der Betrag der Forderungszugänge laut Journal der Zunahme des Forderungsbestandes auf dem Konto Forderungen aus Lieferungen und Leistungen im Hauptbuch entsprechen muß. Die Journalsumme ist individuelles Ist-Vergleichsobjekt für das komplexe Überwachungsobjekt Hauptbuchkontensumme, wenn die Journaleinträge nicht den Input für den Vorgang der Kontenfortschreibung im Hauptbuch liefern, weil Journal- und Hauptbucheintragungen par-

---

[418] Zur Klassifizierung als Ist-Vergleichsobjekte vgl. Schuppert, A., Routinetätigkeiten, S. 26. Die zugehörigen Vergleichshandlungen werden auch als "Identitätskontrolle" (vgl. Fröhlich, M., Finanzbuchführung, S. 106) oder Abstimmung (vgl. Lachnit, L., Globalabstimmung und Verprobung, Sp. 720) bezeichnet und zu den wichtigsten Überwachungsformen gerechnet. Vgl. Hanisch, H./Kempf, D., Revision und Kontrolle, S. 291 f.; Schuppenhauer, R., GoDV, Abschn. A, Tz 340 - 349. Das System SAP R/3 läßt z.B. die Buchung eines Beleges nur dann zu, wenn der Saldo aus Soll- und Haben-Summe der Belegpositionen gleich Null ist (vgl. Jäger, M./Oswald, P./Hohwieler, M./Steinhauser, R, Finanzbuchhaltung, S. 157). In diesem Fall läuft der Vergleich nicht auf die Identität, sondern die Komplementarität der Merkmalsausprägungen hinaus. Vergleiche mit komplementären Merkmalen erwähnen Schuppert, A., Routinetätigkeiten, S. 19 und Baetge, J., Überwachung, S. 199.

[419] Vgl. Lachnit, L., Globalabstimmung und Verprobung, Sp. 720 f.; Schuppenhauer, R., GoDV, Abschn. A, Tz 344 f.; Schuppert, A., Routinetätigkeiten, S. 19.

allel auf der Grundlage der gleichen Daten erfolgen.[420] In die Kategorie buchhalterischer Zusammenhänge fallen auch Vergleichsobjekte, deren Merkmalsausprägungen den Kontensalden von Geschäftspartnern entsprechen und die anhand von Bankauszügen oder Saldenbestätigungen festgestellt werden können.[421] Sie dienen der Sicherstellung der Vollständigkeit, Authentizität, Eindeutigkeit und materiellen Richtigkeit.[422] Auch der durch eine Bestandsaufnahme ermittelte physischen Bestand ist ein solches individuelles Ist-Vergleichsobjekt, das dem durch die laufende Be-

---

[420] Wohl ebenso IDW, WP-Handbuch Bd. I 1996, Abschn. P, Tz 153; Schuppenhauer, R., GoDV, Abschn. A, Tz 340. Zur Klassifizierung als Ist-Vergleichsobjekt vgl. auch Baetge, J., Überwachung, S. 195. Dies ist wohl bei SAP R/3 der Fall, wenn mit dem Nebenbuch automatisch das Hauptbuch fortgeschrieben wird. Vgl. Jäger, M./Oswald, P./Hohwieler, M./Steinhauser, R, Finanzbuchhaltung, S. 147.

[421] Der Zusammenhang besteht in diesem Fall zwischen den buchhalterischen Zahlen verschiedener Unternehmen. Beim Vergleichsobjekt "Saldenbestätigung" eines Kunden (Lieferanten) besteht der Zusammenhang darin, daß eine bestehende Forderung (Verbindlichkeit) einer Verbindlichkeit (Forderung) des Kunden (Lieferanten) entspricht. Entsprechend stellt ein positiver (negativer) Saldo des Bankkontos für das Kreditinstitut eine Verbindlichkeit (Forderung) gegenüber Kunden dar. Zu wirtschaftlichen Gründen für Abweichungen bei Vergleichen mit Salden auf Kontoauszügen vgl. Meyer zu Lösebeck, H., Unterschlagungsverhütung, S. 322 und bei Saldenbestätigungen Knüppe, W., Forderungen, S. 177. Zur Einordnung von Bankauszügen und Saldenbestätigungen als Ist-Vergleichsobjekte vgl. Baetge, J., Überwachung, S. 199; Knüppe, W., Forderungen, S. 176; Schuppert, A., Routinetätigkeiten, S. 26. Ähnlichkeiten mit Saldenbestätigungen haben auch Kundenauftragsbestätigungen. Wie bei negativen Saldenbestätigungen wird der Geschäftspartner nur dann antworten, wenn er eine Abweichung festgestellt hat.

[422] Vgl. Knüppe, W., Forderungen, S. 173.

standsführung ermittelten Buchbestand als Überwachungsobjekt gegenübergestellt wird.[423]

Den gleichen Kategorien von Überwachungssachzielen sind individuelle Ist-Vergleichsobjekte mit sachlogischer Verknüpfung zwischen Ersatzobjekt und Überwachungsobjekt zuzurechnen.[424] Dazu gehören z.B. mit Hilfe von Kontenformeln errechnete Wareneingangs- und Warenausgangsmengen eines Zeitraums,[425] auf der Grundlage von Betriebsdaten ermittelte Vergleichsobjekte, wie z.B. der aus Beschäftigtenzahlen, Durchschnittslöhnen und der durchschnittlichen Anzahl von Arbeitsstunden errechnete Personalaufwand[426] sowie Vergleichsobjekte, die auf Brancheninformationen (Betriebsvergleich) oder Finanzdaten aus Vorperioden

---

[423] An diesem Beispiel zeigt sich, daß die Klassifizierung eines Vergleichsobjektes als Soll-Vergleichsobjekt oder als Ist-Vergleichsobjekten nicht immer einfach ist, da Ist-Vergleichsobjekte teilweise in die Nähe einer normativen Vorgabe gerückt werden und zudem die Transformation eines Ist-Ist-Vergleiches in einen Soll-Ist-Vergleich in einfacher Weise möglich ist, indem das Ist-Vergleichsobjekt die Funktion der normativen Vergleichsbasis übernimmt (Vgl. Treuz, W., Kontroll-Systeme, 40). So wird der durch laufende Bestandsführung ermittelte Buchbestand als "Sollbestand" bezeichnet und dadurch in die Nähe einer normativen Vorgabe gerückt, ohne jedoch zur Norm für die Merkmalsausprägungen des zu beurteilenden Überwachungsobjektes erhobenen zu werden (vgl. Frysch, J., Kontrollabbau, S. 70, 72; Uhlig, B., Vorratsinventur, in Beck HdR, Tz 56). Bei Abweichungen zwischen physischem Bestand und Buchbestand wird der Fehler zunächst beim physischen Bestand vermutet. Erst wenn im Zuge einer wiederholten Bestandsaufnahme die Abweichung nicht geklärt werden kann oder eine Wiederholung der Bestandsaufnahme nicht möglich ist (vgl. Knop, W., Kommentierung zu § 240 HGB, in Küting/Weber, Handbuch der Rechnungslegung, Tz 27) wird sie dem Vergleichsobjekt angelastet und der Buchbestand korrigiert (Vgl. Selchert, F. W., Jahresabschlußprüfung, S. 412; Uhlig, B., Vorratsinventur, in Beck HdR, Tz 56 - 66). Mit einer Korrektur des Buchbestandes ohne restlose Aufklärung der Abweichungsursachen wird der physische Bestand faktisch zum Soll für den Buchbestand erhoben.

[424] Vgl. Boynton, W. C./Kell, W. G., Modern Auditing, S. 269. Boynton/Kell bezeichnen Überwachungsverfahren mit derartigen Vergleichsobjekten als "Performace Reviews", die im IKS den gleichen Zweck erfüllen wie analytische Prüfungshandlungen im Rahmen der Jahresabschlußprüfung.

[425] Vgl. Lachnit, L., Globalabstimmung und Verprobung, Sp. 722 ff.

[426] Vgl. Gärtner, M., Analytische Prüfungshandlungen, S. 107; IDW, WP-Handbuch Bd. I 1996, Abschn. P, Tz 264.

(Zeitvergleich) beruhen.[427] Betriebs- und Zeitvergleich können auch auf der Grundlage relativer Größen erfolgen (Kennzahlenanalyse). Es ist auch möglich, Vergleichsobjekte auf der Grundlage von Plandaten in Form von Kosten- oder Umsatzbudgets zu ermitteln[428]. Die Herleitung der Merkmalsausprägungen kann von einfachen Berechnungen bis hin zu komplexen mathematisch-statistischen Verfahren (z.B. Regressionsanalyse) reichen.[429]

3.2.1.2.2 Präferenzordnung der Zuverlässigkeitsgrade

Der beurteilungsrelevante Skalenbereich des Zielkriteriums ist als Wahrscheinlichkeit nach unten durch einen Zuverlässigkeitsgrad von 0 % und nach oben durch einen Zuverlässigkeitsgrad von 100 % begrenzt.

Bei der Aufstellung der Präferenzordnung für Vergleichsobjekte unterschiedlichen Zuverlässigkeitsgrades ist wegen der Prämisse einer regelkonformen Anwendung der geplanten Überwachungsverfahren von einer irrtumsfreien Vergleichshandlung auszugehen. Bei einer irrtumsfreien Vergleichshandlung stimmt das Überwachungsurteil mit den tatsächlichen Zustandskombinationen der verglichenen Objekte überein. Tatsächlich übereinstimmende und tatsächlich voneinander abweichende Objekte werden zutreffend als übereinstimmend bzw. abweichend beurteilt.[430]

Bei irrtumsfrei durchgeführten Vergleichshandlungen hängt die Wahrscheinlichkeit, daß tatsächlich fehlerbehaftete Überwachungsobjekte auch als solche erkannt werden von der Wahrscheinlichkeit eines fehlerfreien

---

[427] Zur Einordnung als Ist-Vergleichsobjekt vgl. Baetge, J./Feidicker, M., Vermögens- und Finanzlage, Sp. 2099; Gärtner, M., Analytische Prüfungshandlungen, S. 125; Treuz, W., Kontroll-Systeme, S. 40 f.; Schuppert, A., Routinetätigkeiten, S. 34.

[428] Das Vertriebsinformationssystem von SAP R/3 ermöglicht z.B. Vergleiche von Plan- und Ist-Daten für den Absatzprozeß, wobei systemseitig auch die Erstellung von Plandaten unterstützt wird. Vgl. SAP AG, Vertriebssystem, S. 9-8 f. Zur Berücksichtigung von "Plan-Ist-Vergleichen" bei der Beurteilung der IKS-Konzeption vgl. Hanisch, H./Kempf, D., Revision und Kontrolle, S. 385 f.

[429] Vgl. z.B. Gärtner, M., Analytische Prüfungshandlungen, S. 39.

[430] Vgl. Schuppert, A., Routinetätigkeiten, S. 71 f., 95.

Überwachungsobjekts und von der Zuverlässigkeit des Vergleichsobjektes ab.[431] Bei gegebener Wahrscheinlichkeit für einen fehlerfreien bzw. fehlerhaften Zustand des Überwachungsobjektes variiert die Wahrscheinlichkeit für die Identifikation von Fehlern mit der Zuverlässigkeit des Vergleichsobjektes. Je größer die Zuverlässigkeit des Vergleichsobjektes ist, desto größer ist die Wahrscheinlichkeit, daß das Überwachungsurteil mit dem tatsächlichen Zustand des Überwachungsobjektes übereinstimmt.[432] Diese Aussage gilt für alle Kategorien von Vergleichsobjekten.[433]

Die Grenze zwischen befriedigenden und unbefriedigenden Zuverlässigkeitsgraden ist bei einer Zuverlässigkeit zu ziehen, bei der zutreffende Urteile über den Zustand der Überwachungsobjekte unwahrscheinlich oder gänzlich unmöglich sind. Bei Soll-Ist-Vergleichen sind zutreffende Urteile über den Zustand der Überwachungsobjekte gänzlich unmöglich, wenn

---

[431] Vgl. Schuppert, A., Routinetätigkeiten, S. 94.

[432] Vgl. Stibi, E., Prüfungsrisikomodell, S. 17. Wohl ebenso Leffson, U., Wirtschaftsprüfung, S. 159; Sperl, A., Prüfungsplanung, S. 28. Nach den von Schuppert angegebenen Formeln für die Wahrscheinlichkeiten der Beurteilungszustände (vgl. Schuppert, A., Routinetätigkeiten, S. 94) beträgt die Wahrscheinlichkeit, ein fehlerfreies Überwachungsobjekt als solches zu erkennen 2 %, wenn das Überwachungsobjekt mit einer Wahrscheinlichkeit von 10 % fehlerfrei ist (W[R] = 0,1) und die Zuverlässigkeit des Soll-Vergleichsobjektes (W[RS] = 0,2) 20 % beträgt (W[RS] • W[R] = 0,2 • 0,1 = 0,02). Erhöht sich die Zuverlässigkeit des Vergleichsobjektes unter sonst gleichen Bedingungen von 20 % auf 50 %, erhöht sich auch die Wahrscheinlichkeit ein fehlerfreies Überwachungsobjekt als fehlerfrei zu beurteilen von 2 % auf 5 %. In der gleichen Situation ist die Wahrscheinlichkeit, ein tatsächlich fehlerhaftes Überwachungsobjekt (1 - W[R] = 0,9) als solches zu erkennen 18 %, wenn die Zuverlässigkeit des Soll-Vergleichsobjektes 20 % beträgt (W[RS] • (1 - W[R]) = 0,2 • 0,9 = 0,18). Erhöht sich die Zuverlässigkeit des Vergleichsobjektes unter sonst gleichen Bedingungen von 20 % auf 50 %, erhöht sich auch die Wahrscheinlichkeit ein fehlerhaftes Überwachungsobjekt als fehlerbehaftet zu beurteilen von 18 % auf 45 %. Entsprechendes gilt für Ist-Vergleichsobjekte. Dabei entspricht "W" der Wahrscheinlichkeit für einen bestimmten Zustand. Als Zustände werden unterschieden "R" als fehlerfreies (richtiges) Überwachungsobjekt und "RS" als fehlerfreies (richtiges) Vergleichsobjekt. Zu den Wahrscheinlichkeiten der Beurteilungszustände für Ist-Vergleichsobjekte vgl. Schuppert, A., Routinetätigkeiten, S. 52.

[433] Vgl. Schuppert, A., Routinetätigkeiten, S. 94 für die Kategorien der Soll-Vergleichsobjekte und Ist-Vergleichsobjekte. Die Unterscheidung zwischen generellen und individuellen Vergleichsobjekten ist für die Urteilswahrscheinlichkeiten irrelevant. Vgl. Schuppert, A., Routinetätigkeiten, S. 89.

die Zuverlässigkeit des Soll-Vergleichsobjektes 0 % beträgt, denn bei der Verwendung von Soll-Vergleichsobjekten wird von einer festgestellten Abweichung stets auf ein fehlerhaftes Überwachungsobjekt geschlossen. Diese Schlußfolgerung führt bei irrtumsfreien Vergleichen stets zu einem Fehlurteil, wenn das Soll-Vergleichsobjekt falsch ist.[434]

Ist das Überwachungsobjekt richtig und das Soll-Vergleichsobjekt falsch, wird die festgestellte Abweichung dennoch dem Überwachungsobjekt als Fehler zugerechnet. Wenn beide Objekte falsch sind und deshalb übereinstimmen, trifft das aufgrund der Übereinstimmung gefällte Urteil, das Überwachungsobjekt sei fehlerfrei, ebenfalls nicht zu. Beträgt die Zuverlässigkeit eines Ist-Vergleichsobjektes 0 %, sind zutreffende Urteile in jedem Fall ausgeschlossen, wenn beide Objekte den gleichen Fehler aufweisen und aufgrund der Übereinstimmung als fehlerfrei beurteilt werden. Ist das Überwachungsobjekt dagegen richtig, kommt es bei falschen generellen Ist-Vergleichsobjekten zu einem Fehlurteil, denn die bei einer Abweichung für das Überwachungsobjekt bestehende Fehlervermutung[435] trifft tatsächlich nicht zu. Bei individuellen Ist-Vergleichsobjekten läßt sich keine allgemeingültige Aussage treffen. Ein Fehlurteil ist jedenfalls dann anzunehmen, wenn das Vergleichsobjekt falsch ist, weil es das (noch zu erläuternde) Kriterium der Vergleichbarkeit nicht erfüllt. In anderen Fällen wird das wegen der festgestellten Abweichung abgegebene Urteil, eines der beiden Objekte weise einen Fehler auf, zutreffend[436] sein. Im Ergebnis

---

[434] Vgl. Schuppert, A., Routinetätigkeiten, S. 93. Die Möglichkeit, den Zustand von Überwachungsobjekten im Ergebnis zutreffend zu beurteilen, wenn die Vergleichshandlung gleichzeitig fehlerhaft vollzogen wird (vgl. Schuppert, A., Routinetätigkeiten, S. 97) ist mit der Annahme der regelkonformen Anwendung des Überwachungsverfahrens ausgeschlossen.

[435] In der Fehlervermutung für das Überwachungsobjekt kommt die Hybridität bzw. die Nähe der generellen Ist-Vergleichsobjekte zur Kategorie der Soll-Vergleichsobjekte zum Ausdruck.

[436] Dies gilt nicht nur für den Fall, in dem nur eine einzige Merkmalsausprägung als fehlerfrei angesehen wird (z.B. Soll-Betrag = Haben-Betrag). Ist das Vergleichsobjekt durch einen (mehr als eine Ausprägung umfassenden) Wertebereich gekennzeichnet, werden innerhalb des Wertebereiches liegende Ausprägungen der Überwachungsobjekte als "übereinstimmend" behandelt. Abweichungen beginnen erst jenseits der durch den Wertebereich gezogenen Grenzen. Ein solcher Wertebereich kann z.B. als ein Vorjahreswert + / - 10 % definiert sein.

dieser Überlegungen wird als "unbefriedigende" Kriterienausprägung für alle Vergleichsobjektkategorien einheitlich ein Zuverlässigkeitsgrad von 0% festgelegt, da es jedenfalls im Hinblick auf die diesen Vergleichsobjektzustand definierenden Kriterien unmöglich ist, zutreffende Urteile über den Zustand der Überwachungsobjekte abzugeben.[437] Die Präferenzordnung für die Ausprägungen des Zuverlässigkeitsgrades entspricht damit der natürlichen Ordnung alternativer Wahrscheinlichkeiten.

3.2.1.2.3 Bestimmung der Zuverlässigkeit

Welche Zuverlässigkeit der Abschlußprüfer einem Vergleichsobjekt zurechnen kann, hängt von der Sicherheit ab, mit der er die Fehlerfreiheit der Vergleichsobjekte beurteilen kann. Ist der Abschlußprüfer sicher, daß die Vergleichsobjekte fehlerfrei sind, wird er ihnen eine Zuverlässigkeit

---

[437] Diese Ausprägung ließe sich auch stärker einschränken, wenn zwischen α-Fehlern und β-Fehlern unterschieden wird. Fehlurteile mit denen tatsächlich fehlerfreie Überwachungsobjekte aufgrund eines falschen Soll-Vergleichsobjektes oder eines falschen generellen Ist-Vergleichsobjektes als (bedingt) fehlerhaft beurteilt werden (α-Fehler), sind weniger schwerwiegend, da sie z.b. im Rahmen der nachfolgenden Fehlerelimination noch erkannt werden können. Das Erkennen solcher Fehlurteile ist insbesondere dann möglich, wenn überwachter Rechnungslegungsvorgang und Fehlerelimination demselben Aufgabenträger zugeordnet sind. In diesem Fall ist die Annahme gerechtfertigt, daß es zu einer "Gegenkontrolle" des Überwachungsurteils durch den für die Fehlerelimination zuständigen Aufgabenträger kommt. Die vorgesehene Maßnahme der Fehlerelimination wird nur dann durchgeführt, wenn der Aufgabenträger seine ursprüngliche Aufgabendurchführung als falsch anerkennt, so daß irrtümlich als fehlerhaft beurteilte Objekte in ihrem tatsächlich korrekten Zustand belassen werden. Vgl. Baetge, J., Überwachung, S. 198; Baetge, J./Mochty, L., Kontrolle der Kontrolle, S. 226. Die Aufdeckung solcher Fehlurteile ist unwahrscheinlich, wenn die Fehlerelimination personell nicht von der Fehleridentifikation getrennt ist. Da der Überwachungsträger für die Fehlerelimination seinem eigenen Urteil vertrauen wird, verfälscht er den tatsächlich richtigen Zustand der Überwachungsobjekte (vgl. Sanders, M., Quantitative Analyse, S. 74 sowie Baetge, J., Überwachung, S. 217, der für die Beispielsimulation (Supervisor Fall a) unterstellt, daß der Überwachungsträger "ursprünglich Richtiges ... durch die Korrektur 100% verfälscht"). Kommt es als Folge eines Fehlurteils zur Entstehung von Fehlern, so sind diese ebenso schwerwiegend wie Fehlurteile, bei denen tatsächlich fehlerbehaftete Überwachungsobjekte als fehlerfrei beurteilt werden. Die Bedeutung solche Fehlurteile (β-Fehler) resultiert aus ihrer Endgültigkeit. Zu den Konsequenzen unterschiedlicher Kategorien von Fehlurteilen im Rahmen der internen Überwachung vgl. auch Schuppert, A., Routinetätigkeiten, S. 97 und bei der Jahresabschlußprüfung z.B. Stibi, E., Prüfungsrisikomodell, S. 49.

von 100 % zuordnen. Umgekehrt wird er den Vergleichsobjekten einen Zuverlässigkeitsgrad von 0 % zuweisen, wenn er von ihrer Fehlerhaftigkeit überzeugt ist. Kann der Abschlußprüfer Gewißheit über die Fehlerfreiheit oder Fehlerhaftigkeit nicht gewinnen, liegt der Zuverlässigkeitsgrad zwischen 0 % und 100%.[438]

Die Kriterien, die zur Beurteilung der Zuverlässigkeit heranzuziehen sind, und die Sicherheit, mit der die Zuverlässigkeit beurteilt werden kann, wird von den Vergleichsobjektkategorien wesentlich geprägt. Dabei bestimmt die Unterscheidung in Soll-Vergleichsobjekte und Ist-Vergleichsobjekte die Beurteilungskriterien und die Differenzierung zwischen generellen und individuellen Vergleichsobjekten die Urteilssicherheit, denn nur bei generellen Vergleichsobjekten kann sich der Abschlußprüfer anhand der vorliegenden Merkmalsausprägungen tatsächlich vom Zustand der Vergleichsobjekte überzeugen.

Damit Objekte bei der Fehleridentifikation als Vergleichsobjekte fungieren können, müssen sie das Kriterium der Vergleichbarkeit erfüllen. Während dieses Merkmal bei Ist-Vergleichsobjekten für einen mindestens befriedigenden Zuverlässigkeitsgrad ausreicht, müssen Soll-Vergleichsobjekte zusätzlich die ihnen definitionsgemäß zugeschriebenen Merkmale der Normgerechtigkeit und der Verbindlichkeit aufweisen (Abbildung 22).

Um das Kriterium der **Vergleichbarkeit** zu erfüllen, muß ein Vergleichsobjekt die gleichen beurteilungsrelevanten Merkmale wie das Überwachungsobjekt aufweisen[439] und die Merkmalsausprägungen des Vergleichsobjektes müssen auf der gleichen Skala (Nominal-, Ordinal-, Intervall- oder Verhältnisskala) wie die Merkmalsausprägungen des Überwachungsobjektes direkt oder indirekt abbildungsfähig sein[440]. Soweit

---

[438] Zur Zuordnung von subjektiven Wahrscheinlichkeitswerten in Abhängigkeit vom Sicherheitsgrad vgl. Krelle, W./Coenen, D., Entscheidungstheorie, S. 198.

[439] Vgl. Schuppert, A., Routinetätigkeiten, S. 17.

[440] Vgl. Schuppert, A., Routinetätigkeiten, S. 17; v. Wysocki, K., Prüfungswesen, S. 123.

Merkmale und Merkmalsausprägungen Bestandteil des Überwachungsverfahrens sind, wie es bei generellen Vergleichsobjekten der Fall ist, kann sich der Abschlußprüfer unmittelbar davon überzeugen, ob das Kriterium der Vergleichbarkeit erfüllt ist. Bei individuellen Vergleichsobjekten sind zur Beurteilung der Abbildungsfähigkeit der Merkmalsausprägungen auf übereinstimmenden Skalen die vorgegebenen Regeln zur Herleitung der Vergleichsobjekte zu untersuchen.

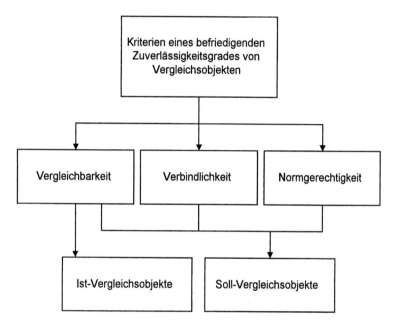

Abbildung 22: Kriterien zur Beurteilung der Zuverlässigkeit von Vergleichsobjekten

Die Merkmalsausprägungen des individuellen Vergleichsobjektes sind auf der gleichen Skala wie die Ausprägungen des Überwachungsobjektes **direkt abbildungsfähig**, wenn Überwachungsobjekt und Vergleichsobjekt in der gleichen Weise entstehen. Die Vergleichsobjekterstellung entspricht in diesem Fall hinsichtlich der zu beurteilenden Merkmale einer Wiederholung bzw. einem Nachvollzug des überwachten Rechnungslegungsvorgangs. Der Unterschied besteht lediglich darin, daß die Vergleichsobjekte meist nur gedanklich und nicht real erstellt werden.[441] In der Literatur wird in diesem Zusammenhang auch von "Kontrolle durch Arbeitswiederholung", "Doppelarbeit" oder "Doppelleistung" gesprochen.[442] Das Vergleichsobjekt entsteht nur dann in der gleichen Weise wie das Überwachungsobjekt, wenn es zumindest hinsichtlich der zu beurteilenden Merkmale aus dem gleichen Input und nach den gleichen Regeln herzuleiten ist wie das Überwachungsobjekt. Ob die als Input zu verwendenden Daten fehlerhaft sind, ist für die Identifikation der durch den überwachten Rechnungslegungsvorgang verursachten Fehler unerheblich. Individuelle Ist-Vergleichsobjekte, die diese Bedingung erfüllen, werden unter der Prämisse der Einhaltung der vorgegebenen Regeln fehlerfrei erstellt, so daß ihre Zuverlässigkeit 100 % beträgt ist. Da der Abschlußprüfer Gewißheit über die tatsächliche Fehlerfreiheit individueller Ist-Vergleichsobjekte nicht erlangen kann, stellt ein Zuverlässigkeitsgrad von 100 % eine Fiktion dar, die nur wegen der Annahme der regelkonformen Verfahrensanwendung gerechtfertigt erscheint.[443] Erfüllen die Vergleichsobjekte das Kriterium der Vergleichsfähigkeit nicht, liegt ihr Zuverlässigkeitsgrad bei 0 %.

Wird das Vergleichsobjekt auf andere Weise erstellt als das Überwachungsobjekt, sind die Merkmalsausprägungen des Vergleichsobjektes auf der gleichen Skala wie die Ausprägungen des Überwachungsobjektes **indirekt abbildungsfähig**, wenn die durch die Regelungen des Überwachungsverfahrens beschriebenen Beziehungen zwischen Überwachungsobjekt und dem zur Herleitung des Vergleichsobjektes verwendeten Ersatzobjekt in den Zeitpunkten der Vergleichsobjekterstellung tatsächlich

---

[441] Ähnlich Leffson, U., Wirtschaftsprüfung, S. 15. Der Unterschied besteht lediglich darin, daß mit der Erstellung des Vergleichsobjektes keine aktive Handlung (z.B. Buchen) ausgeführt wird.

[442] Vgl. Blum, E., Betriebsorganisation, S. 298; Maul, K., WPg 1977, S. 232; Post, K./Post, M., Unterschlagung, S. 47.

[443] Diese Prämisse führt zu der Unterstellung, daß ein Aufgabenträger, der sowohl Vergleichsobjekt als auch Überwachungsobjekt erstellt (Selbstüberwachung) bei der Ableitung des Vergleichsobjektes zuverlässiger arbeitet, als bei der Erstellung des Überwachungsobjektes.

existieren[444]. An der Existenz der zugrundeliegenden Beziehung besteht kein Zweifel, wenn diese den im buchhalterischen Abbildungssystem geltenden Notationsregeln ("Soll = Haben") entspricht oder auf buchhalterischen Rechenregeln, wie z.B. Kontenformeln, beruhen.[445] Sind die Beziehungen weniger stabil, weil sie sich unter dem Einfluß bestimmter Faktoren verändern, besteht die Möglichkeit, daß die bei der Konzeption des Überwachungsverfahrens zugrundegelegte Beziehung nicht den tatsächlichen Zusammenhang im Zeitpunkt der Vergleichsobjekterstellung wiedergibt.[446] In diesem Fall kann sich der Abschlußprüfer lediglich davon überzeugen, ob der Zusammenhang im Beurteilungszeitpunkt, nicht aber ob er in allen Zeitpunkten der Vergleichsobjekterstellung tatsächlich besteht. Handelt es sich bei den Ersatzobjekten um Brancheninformationen, kann von einem bestehenden Zusammenhang nur dann ausgegangen werden, wenn ein hoher Grad an Übereinstimmung der Geschäftstätigkeit und der Bilanzierungs- und Bewertungsmethoden bei dem geprüften Unternehmen und den übrigen Unternehmen der Branche besteht.[447] Bei Ersatzobjekten in Form von Plandaten und Budgets müssen die ihnen zugrundeliegenden Annahmen über den Planungszeitpunkt hinaus Gültigkeit besitzen, damit das Kriterium der Vergleichbarkeit erfüllt ist.[448] Die Angemessenheit derartiger Prognosedaten kann vom Abschlußprüfer allenfalls auf ihre Plausibilität hin überprüft werden.[449] Die Relationen zwischen Ersatzobjekt und Vergleichsobjekt können sich durch außergewöhnliche Er-

---

[444] Vgl. v. Wysocki, K., Prüfungswesen, S. 163.

[445] Vgl. Göbel, S., Datenprüfungen, S. 58.

[446] Die Beziehung exisitert z.b. nicht mehr, wenn der Umsatzsteueraufwand aus dem umsatzsteuerpflichtigen Umsatz und einem Umsatzsteuersatz von 14 % ermittelt wird, obwohl der Umsatzsteuersatz inzwischen auf 15 % gestiegen ist.

[447] Vgl. Boynton, W. C./Kell, W. G., Modern Auditing, S. 208; Gärtner, M., Analytische Prüfungshandlungen, S. 41, 135. Wohl ebenso v. Wysocki, K., Prüfungswesen, S. 164.

[448] Vgl. Boynton, W. C./Kell, W. G., Modern Auditing, S. 208; Gärtner, M., Analytische Prüfungshandlungen, S. 41.

[449] Zur Problematik der Prüfung von Prognosen vgl. Bretzke, W., Prognoseprüfung, Sp. 1436 - 1443.

eignisse verändern (z.b. die Erweiterung des Produktsortimentes[450], Änderungen von Absatz- und Beschaffungspreisen aufgrund veränderter Marktlage[451], Änderungen in der Zahlungsmoral der Kunden oder die Einräumung längerer Zahlungsziele[452]). Ferner können die Beziehungen zwischen Ersatztatbestand und Vergleichsobjekt durch Bilanzierungswahlrechte (z.B. Wahlrechte bei Abschreibungen) oder Ermessensspielräume (z.B. bei der Bewertung von Forderungen und Rückstellungen) modifiziert werden.[453] Ein Vergleich von Abschlußgrößen, die auf unterschiedlichen Bewertungsmethoden beruhen, ist ebensowenig sinnvoll wie die Verwendung von Kennzahlen mit gleicher Bezeichnung aber abweichendem Inhalt.[454] Die durch Regressionsanalysen nachgewiesenen quantitativen Zusammenhänge müssen sachlogisch begründbar sein und die Regressionsbeziehung auch an den Zeitpunkten der Vergleichsobjekterstellung Gültigkeit besitzen.[455]

Erfüllen Ist-Vergleichsobjekte das Kriterium der Vergleichsfähigkeit, weil von der Existenz der zugrundegelegten Beziehung ausgegangen werden kann, ist ihnen zumindest ein befriedigender Zuverlässigkeitsgrad zuzuerkennen. Für diese Vergleichsobjekte kann jedoch auch unter der Annahme der konzeptionsgemäßen Anwendung der Überwachungsregeln keine absolute Zuverlässigkeit gelten, denn sie kommen auch unter dieser Bedingung nicht fehlerfrei zustande, wenn die Merkmalsausprägungen der Ersatzobjekte selbst fehlerbehaftet sind.[456] Anders als bei direkt ermittelten Vergleichsobjekten hängt die Zuverlässigkeit der Ver-

---

[450] Vgl. IDW, WP-Handbuch Bd. I 1996, Abschn. P, Tz 265 und das Beispiel bei Leffson, U., Bilanzanalyse, Tz 250.

[451] Vgl. Leffson, U., Bilanzanalyse, Tz 239.

[452] Vgl. Gärtner, M., Analytische Prüfungshandlungen, S. 134; Leffson, U., Bilanzanalyse, Tz 414.

[453] Vgl. IDW, WP-Handbuch Bd. I 1996, Abschn. P, Tz 273.

[454] Vgl. Gärtner, M., Analytische Prüfungshandlungen, S. 134; Leffson, U., Bilanzanalyse, Tz 238.

[455] Vgl. Gärtner, M., Analytische Prüfungshandlungen, S. 147; 153 f.

[456] Vgl. v. Wysocki, K., Prüfungswesen, S. 164.

gleichsobjekte in diesem Fall ergänzend von der Wahrscheinlichkeit ab, mit der die Ersatzobjekte selbst zuverlässig (fehlerfrei) sind.

Die Qualifikation und die Unabhängigkeit des Vermittlers oder Lieferanten einer Information (Informand) bestimmen die Verläßlichkeit und Beweiskraft der aus dieser Informationsquelle stammenden Informationen.[457] Diese Kriterien können auch zur Beurteilung der Zuverlässigkeit der Ersatzobjekte herangezogen werden. Das Kriterium der Unabhängigkeit soll Aufschluß über die Wahrscheinlichkeit geben, mit der die Objekte frei von bewußten Fehlern (Manipulationen) sind, während die Qualifikation (Sachkunde) als maßgebend für die Abwesenheit unbewußter Fehler gilt. Die Zuverlässigkeit der Ersatzobjekte und damit auch die Zuverlässigkeit der aus ihnen abgeleiteten Ist-Vergleichsobjekte variiert mit dem Qualifikations- und Unabhängigkeitsgrad des Informanden.

Nach dem Kriterium der Unabhängigkeit wird zwischen Informationen externer und interner Herkunft unterschieden, wobei externe Informationen gegenüber internen Informationen grundsätzlich als zuverlässiger eingestuft werden,[458] da bei unternehmensexternen Informanden von einer fehlenden Manipulationsabsicht ausgegangen werden kann[459]. Zu den unternehmensexternen Informationen gehören Ersatzobjekte in Form von Saldenbestätigungen und Bankauszügen, prognostizierte oder tatsächliche gesamtwirtschaftliche und branchenspezifische Indizes, die von statischen Ämtern, von Verbänden oder Fachzeitschriften veröffentlicht wer-

---

[457] Vgl. AICPA, Professional Standards, AU § 329.16; Arens, A. A./Loebbecke, J. K., Auditing, S. 168 f.; Kiger, J. E./Scheiner, J. H., Auditing, S. 266; Leffson, U., Wirtschaftsprüfung, S. 268 ff.; Schuppert, A., Routinetätigkeiten, S. 23; Sperl, A., Prüfungsplanung, S. 70 - 77.

[458] Vgl. AICPA, Professional Standards, AU § 329.16; Arens, A. A./Loebbecke, J. K., Auditing, S. 168, 174; Egner, H., Prüfungslehre, S. 140; Gärtner, M., Analytische Prüfungshandlungen, S. 76; Leffson, U., Wirtschaftsprüfung, S. 269.

[459] Unternehmensexterne Informationen werden als nicht verfälscht eingestuft, weil der Informationsvermittler in der Regel unvoreingenommen ist oder zumindest solche Interessen hat, die ihn veranlassen richtige Informationen zu geben. Vgl. Leffson, U., Wirtschaftsprüfung, S. 269.

den.[460] Unternehmensinterne Informationen werden von dem zu prüfenden Unternehmen selbst erstellt und nicht durch externe Dritte geprüft oder bestätigt.[461]

Innerhalb der Gruppe unternehmensinterner Informationen gelten solche Informationen als zuverlässiger, die von Informanden stammen, die von den für das Überwachungsobjekt zuständigen Personen unabhängig sind.[462] Dies ist regelmäßig bei von buchhalterischen Aufzeichnungen unabhängigen Betriebsdaten der Fall, so daß Betriebsdaten als unabhängiger und damit zuverlässiger als Finanzdaten eingestuft werden.[463] Ergänzend kann der Einfluß des IKS auf die Zuverlässigkeit von internen Informationen berücksichtigt werden.[464] Ein solches Vorgehen erscheint jedoch nur dann praktikabel, wenn dabei auf Erkenntnisse der Internen Revision oder (im Outsourcing-Fall) einer vergleichbaren externen Instanz zurückgegriffen werden kann.

Die Zuverlässigkeit externer Informationen wird anhand des Qualifikationskriteriums differenziert.[465] Je sachkundiger der Informand ist, desto

---

[460] Zu den Quellen von Branchendaten vgl. Lachnit, L., Globalabstimmung und Verprobung, Sp. 729 und zu den qualitativen Einschränkungen dieser Information vgl. Müller, C./Kropp, M., DB 1992, S. 155.

[461] Vgl. Leffson, U., Wirtschaftsprüfung, S. 270.

[462] Vgl. AICPA, Professional Standards, AU § 329.16; Gärtner, M., Analytische Prüfungshandlungen, S. 76.

[463] Vgl. Gärtner, M., analytische Prüfungshandlungen, S. 107.

[464] Vgl. zur Wirksamkeit des IKS als Einflußfaktor auf die Zuverlässigkeit von zu Vergleichszwecken verwendeten Daten z.B. Arens, A. A./Loebbecke, J. K., Auditing, S. 174; Egner, H., Prüfungslehre, S. 140; Kiger, J. E./ Scheiner, J. H., Auditing, S. 266; Leffson, U., Wirtschaftsprüfung, S. 270; Müller, C./Kropp, M., DB 1992, S. 149; Stibi, E., Prüfungsrisikomodell, S. 162 f. Bei der Ermittlung des Vergleichsobjektes "Personalaufwand" auf der Grundlage von Mitarbeiterzahlen wird auf Personalstatistiken zurückgegriffen, die auf den Personalstammdaten des Unternehmens beruhen. Das Teilsystem des IKS, das die Wirklichkeitstreue dieser Daten sicherstellen soll, beieinflußt damit auch die Zuverlässigkeit des Ersatzobjektes "Beschäftigtenzahl". Zur Überwachung von Stammdaten vgl. z.B. Hanisch, H./Kempf, D., Revision und Kontrolle, S. 391; Schuppenhauer, R., GoDV, Abschn. A, Tz 337; Thomas, A., WPg 1994, S. 140.

[465] Die Anwendung des Qualifikationsmerkmals ist ebenso für eine noch differenziertere Beurteilung der unternehmensinternen Information denkbar.

wahrscheinlicher ist es, daß die Informationen frei von Manipulationen und von durch Unkenntnis und Unvermögen hervorgerufenen Fehlern sind.[466] Die Sachkenntnis von Informanden, die dem wirtschaftlichen Prüfungswesen verbunden sind (z.B. Wirtschaftsprüfer, Rechtsanwälte), wird höher eingestuft und den von ihnen bereitgestellten Informationen (z.b. geprüfter Vorjahresabschluß) eine größere Zuverlässigkeit zuerkannt, als den von Geschäftspartnern des Unternehmens stammenden Informationen (z.b. Saldenbestätigungen).[467]

In Abhängigkeit von der Anzahl der Ausprägungen, die bei den Kriterien Unabhängigkeit und Qualifikation unterschieden werden, ergeben sich für die Ersatzobjekte unterschiedliche Zuverlässigkeitsgrade. Handelt es sich bei den Ersatzobjekten um unternehmensexterne oder diesen vergleichbare unternehmensinterne Informationen, die von einem Informanden mit großer Sachkenntnis stammen (z.b. geprüfter Vorjahresabschluß), kann den darauf beruhenden Ist-Vergleichsobjekten ein Zuverlässigkeitsgrad von 100 % beigelegt werden,[468] während die geringste Zuverlässigkeit unternehmensinternen Informationen nicht unabhängiger Informanden zukommt, so daß einem auf den ungeprüften Zahlen der aktuellen Abrechnungsperiode beruhenden Vergleichsobjekt nur eine Zuverlässigkeit von z.B. 20 % zugeordnet werden könnte.

Soll-Vergleichsobjekte haben neben dem Kriterium der Vergleichbarkeit auch die Kriterien **Verbindlichkeit** und **Normgerechtigkeit** zu erfüllen, da es sich dabei um ihnen definitionsgemäß zugeschriebene Merkmale handelt. Soll-Vergleichsobjekte müssen verbindlich für die Merkmalsausprägungen der Überwachungsobjekte sein, damit die Zurechnung einer Abweichung als Fehler zum Überwachungsobjekt gerechtfertigt ist. Eine **Verbindlichkeit** ist nur dann gegeben, wenn die Vergleichsobjekte zeitlich vor der Abwicklung des überwachten Rechnungslegungsvorgangs er-

---

[466] Vgl. Schuppert, A., Routinetätigkeiten, S. 23.

[467] Vgl. zur Qualifikation verschiedener unternehmensexterner Informandengruppen Leffson, U., Wirtschaftsprüfung S. 269 f.

[468] Vgl. Gärtner, M., Analytische Prüfungshandlungen, S. 77.

stellt werden und/oder bei der Abwicklung des überwachten Rechnungslegungsvorgangs bekannt sind.[469] Beispielsweise müssen individuelle Soll-Vergleichsobjekte für die Fehleridentifikation bei komplexen Überwachungsobjekten ihrer Natur als "predetermined totals" entsprechend vor Beginn des überwachten Vorgangs erstellt werden. Da sie anders als generelle Soll-Vergleichsobjekte (z.B. Arbeitsanweisungen) keine bei der Vorgangsabwicklung zu beachtende, abstrakte Norm repräsentieren, ist ihre Kenntnis bei der Vorgangsabwicklung unerheblich. Generelle Soll-Vergleichsobjekte sind dagegen nur dann verbindlich, wenn sie als eine Teilmenge der beim Vollzug des überwachten Rechnungslegungsvorgangs geltenden Regeln bekannt sind. Soll beispielsweise die formelle Richtigkeit des Kontierungsvorgangs gewährleistet sein, muß sowohl bei der Kontierung als auch zum Vergleich derselbe Kontenplan verwendet werden. Der Kontenplan ist Bestandteil der für den überwachten Vorgang geltenden Regeln und generelles Soll-Vergleichsobjekt. Gleiches gilt für eine Standardpreisliste, die als generelles Soll-Vergleichsobjekt für die Sicherstellung der materiellen Richtigkeit des Fakturierungsvorgangs fungieren soll.[470] Das Vergleichsobjekt ist nur dann verbindlich für die Fakturen, wenn der Berechnung der ausgelieferten Waren dieselbe Standardpreisliste zugrunde liegt.

Im Gegensatz dazu müssen bei individuellen Soll-Vergleichsobjekten nicht die Objekte mit ihren Merkmalsausprägungen selbst, sondern die ihnen zugrundeliegenden Normen bei der Vorgangsabwicklung bekannt sein. Das bedeutet, daß die bei der Herleitung der Merkmalsausprägungen der Vergleichsobjekte verwendeten Normen mit den bei der Erstel-

---

[469] Vgl. Schuppert, A., Routinetätigkeiten, S. 19.

[470] Die Einordnung als Soll-Vergleichsobjekt ist nur dann gerechtfertigt, wenn keinerlei Abweichungen von den vorgegebenen Absatzpreisen zulässig sind.

lung des Überwachungsobjektes herangezogenen Normen übereinstimmen müssen.[471]

Das Kriterium der **Normgerechtigkeit** verlangt, daß die Merkmalsausprägungen der Soll-Vergleichsobjekte selbst normgerecht sind.[472] Dazu müssen die Merkmalsausprägungen widerspruchsfrei gegenüber dem die Ordnungsmäßigkeit der Rechnungslegung definierenden Normensystem sein.[473] Da sich die Abschlußprüfung nicht auf die Einhaltung aller für das geprüfte Unternehmen außerhalb der Rechnungslegungsnormen geltenden gesetzlichen Bestimmungen erstreckt,[474] ist die gezielte Feststellung der Normgerechtigkeit von Soll-Vergleichsobjekten, z.b. gegenüber Vorschriften des Arbeits- und Sozialversicherungsrechts, Preisvorschriften und Verbraucherschutzbestimmungen, nicht Gegenstand der vorläufigen Beurteilung des IKS. Die Feststellung der Normenkonformität erfordert eine Vergleichsoperation, bei der die betriebliche Norm als Soll-Vergleichsobjekt den für den überwachten Rechnungslegungsvorgang maßgeblichen (außerbetrieblichen) Normen der Rechnungslegung gegenübergestellt wird. Postulieren die betriebliche Norm und das für die Rechnungslegung geltende Normensystem unterschiedliche Merkmalsausprägungen für das Überwachungsobjekt, liegt ein Normenkonflikt vor. Das

---

[471] Vgl. Leffson, U., Wirtschaftsprüfung, S. 16. Ähnlich Baetge, J., Überwachung, S. 188, der verlangt, daß bei der Erstellung von Soll-Vergleichsobjekten grundsätzlich auf die gleichen Informationen wie bei der Überwachungsobjekterstellung zurückzugreifen ist. Schuppert weist darauf hin, daß zur Erstellung des Soll-Vergleichsobjektes auch zusätzliche Informationen denkbar sind. Vgl. Schuppert, A., Routinetätigkeiten, S. 90. Die bei der Erstellung des Überwachungsobjektes verfügbaren Informationen sind daher als Mindestanforderung zu verstehen.

[472] Vgl. v. Wysocki, K., Prüfungswesen, S. 123.

[473] Auch Wittmann und Leffson führen gegen die gesetzlichen Rechnungslegungsnormen verstoßende und insoweit unzulässige (Abbildungsregeln) Regelungen als Fehlermöglichkeit an. Sie sehen diese jedoch in erster Linie als Fehlerquelle im Rechnungslegungsprozeß und nicht als Fehlerquelle der Überwachung. Vgl. Leffson, U., Wirtschaftsprüfung, S. 251; Wittmann, A., Systemprüfung, S. 89.

[474] Vgl. IDW, Stellungnahme HFA 7/1997, WPg 1998, S. 32.

Soll-Vergleichsobjekt ist dann nicht widerspruchsfrei.[475] Wegen der Dominanz des für die Rechnungslegung geltenden Normensystems gegenüber betrieblichen (Ziel-/Planungs-) Normen für die Ordnungsmäßigkeit der Rechnungslegung,[476] erfüllt das Soll-Vergleichsobjekt in diesem Fall das Kriterium der Normgerechtigkeit nicht.

Das zur Sicherstellung der **formellen Richtigkeit** verwendete generelle Soll-Vergleichsobjekt "Kontenplan" muß dem Grundsatz der Klarheit genügen, damit es als normgerecht eingestuft werden kann. Dazu müssen z.B. Bestands- und Erfolgskonten getrennt sein, und die Kontenbezeichnung muß den Konteninhalt verständlich kennzeichnen.[477] Die Abbildung der Geschäftsvorfälle muß in einer Weise erfolgen, die es ermöglicht, einen Geschäftsvorfall vom Beleg bis zum Abschluß zu verfolgen und die Zusammensetzung der einzelnen Posten des Abschlusses aus den einzelnen Geschäftsvorfällen zu rekonstruieren.[478] Ein entsprechendes generelles Soll-Vergleichsobjekt (z.B. Kontierungsrichtlinie) kann als normgerecht angesehen werden, wenn es vorschreibt, daß vom Beleg auf die Buchung und umgekehrt zu verweisen ist und wenn es die Zuordnung der Konten zu den Abschlußposten regelt.

Bei generellen Soll-Vergleichsobjekten, die das Kriterium der Verbindlichkeit erfüllen und bei denen sich der Abschlußprüfer von der Normgerechtigkeit der Merkmalsausprägungen überzeugen konnte, besteht Gewißheit

---

[475] Vgl. v. Wysocki, Prüfungswesen, S. 126. Solche Widersprüche können entstehen, wenn Soll-Vergleichsobjekte veralten, weil sie nicht an gesetzliche Änderungen (z.B. Erhöhung der Umsatzsteuersätze) angepaßt werden oder weil entsprechende Vorgaben fehlerhaft in konkrete Merkmalsausprägungen oder Ermittlungsregeln umgesetzt werden. Vgl. den Hinweis auf veraltete bzw. logisch falsche generelle Soll-Vergleichsobjekte bzw. Regelungen Hanisch, H., Jahresabschlußprüfung, S. 182; Peemöller, V. H./Husmann, R./Dumpert, M., BBK 1998, Fach 28, S. 1130; Schlageter, G./Stucky, W., Datenbanksysteme, S. 293. Zu logischen Fehlern vgl. auch Sobol, M. I., Anwendungssoftware, S. 150.

[476] Vgl. zur Dominanz von Normen insbesondere bei der Berücksichtigung von Prüfungszielen v. Wysocki, K., Prüfungswesen, S. 125, 127.

[477] Vgl. Leffson, U., GoB, S. 169 f.

[478] Vgl. Leffson, U., GoB, S. 170.

darüber, daß die Vergleichsobjekte fehlerfrei sind.[479] Ihr Zuverlässigkeitsgrad beträgt in diesem Fall 100 %. Andernfalls sind sie als unbefriedigend zuverlässig zu klassifizieren. Bei individuellen Soll-Vergleichsobjekten muß sich der Abschlußprüfer bei der Beurteilung der Normgerechtigkeit eine Vorstellung darüber verschaffen, ob die Vergleichsobjekte normgerecht sind, wenn sie entsprechend den vorgegebenen Überwachungsregeln erstellt werden.[480] Bei konzeptionsgemäßer Anwendung der Überwachungsregeln läßt sich die Normgerechtigkeit der individuellen Soll-Vergleichsobjekte entweder auf die Normgerechtigkeit der bei ihrer Ermittlung heranzuziehenden Vorgaben oder auf die Beachtung einer bestimmten Vorgehensweise bei ihrer Herleitung zurückführen.

Für die Gewährleistung der **materiellen Richtigkeit** von Bewertungsvorgängen repräsentiert eine Bewertungsrichtlinie die bei der Herleitung individueller Soll-Vergleichsobjekte heranzuziehende betriebliche Norm. Schreibt die Bewertungsrichtlinie bei der Ermittlung der Herstellungskosten die Einbeziehung von Vertriebskosten darstellenden Aufwendungen vor oder läßt sie eine nicht willkürfreie Ausfüllung bestehender Freiheitsgrade bei der Herstellungskostenermittlung zu[481], steht sie wegen § 255 Abs. 2 S. 6 HGB bzw. hinsichtlich des nicht kodifizierten GoB der Willkürfreiheit im Widerspruch zu dem für die Rechnungslegung geltenden Normensystem. Auch für die im außerbuchhalterischen Bereich vollzogenen Abbildungsvorgänge, die keine Bewertung erfordern, gilt die Forderung nach materieller Richtigkeit,[482] ohne daß gesetzlich spezielle Ab-

---

[479] Da sich der Abschlußprüfer direkt mit den Merkmalsausprägungen der generellen Soll-Vergleichsobjekte befaßt hat, kommt der sicher zutreffenden Vermutung Schupperts, daß generelle Soll-Vergleichsobjekte fehlerfrei sein werden, weil sie wegen ihrer wiederholten Verwendung mit besonderer Sorgfalt erstellt werden (vgl. Schuppert, A., Routinetätigkeiten, S. 99), für die Zuverlässigkeitsbeurteilung der Vergleichsobjekte keine Bedeutung zu.

[480] Die sicher zutreffende Vermutung Schupperts, daß individuelle Soll-Vergleichsobjekte fehlerfrei hergeleitet werden, wenn sie besonders einfach zu erstellen sind (vgl. Schuppert, A., Routinetätigkeiten, S. 99), ist für die Zuverlässigkeitsbeurteilung der Vergleichsobjekte daher unerheblich.

[481] Vgl. Kupsch, P./Achtert, F., BB 1997, S. 1404.

[482] So ausdrücklich Leffson, U., GoB, S. 168, mit der Forderung, daß die Abbildungen der realen Tatbestände der Wirklichkeit entsprechen müssen.

bildungsregeln vorgeschrieben sind. In diesen Fällen wird die materielle Richtigkeit durch vertragliche Vereinbarungen präzisiert, so daß das Kriterium der Normgerechtigkeit von den auf Verträgen beruhenden Vergleichsobjekten[483] erfüllt wird. Derartige Soll-Vergleichsobjekte beziehen sich nicht nur auf individuelle Verträge, sondern auch auf generelle Vergleichsobjekte in Form von der Geschäftsführung autorisierten Vertragsbedingungen (z.b. Preisvorgaben).[484] Ein zur Sicherstellung der materiellen Richtigkeit des Fakturierungsvorgangs verwendete Standardpreisliste stellt ein solches Vergeichsobjekt dar. Ob die den Vergleichsobjekten zugrundeliegenden Vertragsabschlüsse mit Zustimmung der Geschäftsführung getätigt, alle Lieferungs-, Leistungs- und Zahlungsbedingungen mit Kenntnis und Erlaubnis der Geschäftsführung vereinbart worden sind und ob z.b. vorgegebene Preisuntergrenzen unterschritten werden, ist für die Normgerechtigkeit der Vergleichsobjekte hinsichtlich der Rechnungslegung unerheblich.[485]

---

[483] Verträge als Grundlage von Vergleichsobjekten erwähnen Frysch, J., Kontrollabbau, S. 68; Göbel, R., Auswahlverfahren, S. 10 und Schuppert, A., Routinetätigkeiten, S. 21.

[484] Genehmigungen des Managements können in Form verbindlicher Regelungen durch allgemeine oder spezielle Autorisation delegiert werden. Eine allgemeine Autorisation ist gegeben, wenn die Genehmigung für eine Klasse gleichartiger Geschäftsvorfälle erteilt wird, während die spezielle Autorisation für jeden Geschäftsvorfall einen gesonderten Genehmigungsvorgang erfordert. Durch die Erlaubnis für einen Verkäufer, selbständig Umsätze bis zu einer bestimmten Höhe zu tätigen, gilt jeder durch diesen Verkäufer abgeschlossene Vertrag, der die Umsatzgrenze nicht überschreitet, als durch die Geschäftsführung genehmigt (generelle Autorisierung). Weitere Formen genereller Autorisierungen sind standardisierte Preisvorgaben und Kreditlimits für Kunden. Die individuelle Autorisierung erfordert die Genehmigung eines Vertrages im Einzelfall. Vgl. zur Autorisierung z.B. Adenauer, P., Internes Kontrollsystem, S. 75; Arens, A. A./ Loebbecke, J. K., Auditing, S. 279; Boynton, W. C./Kell, W. G., Modern Auditing, S. 265; Kiger, J. E./ Scheiner, J. H., Auditing, S. 294.

[485] Ob die den Vergleichsobjekten zugrundeliegenden Vertragsabschlüsse mit Erlaubnis der Geschäftsführung getätigt und alle Lieferungs-, Leistungs- und Zahlungsbedingungen mit Kenntnis und Zustimmung der Geschäftsführung vereinbart werden und die Verträge als zweckmäßig anzusehen sind, ist im Zusammenhang mit Unterschlagungen relevant und soweit die Sicherstellung der Autorisation als eigenständiges Überwachungsziel angesehen wird. Vgl. Adenauer, P., Internes Kontrollsystem, S. 75; Boynton, W. C./ Kell, W. G., Modern Auditing, S. 265; Meyer zu Lösebeck, H., Unterschlagungsverhütung, S. 314.

Die normgerechte Herleitung der Merkmalsausprägungen individueller Soll-Vergleichsobjekte, die auf die Fehleridentifikation an elementaren Überwachungsobjekten gerichtet sind und die Sicherstellung von **Vollständigkeit** oder **Authentizität** betreffen, verlangt eine besondere Vorgehensweise. Vergleichsobjekte für die Einhaltung der Vollständigkeit müssen "progressiv", der Abbildungsrichtung des überwachten Rechnungslegungsvorgangs folgend,[486] und aus dem Vorgangsinput hergeleitet werden, denn dieser Vorgangsinput stellt für den betreffenden Vorgang die abzubildende "Wirklichkeit" dar. Normgerechte Vergleichsobjekte zur Gewährleistung der Authentizität erfordern dagegen ein "retrogrades", der Abbildungsrichtung des überwachten Rechnungslegungsvorgangs entgegengerichtetes Vorgehen.[487] Eine derartige Einschränkung besteht bei der Herleitung individueller Vergleichsobjekte nicht, die zur Sicherstellung der **materiellen Richtigkeit** verwendet werden. Sie können progressiv oder retrograd ermittelt werden.[488]

Bei individuellen Soll-Vergleichsobjekten, die alle für die Beurteilung der Zuverlässigkeit relevanten Kriterien erfüllen, wird wie bei Ist-Vergleichsobjekten mit der Annahme der regelkonformen Verfahrensanwendung eine fehlerfreie Erstellung fingiert, so daß ihnen ein Zuverlässigkeitsgrad von 100 % zugeordnet werden kann. Auch wenn nur eines der

---

[486] Vgl. Knoth, J., Progressive und retrograde Prüfung, Sp. 1467; Leffson, U., Wirtschaftsprüfung, S. 251; Selchert, F. W., Jahresabschlußprüfung, S. 117, 228; Stibi, E., Prüfungsrisikomodell, S. 52.

[487] Vgl. Knoth, J., Progressive und retrograde Prüfung, Sp. 1467; Leffson, U., Wirtschaftsprüfung, S. 251; Selchert, F. W., Jahresabschlußprüfung, S. 117, 228; Stibi, E., Prüfungsrisikomodell, S. 52. Zur retrograden Vorgehensweise vgl. Knoth, J., Progressive und retrograde Prüfung, Sp. 1459 ff.; Leffson, U., Wirtschaftsprüfung, S. 16; v. Wysocki, K., Prüfungswesen, S. 157.

[488] Vgl. Leffson, U., Wirtschaftsprüfung, S. 251.

Kriterien nicht erfüllt ist, muß von einem Zuverlässigkeitsgrad von 0 % ausgegangen werden.[489]

Generelle Ist-Vergleichsobjekte nehmen aufgrund ihrer hybriden Merkmale eine Sonderstellung ein. Wie bei Soll-Vergleichsobjekten ist mit ihnen ein Normanspruch verbunden, der jedoch auf den "Normalfall" beschränkt ist. Insoweit müssen auch diese Vergleichsobjekte den Forderungen nach Verbindlichkeit und Normgerechtigkeit in begrenztem Maße Rechnung tragen. Um als verbindlich zu gelten, müssen sie zeitlich vor der Abwicklung des überwachten Rechnungslegungsvorgangs erstellt worden sein. Das Kriterium der Normgerechtigkeit erfüllen sie nur dann, wenn sie tatsächlich den im Normalfall fehlerfreien Zustand der Überwachungsobjekte repräsentieren. Hier ist bestenfalls anhand der zur Definition eines Normalfalls verwendeten Kriterien und gegebenenfalls durch rechnerischen Nachvollzug der daraus abgeleiteten Ausprägungen eine Plausibilitätsbeurteilung möglich. Generellen Ist-Vergleichsobjekten kann unter diesen Bedingungen ein Zuverlässigkeitsgrad von 100 % zuerkannt werden. Ist ein Kriterium nicht erfüllt, muß für die Zuverlässigkeit ein Wert von 0 % angesetzt werden.

Die Bildung von Ausprägungsklassen nutzenäquivalenter Zuverlässigkeitsgrade kann sich an der Zuverlässigkeit orientieren, die den Vergleichsobjekten unterschiedlicher Kategorien zugeordnet werden. Danach können die Zuverlässigkeitsgrade von 0 % und 100 % als jeweils eigene Klasse abgegrenzt werden. Aus der Kombination der zur Bestimmung der Zuverlässigkeit indirekt ermittelter Vergleichsobjekte verwendeten Kriterien und deren Ausprägungen ergeben sich Zwischenwerte. Mit der präferenzerhaltenden Abbildung dieser Ausprägungsklassen auf die natürlichen

---

[489] Individuelle und generelle Soll-Vergleichsobjekte werden insoweit gleich behandelt. Die Gleichbehandlung ist nur wegen der Prämisse der regelkonformen Verfahrensanwendung gerechtfertigt. Wird diese Annahme aufgehoben, wiegt die Fehlerhaftigkeit eines generellen Soll-Vergleichsobjektes sehr viel schwerer als bei einem individuellen Soll-Vergleichsobjekt, denn durch den wiederholten Einsatz eines fehlerhaften generellen Soll-Vergleichsobjektes wächst die Anzahl der Fehlurteile mit der Menge der klassenzugehörigen Überwachungsobjekte. Vgl. Schuppert, A., Routinetätigkeiten, S. 23.

Zahlen [0, 2, 4, 6, 8, 10] entsteht die in Tabelle 9 wiedergegebene Nutzenfunktion[490].

---

[490] Die verbale Beschreibung der Ausprägungsklassen und die Zuordnung von Wahrscheinlichkeitsgrößen orientiert sich an Krelle, W./Coenen, D., Entscheidungstheorie, S. 198.

Ausprägungsklassen (k_{FliK2e})	Der Abschlußprüfer hält die Fehlerfreiheit der Vergleichsobjekte (unter der Prämisse konzeptionsgemäßer Anwendung der Überwachungsregeln) für	Die subjektive Wahrscheinlichkeit für die Fehlerfreiheit der Vergleichsobjekte (Zuverlässigkeit) beträgt dann	Klasseninhalt	Nutzenwerte (k_{FliK2e})
k_{FliK26}	völlig sicher	100 %	Soll-Vergleichsobjekte, direkt ermittelte Ist-Vergleichsobjekte, indirekt ermittelte Ist-Vergleichsobjekte auf der Grundlage externer Informationen mit hoher Qualifikation des Informanden	10
k_{FliK25}	sehr wahrscheinlich bis außerordentlich wahrscheinlich	> 80 % bis < 100 %	indirekt ermittelte Ist-Vergleichsobjekte auf der Grundlage externer Informationen mit mittlerer Qualifikation des Informanden	8
k_{FliK24}	durchaus möglich bis wahrscheinlich	> 60 % bis $\leq$ 80 %	indirekt ermittelte Ist-Vergleichsobjekte auf der Grundlage externer Informationen mit geringer Qualifikation des Informanden	6
k_{FliK23}	immerhin möglich	< 40 % bis $\leq$ 60 %	indirekt ermittelte Ist-Vergleichsobjekte auf der Grundlage interner Informationen von unabhängigen Informanden	4
k_{FliK22}	eher unwahrscheinlich, aber nicht unmöglich	< 0 % bis $\leq$ 40 %	indirekt ermittelte Ist-Vergleichsobjekte auf der Grundlage interner Informationen von abhängigen Informanden	2
k_{FliK21}	völlig unmöglich	0 %	Vergleichsobjekte, die mindestens eines der Kriterien Vergleichsfähigkeit, Verbindlichkeit oder Normgerechtigkeit nicht erfüllen	0

Tabelle 9: *Beispiel für eine Nutzenfunktion des Kriteriums "Zuverlässigkeitsgrad der Vergleichsobjekte"*

3.2.1.3 Fehleridentifikationspotential

Mit dem Zielkriterium "Fehleridentifikationspotential" soll der Einfluß von Auswahlregeln für Überwachungsobjekte auf den Zielerreichungsgrad der Fehleridentifikation erfaßt werden. Die Wahrscheinlichkeit der Aufdeckung wesentlicher Fehler hängt nicht nur davon ab, daß im Rahmen einer Vergleichshandlung der Zustand fehlerhafter Überwachungsobjekte zutreffend beurteilt wird. Auch die in der Auswahlphase eines Überwachungsvorgangs getroffene Entscheidung, welche Objekte einer Vergleichshandlung unterliegen sollen beeinflußt den Zielerreichungsgrad der Fehleridentifikation, denn nur für die der Vergleichshandlung unterliegenden Objekte ist die Möglichkeit zur Aufdeckung von Fehlern gegeben. Das Fehleridentifikationspotential ist der Anteil der fehlerhaften Überwachungsobjekte, für die nach den Auswahlregeln im Abrechnungszeitraum die Möglichkeit zur Fehleraufdeckung besteht.

Die Auswahlregeln bestimmen die Anzahl der Überwachungsobjekte und die Kriterien bzw. das Vorgehen nach denen die Überwachungsobjekte auszuwählen sind. Dabei kann die Grundgesamtheit, aus der die Auswahl im Überwachungszeitpunkt erfolgt, entweder abgeschlossen oder nicht fest determiniert sein.[491] Der Auswahlumfang[492] kann zwischen einem und allen Objekten der (abgeschlossenen) Grundgesamtheit variieren.[493] Der Auswahlsatz entspricht dem Quotienten aus Auswahlumfang und der zu überwachenden Grundgesamtheit.

---

[491] Vgl. Göbel, R., Auswahlverfahren, S. 190, 192. Im Überwachungszeitpunkt liegt eine abgeschlossene Grundgesamtheit vor, wenn z.B. die Ausgangsrechnungen des Monats April gebündelt, und dem Überwachungsträger in einem darauffolgenden Monat zur Auswahl übergeben werden. Um eine nicht fest determinierte Grundgesamtheit handelt es sich, wenn eine Auswahl "vorgangsbegleitend" aus den Rechnungen des laufenden Monats getroffen wird. Bezogen auf den Abrechnungszeitraum "Geschäftsjahr" ist bei unterjährigen Überwachungszeitpunkten stets eine nicht abgeschlossene Grundgesamtheit gegeben.

[492] Da in der Literatur teilweise der Begriff der "Stichprobe" nur im Zusammenhang mit zufallsgesteuerten Auswahlverfahren gebräuchlich ist (vgl. Leffson, U., Wirtschaftsprüfung, S. 169 ff.) wird hier der nicht auf eine bestimmte Auswahltechnik beschränkte, umfassendere Begriff der Auswahl verwendet.

[493] Vgl. Arens, A. A./Loebbecke, J. K., Auditing, S. 167.

Bezogen auf den Abrechnungszeitraum umfaßt die zu überwachende Grundgesamtheit die Menge aller in diesem Zeitraum durch den überwachten Vorgang realisierten elementaren Objekte.[494] Stimmt die Anzahl der elementaren Überwachungsobjekte mit der Grundgesamtheit des Abrechnungszeitraums überein, beträgt der "Auswahlsatz" 100 % (Vollüberwachung).[495] Bei einer Vollüberwachung beträgt das Fehleridentifikationspotential 100 %, da sämtliche fehlerbehafteten Objekte der Grundgesamtheit fehleridentifizierenden Vergleichshandlungen unterworfen werden.

Überwachungsverfahren, die bezüglich der Grundgesamtheit des Abrechnungszeitraums einen geringeren Auswahlsatz aufweisen, führen zu einer Auswahlüberwachung.[496] Da bei einer Auswahlüberwachung die Möglichkeit besteht, daß fehlerbehaftete Objekte nicht in die Auswahl gelangen, weist sie grundsätzlich ein geringeres Fehleridentifikationspotential als

---

[494] Der für die Jahresabschlußprüfung relevante Zeitraum ist die Abrechnungsperiode, so daß die Grundgesamtheit auf diesen Zeitraum zu beziehen ist. Vgl. Leffson, U., Wirtschaftsprüfung, S. 169.

[495] Eine Vollüberwachung ergibt sich auch bei Überwachungsverfahren, bei denen die Fehleridentifikation an komplexen Überwachungsobjekten vollzogen wird, wenn alle Einzelobjekte des Abrechnungszeitraumes als Bestandteil komplexer Überwachungsobjekte z.B. in Form einer "geschlossenen Kontrollkette" (vgl. Schuppenhauer, R., GoDV, Abschn. A, Tz 343) Vergleichshandlungen unterworfen werden.

[496] Eine Auswahlüberwachung bezüglich der Abrechnungsperiode ergibt sich, wenn nicht alle im Zeitraum zwischen zwei Überwachungszeitpunkten realisierten Objekten Vergleichshandlungen unterworfen werden. Dabei können auch die Überwachungszeitpunkte das Auswahlkriterium für die Überwachungsobjekte bilden. Sind bei täglicher Realisierung z.B. als Überwachungszeitpunkte der jeweils 1., 15., und 30. Tag eines Monats festgelegt, gelangen jeweils die an den Überwachungstagen realisierten Objekte in die Auswahl und werden lückenlos überprüft. Der Fehleridentifikationspotential wird in diesem Fall zusätzlich durch die Anzahl der Überwachungszeitpunkte und den Realisierungsumfang an den Überwachungszeitpunkten beeinflußt. Wird die Überwachung über die gesamte Abrechnungsperiode betrachtet, ist sie als zweistufiges Auswahlverfahren interpretierbar, bei dem die Überwachungszeitpunkte die Auswahleinheiten auf der ersten Stufe und die realisierten Objekte die Auswahleinheiten auf der zweiten Stufe darstellen (vgl. Göbel, R., Auswahlverfahren, S. 158). Dies ist z.B. der Fall wenn aus dem Zahlungseingangsjournal des Monats Oktober 40 (Anzahl) zufällig (Auswahltechnik) Objekte ausgewählt werden. Vgl. Arens, A. A./Loebbecke, J. K., Auditing, S. 167; Leffson, U., Wirtschaftsprüfung, S. 169.

eine Vollüberwachung auf. Das Fehleridentifikationspotential einer Auswahlüberwachung hängt von der Auswahltechnik und vom Auswahlsatz ab. Bei gleichem Auswahlsatz wird die Anzahl der fehlerhaften Objekte durch die Auswahltechnik mit ihrem jeweiligen Auswahlziel beeinflußt. Das Auswahlziel kann darin bestehen, eine für den Fehleranteil in der Grundgesamtheit repräsentative Auswahl zu treffen. Bei anderen Auswahltechniken ist eine solche Repräsentativität gerade nicht beabsichtigt. Neben der zufallsgesteuerten Auswahl stellt die bewußtgesteuerte Auswahl eine weitere Auswahltechnik dar.[497] Ziel der zufallsgesteuerten Auswahlverfahren sowie der typischen Auswahl als bewußtgesteuertem Auswahlverfahren ist eine repräsentative Auswahl von Untersuchungsobjekten aus der Grundgesamtheit.[498]

Bei einer (idealen) repräsentativen Auswahl entspricht der Anteil der fehlerhaften Objekte in der Auswahl dem Fehleranteil in der Grundgesamtheit.[499] Das Fehleridentifikationspotential stimmt in diesem Fall mit dem Auswahlsatz des Abrechnungszeitraums überein.[500]

Das Fehleridentifikationspotential kann mit Auswahltechniken, bei denen eine Repräsentanz der Auswahl für den Fehleranteil in der Grundgesamtheit nicht gewollt ist und die Auswahl sich am Fehlerrisiko orientiert, erheblich gesteigert werden.[501] Am Fehlerrisiko orientiert sich als bewußtgesteuertes Auswahlverfahren die detektivische Auswahl[502] und die ge-

---

[497] Vgl. Leffson, U., Wirtschaftsprüfung, S. 168.

[498] Vgl. v. Wysocki, K., Prüfungswesen, S. 175, 179. Zur differenzierten Einordnung verschiedener Auswahltechniken vgl. Göbel, R., Auswahlverfahren, S. 134 ff.

[499] Vgl. Göbel, R., Auswahlverfahren, S. 133.

[500] Bei einem Auswahlsatz von z.B. 10 % beträgt das Fehleridentifikationspotential lediglich 10 %, so daß nur für 10% der in der Grundgesamtheit des Abrechnungszeitraums enthaltenen fehlerbehafteten Objekte überhaupt die Möglichkeit einer Fehleridentifikation gegeben ist.

[501] Vgl. Göbel, R., Auswahlverfahren, S. 135. Zu fehlerrisikoorientierten Auswahlkriterien vgl. z.B. Göbel, R., Auswahlverfahren, S. 51; v. Wysocki, K., Prüfungswesen, S. 177 f.

[502] Vgl. Göbel, R., Auswahlverfahren, S. 50 f., 135; v. Wysocki, K., Prüfungswesen, S. 177 f.

schichtete Auswahl als zufallsgesteuertes Auswahlverfahren, wenn als Schichtungsmerkmal das Fehlerrisiko verwendet wird[503]. Bei einer Orientierung am Fehlerrisiko wird die Auswahl so angelegt, daß möglichst viele fehlerbehaftete Objekte erfaßt werden, so daß die fehlerhaften Überwachungsobjekte in der Auswahl "überrepräsentiert" sind.[504] Gelingt es z.B. bei einem Auswahlsatz von 10 %, insgesamt 30 % der in der Grundgesamtheit enthaltenen fehlerhaften Objekte zu erfassen, beträgt das Fehleridentifikationspotential 30 % und liegt damit dreimal höher als bei repräsentativer Auswahl mit gleichem Auswahlsatz. Unter der Voraussetzung guter Vorinformationen (bekannte Fehlerquellen) ist es möglich, nahezu sämtliche fehlerhaften Objekte des Abrechnungszeitraums in die Auswahl einzubeziehen, so daß das Fehleridentifikationspotential der am Fehlerrisiko orientierten Verfahren der Auswahlüberwachung dem Fehleridentifikationspotential bei Vollüberwachung nahekommen kann.[505]

Bei gleicher Auswahltechnik erhöht sich das Fehleridentifikationspotential mit steigendem Auswahlsatz. Liegt bei einer fehlerrisikoorientierten Auswahl der Anteil der fehlerhaften Objekte in der Auswahl etwa dreimal höher als in der Grundgesamtheit, läßt sich mit einer Anhebung des Auswahlsatzes von 10 % auf 30 % das Fehleridentifikationspotential von 30 % auf etwa 90 % steigern.[506]

Für eine Fehleridentifikation können keine, einige oder alle fehlerhaften Objekte aus der Grundgesamtheit des Abrechnungszeitraums ausgewählt werden. Der Skalenbereich des Zielkriteriums ist deshalb nach oben

---

[503] Vgl. Göbel, R., Auswahlverfahren, S. 135.

[504] Vgl. v. Wysocki, K., Prüfungswesen, S. 177.

[505] Vgl. Göbel, R., Auswahlverfahren, S. 135.

[506] Bei einer idealen repräsentativen Auswahl kann das Fehleridentifikationspotential von 10 % auf 30 % erhöht werden, wenn der Auswahlsatz von 10 % auf 30 % angehoben wird. Da das Fehleridentifikationspotential auf 100% beschränkt ist, können die Annahmen über die Verdreifachung des Fehleranteils für eine fehlerrisikoorientierte Auswahl nur bis zu einem Auswahlsatz von ca. 33 % gelten. Mit darüberliegenden Auswahlsätzen läßt sich eine nennenswerte Erhöhung des Fehleridentifikationspotentials nicht mehr erreichen, denn es kommt bereits dem einer Vollüberwachung nahe.

durch einen Wert von 100 % und nach unten durch einen Wert von 0 % begrenzt.

Bei der Aufstellung der Präferenzordnung für die Ausprägungen des Fehleridentifikationspotentials wird angenommen, daß die nicht für eine Fehleridentifikation ausgewählten Objekte ebenso wie die bei einem Vergleich als fehlerfrei beurteilten Überwachungsobjekte in unverändertem Zustand an nachfolgende Rechnungslegungsvorgänge weitergeleitet werden. Es wird also unterstellt, daß der Überwachungsträger auf der Grundlage der Auswahlergebnisse kein Urteil über die nicht überwachten Teile der Grundgesamtheit abgibt.[507] In diesem Fall ist die aufgrund der Auswahlregeln getroffene Entscheidung über die Vornahme einer fehleridentifizierenden Maßnahme aus der Sicht des Abschlußprüfers mit dem Urteil vergleichbar, der nicht überwachte Teil der Grundgesamtheit enthalte keine wesentlichen Fehler. Haben alle Fehler lediglich untergeordnete Bedeutung, dann hängt die Wahrscheinlichkeit mit der dieses (fiktive) Urteil tatsächlich zutrifft, von der Höhe des Anteils der fehlerbehafteten Objekte ab, der aufgrund der Überwachungsregeln in der Auswahl erfaßt wird. Je mehr fehlerhafte Objekte in die Auswahl gelangen, desto stärker wird der Anteil derjenigen Objekte reduziert, deren Fehler unentdeckt bleiben müssen, weil sie keiner Fehleridentifikation unterliegen. Die Wahrscheinlichkeit, daß wegen einer großen Anzahl von unbedeutenden Fehlern insgesamt wesentliche Fehler im nicht überwachten Teil der Grundgesamtheit vorhanden sind, ist deshalb bei einem höheren Fehleridentifikationspotential tendenziell geringer.[508] Daraus ergibt sich für die

---

[507] Göbel weist darauf hin, daß Auswahlverfahren auch dann eingesetzt werden, wenn kein Urteil über die Fehlerhaftigkeit der zu überwachenden Grundgesamtheit abgegeben wird. Vgl. zu den verschiedenen Einsatzmöglichkeiten Göbel, R., Auswahlverfahren, S. 46, 72, 109. Der Fall, daß durch den Überwachungsträger ein Urteil über die zu überwachende Grundgesamtheit abzugeben ist, von dem die Behandlung der nicht in der Auswahl befindlichen Objekte abhängt, wird hier nicht betrachtet.

[508] Im Ergebnis ist diese Aussage vergleichbar mit der Feststellung, daß bei einer am Fehlerrisiko orientierten (bewußtgesteuerten) Auswahl die Wahrscheinlichkeit, daß der nicht untersuchte Teil der Grundgesamtheit keine ebenso bedeutenden Fehler enthält, wie sie in der Auswahl festgestellt wurden, geringer ist als bei einer zufallsgesteuerten Auswahl. Vgl. v. Wysocki, K., Prüfungswesen, S. 248.

Ausprägungen des Zielkriteriums eine Rangordnung nach zunehmendem Fehleridentifikationspotential. Der oberste Rang wird durch ein Fehleridentifikationspotential von 100 % besetzt, da das Risiko der Nichtaufdeckung wesentlicher Fehler aufgrund einer Auswahlentscheidung gänzlich entfällt.[509]

Die Grenze zwischen "unbefriedigend" und "befriedigend und besser" zu bewertenden Ausprägungen ist bei einem Fehleridentifikationspotential zu ziehen, bei dem nach Auffassung des Abschlußprüfers eine hinreichende Sicherheit für die Einschätzung nicht mehr gegeben ist, daß der nicht überwachte Teil der Grundgesamtheit keine wesentlichen Fehler enthält. Wird als hinreichend eine "wahrscheinlich" oder "sehr möglich" zutreffende Einschätzung angesehen, beträgt die geforderte subjektive Sicherheitswahrscheinlichkeit des Abschlußprüfers etwa 60 % bis 70 %.[510] Bei einer Entdeckungsstichprobe müßten in diesem Fall die Auswahlsätze mindestens der Sicherheitswahrscheinlichkeit entsprechen (60 % - 70 %), wenn die Hypothese gestützt werden soll, daß der nicht überwachte Teil der Grundgesamtheit keine fehlerhaften Objekte enthält.[511] Da die Aufdeckung sämtlicher Fehler bzw. die Auswahl sämtlicher fehlerbehafteter Objekte nicht verlangt wird, darf ein gerade "befriedigendes" Fehleridentifikationspotential deutlich unter der Sicherheitswahrscheinlichkeit liegen. Die Grenze für zwischen "unbefriedigenden" und "befriedigenden" Ausprägungen kann beispielsweise bei einem Fehleridentifikationspotential von 10 % liegen. In diesem Fall ist nach Auffassung des Abschlußprüfers keine hinreichende Sicherheit gegeben, daß der nicht überwachte Teil der

---

[509] Mit einer Vollüberwachung läßt sich deshalb theoretisch absolute Fehlerfreiheit erreichen, wenn unterstellt wird, daß sämtliche Fehler auch aufgedeckt und beseitigt werden. Vgl. Göbel, R., Auswahlverfahren, S. 117. Dem entspricht im Rahmen der Jahresabschlußprüfung eine theoretische Urteilssicherheit von 100 %. Vgl. Leffson, U./Lippmann, K. /Baetge, J., Sicherheit und Wirtschaftlichkeit, S. 24.

[510] Bei der Forderung nach einer "sehr wahrscheinlich" oder "außerordentlich wahrscheinlich" zutreffenden Einschätzung beträgt die geforderte Sicherheitswahrscheinlichkeit 80 % bis 99 %. Zur Umsetzung qualitativer Gewißheitsgrade in quantitative Wahrscheinlichkeitsgrößen vgl. Krelle, W./ Coenen, D., Präferenz- und Entscheidungstheorie, S. 198.

[511] Vgl. v. Wysocki, K., Prüfungswesen, S. 214.

Grundgesamtheit keine wesentlichen Fehler enthält, weil aufgrund der Auswahlregeln nur 10 % der fehlerhaften Objekte einem Vergleich unterliegen.[512]

Über die Abgrenzung zwischen Vollüberwachung und Auswahlüberwachung hinaus ist eine Bildung von Ausprägungsklassen für das Zielkriterium "Fehleridentifikationspotential" schwierig. Sie spiegeln unterschiedliche subjektive Grade der Gewißheit des Abschlußprüfers wider, daß das mit der Auswahlentscheidung fiktiv abgegebene Urteil, der nicht überwachte Teil der Grundgesamtheit enthalte keine wesentlichen Fehler, bei einer bestimmten Klasse von Fehleridentifikationspotentialen tatsächlich zutrifft. Bei den Klassengrenzen der in Tabelle 10 wiedergegebenen Nutzenfunktion handelt es sich deshalb um "gegriffene" Größen (Spalte Potential) und ihre präferenzerhaltende Abbildung auf die natürlichen Zahlen [0, 2, 4, 6, 8, 10]. Um mögliche Klasseninhalte bei unterschiedlichen bzw. fehlenden Auswahlzielen zu veranschaulichen, wird bei den Verfahren der Auswahlüberwachung beispielhaft zwischen der Willkürauswahl, der idealen repräsentativen Auswahl und einer am Fehlerrisiko orientierten Auswahl differenziert (Spalte Auswahlsatz).[513]

Nach dieser Nutzenfunktion werden Überwachungsverfahren im Unternehmens-Soll-IKS hinsichtlich ihrer Auswahlregeln als wirksam beurteilt, wenn das Fehleridentifikationspotential 10 % überschreitet (Ausprägungsklasse k_{FIIK42}, Spalte Potential). Der Abschlußprüfer geht davon aus, daß die Voraussetzung zur Identifikation wesentlicher Fehler gegeben ist, wenn mehr als 10 % aller fehlerhaften Objekte einer Vergleichshandlung

---

[512] Im Ergebnis ist diese Grenze mit der Einschätzung Göbels vergleichbar, der die Korrekturwirkung von Auswahlverfahren, die nur 10 % oder weniger der Korrekturwirkung einer Vollüberwachung erreichen, als "sehr gering" bzw. "praktisch Null" bewertet. Vgl. Göbel, R., Auswahlverfahren, S. 135, 207. Unter der Annahme, daß die in der Auswahl befindlichen Fehler aufgedeckt und beseitigt werden, entspricht das Fehleridentifikationspotential etwa der von Göbel als Korrekturwirkung bezeichneten Größe. Vgl. dazu auch die Beispiele bei Göbel, R., Auswahlverfahren, S. 133.

[513] Eine an der Bedeutung der Objekte orientierte Auswahltechnik und Kombinationen unterschiedlicher Auswahltechniken sind in der Nutzenfunktion nicht berücksichtigt.

unterzogen werden. Ein Verfahren mit idealer repräsentativer Auswahl erfüllt diese Bedingung nur, wenn der Auswahlsatz über 10 % liegt (Ausprägungsklasse k_{FIIK42}, Spalte "repräsentativ"), während ein am Fehlerrisiko orientiertes Verfahren bereits bei einem 5 % übersteigenden Auswahlsatz als wirksam gilt (Ausprägungsklasse k_{FIIK42}, Spalte "fehlerrisikoorientiert"). Als nutzenäquivalent gelten in dieser Ausprägungsklasse mindestens befriedigende, aber 50 % nicht übertreffende Fehleridentifikationspotentiale.

Fehleridentifikationspotential				
Ausprägungsklassen	Klasseninhalt			Nutzenwert
(k_{FIIK4e})	Potential	Auswahlsatz (%)		(n_{FIIK4e})
	Vollüberwachung			
k_{FIIK46}	100 %	100 %		10
	Auswahlüberwachung			
		willkürlich	repräsentativ	fehlerrisikoorientiert
k_{FIIK45}	> 90 % bis < 100 %	> 95 bis < 100	> 90 bis < 100	> 45 bis < 100	8
k_{FIIK44}	> 70 % bis ≤ 90 %	> 80 bis ≤ 95	> 70 bis ≤ 90	> 35 bis ≤ 45	6
k_{FIIK43}	> 50 % bis ≤ 70 %	> 60 bis ≤ 80	> 50 bis ≤ 70	> 25 bis ≤ 35	4
k_{FIIK42}	> 10 % bis ≤ 50 %	> 20 bis ≤ 60	> 10 bis ≤ 50	> 5 bis ≤ 25	2
k_{FIIK41}	≤ 10 %	≤ 20	≤ 10	≤ 5	0

Tabelle 10: *Beispiel für eine Nutzenfunktion des Kriteriums "Fehleridentifikationspotential"*

Sind die Ausprägungsklassen für das Fehleridentifikationspotential festgelegt, ist die Bestimmung des Klasseninhalts für eine repräsentative Auswahl einfach, da der Auswahlsatz mit dem Fehleridentifikationspotential übereinstimmt. Bei einer fehlerrisikoorientierten Auswahltechnik ist jedoch der Anteil der fehlerhaften Objekte in der Auswahl nicht bekannt. Die

Festlegung des Klasseninhalts geht von der Überlegung aus, daß die fehlerhaften Objekte in der Auswahl überrepräsentiert sind und deshalb das gleiche Fehleridentifikationspotential wie bei einer repräsentativen Auswahl mit einem geringeren Auswahlsatz erreicht wird. Hier wird unterstellt, daß entsprechende Vorinformationen die Annahme rechtfertigen, daß sich der Fehleranteil in der Auswahl im Vergleich zur Grundgesamtheit verdoppelt. Der Auswahlsatz gegenüber einer repräsentativen Auswahl kann unter dieser Bedingung halbiert werden, um das gleiche Fehleridentifikationspotential zu erreichen. Eine fehlerrisikoorientierte Auswahl mit einem Auswahlsatz von 35% ist dann nutzenäquivalent zu einer repräsentativen Auswahl mit einem Auswahlsatz von 70 % (Ausprägungsklasse k.$_{FIIK43}$).

Bei einer "Auswahl aufs Geratewohl" oder "Willkürauswahl"[514] werden die Überwachungsobjekte ohne zielorientierte, intersubjektiv nachprüfbare Auswahlkriterien aus der Grundgesamtheit entnommen.[515] Diese Technik kann deshalb weder als repräsentative Auswahl noch als fehlerrisikoorientierte Auswahl klassifiziert werden[516]. Soweit dieses Verfahren nicht generell als unwirksam abgelehnt wird,[517] sind bei der Bestimmung des Klasseninhalts Annahmen zu treffen. Bei einer konservativen Einschätzung kann die Annahme darin bestehen, daß die fehlerbehafteten Objekte in der Auswahl stark unterrepräsentiert sind. Das gleiche Fehleridentifikationspotential wie bei einer repräsentativen Auswahl wird sich deshalb erst bei einem sehr viel höheren Auswahlsatz ergeben, so daß einer Willkürauswahl mit einem Auswahlsatz von 80 % der gleiche Nutzenwert zugeordnet werden kann wie einer repräsentativen Auswahl mit einem Auswahlsatz von 70 % (Ausprägungsklasse k.$_{FIIK44}$).

---

[514] Vgl. Lanfermann, J., Bewußte Auswahl, Sp. 1861; Schulte, E. B., Quantitative Methoden, S. 47.

[515] Vgl. Göbel, R., Auswahlverfahren, S. 49.

[516] Vgl. Lanfermann, J., Bewußte Auswahl, Sp. 1861.

[517] Vgl. v. zur Mühlen, R. A. H., Computer-Kriminalität, S. 190, der die Willkürauswahl als nicht sinnvoll bezeichnet.

3.2.1.4 Fehlerartenspektrum

Die Auswirkungen auf den Zielerreichungsgrad der Fehleridentifikation, die sich aus Gestaltungsvarianten derjenigen Überwachungsregeln ergeben, die das Fehlerartenspektrum eines Überwachungsverfahrens festlegen, werden mit dem gleichnamigen Zielkriterium "Fehlerartenspektrum" erfaßt. Das Fehlerartenspektrum ist die Kombination von Fehlerarten, die nach dem Urteil des Abschlußprüfers durch ein Überwachungsverfahren wahrscheinlich aufgedeckt und wahrscheinlich nicht aufgedeckt werden können.

Fehler können in verschiedene Kategorien eingeteilt werden.[518] Zur Klassifizierung von Fehlern unterschiedlichen Typs werden die Unterscheidungskriterien "Kenntnis des Fehlers durch den Verursacher" und "statistische Erfaßbarkeit" ihres Auftretens herangezogen.[519] Handelt der Fehlerverursacher in Fehlerabsicht (Manipulationsabsicht) entstehen **bewußte Fehler**, während aus einem Handeln ohne Fehlerabsicht **unbewußte Fehler** resultieren.[520]

Durch bewußte Fehler bei der Rechnungslegung wird ein Sachverhalt gezielt falsch abgebildet, um z.B. die Bilanz zu manipulieren oder Unterschlagungen zu verschleiern.[521] Unbewußte Fehler basieren auf Irrtümern, mangelnder Sorgfalt und fehlender Sachkenntnis oder entstehen durch Mängel in Arbeitsanweisungen.[522] Während unbewußte Fehler von ma-

---

[518] Zu verschiedenen Fehlersystematiken vgl. Baetge, J., Objektivierung, S. 40 f.; IDW, Stellungnahme HFA 7/1997, WPg 1998, S. 29; Quick, R., Risiken, S. 11 ff.; Stibi, E., Prüfungsrisikomodell, S. 58 ff.

[519] Vgl. Baetge, J., Objektivierung, S. 41, 73.

[520] Vgl. Baetge, J., Objektivierung, S. 41; v. Wysocki, K., Prüfungswesen, S. 249. Im angelsächsischen Schrifttum wird zwischen "intentional misstatements" und "unintentional misstatements" differenziert. Fehler (errors) sind unintentional misstatements, während intentional misstatements Unregelmäßigkeiten (irregularities) darstellen. Vgl. z.B. Arens, A. A./Loebbecke, J. K., Auditing, S. 138; Carmichael, D. R., JoA, September 1988, S. 42.

[521] Vgl. Baetge, J., Objektivierung, S. 41.

[522] Vgl. Baetge, J., Objektivierung, S. 87 - 89; Stibi, E., Prüfungsrisikomodell, S. 61.

schinellen und personellen Aufgabenträgern verursacht werden, sind bewußte Fehler bei maschinellen Aufgabenträgern ausgeschlossen, da ihnen "Betrugsabsichten fremd [sind]"[523].

Nach der statistischen Erfaßbarkeit wird zwischen zufälligen und systematischen Fehlern differenziert.[524] **Systematische Fehler** entstehen durch eine oder wenige Einzelursachen, die durch eine Fehlerursachenanalyse offengelegt[525] und durch Beseitigung der Fehlerursache künftig vermieden werden können[526]. Im Gegensatz dazu entstehen zufällige Fehler aus Einzelereignissen, deren Ursachen weder der Art noch dem Umfang nach bekannt oder erkennbar sind[527]. Vor allem die menschliche Unzulänglichkeit personeller Aufgabenträger führt zu zufälligen Fehlern.[528] Da die Ursachen zufälliger Fehler nicht beeinflußt werden können, handelt es sich um unvermeidbare Fehler.[529]

Aus der Kombination beider Unterscheidungskriterien folgt, daß es sich bei bewußten Fehlern wegen ihrer eindeutig abgrenzbaren Fehlerursache

---

[523] Günther, H., Interne Revision, S. 64; Einfügung in Klammern durch Verf. Software stellt Arbeitsanweisungen für maschinelle Aufgabenträger (Rechner) dar. Die Manipulation von Programmen zur Überweisung von Rundungsdifferenzen bzw. falsch berechneten Zinsen auf Täterkonten, auf die in der Literatur häufig hingewiesen wird, kommt als komplexe Schädigungsmöglichkeit in der Praxis selten vor (vgl. Odenthal, R., DStR 1996, S. 477) und ist nicht dem Aufgabenträger "Rechner" zuzuordnen.

[524] Vgl. Baetge, J., Objektivierung, S. 73 f. Ähnlich v. Wysocki, K., Prüfungswesen, S. 249.

[525] Vgl. Baetge, J., Objektivierung, S. 73 f.; Erfle, W., Optimierung der Kontrolle, S. 4.

[526] Vgl. Erfle, W., Optimierung der Kontrolle, S. 4. Zur Fehlerursachenanalyse vgl. Kap. 3.2.2.1, auf S. 195, 201.

[527] Vgl. Baetge, J., Objektivierung, S. 73.

[528] Vgl. Baetge, J., Objektivierung, S. 98.

[529] Vgl. Baetge, J., Objektivierung, S. 74; Corsten, H., Kontrolle, S. 479; Sperl, A., Prüfungsplanung, S. 111.

um systematische Fehler handelt.[530] Unbewußte Fehler können sowohl systematischer als auch zufälliger Natur sein[531]. Die daraus resultierende Fehlertypologie zeigt Abbildung 23.[532]

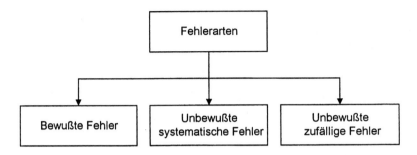

Abbildung 23: Fehlertypologie

Verursacher **bewußter Fehler** sind innerhalb des Unternehmens Beschäftigte in leitenden Funktionen (Management) und auf der operationalen Ebene.[533] Das Management kann Bilanzmanipulationen wie vorsätzliche Überbewertungen oder absichtlich unterlassene Rückstellungsvorsorge vornehmen, um ein nicht den tatsächlichen Verhältnissen entsprechendes Bild von der wirtschaftlichen Lage des Unternehmens zu vermitteln.[534] Damit soll z.B. die Kreditwürdigkeit gegenüber Gläubigern oder die At-

---

[530] Vgl. Baetge, J., Objektivierung, S. 74. Die Einordnung von bewußten Fehlern in die Kategorie der systematischen Fehler fehlt dagegen bei Leffson und v. Wysocki. Vgl. Leffson, U., Wirtschaftsprüfung, S. 253; v. Wysocki, K., Prüfungswesen, S. 249.

[531] Vgl. Baetge, J., Objektivierung, S. 41; v. Wysocki, K., Prüfungswesen, S. 249.

[532] Ähnlich Wanik, O., Internes Kontrollsystem, Sp. 901. Leffson unterscheidet zwischen bewußten Fehlern und unbewußten Fehlern und versteht unter den unbewußten Fehler offensichtlich nur die durch Zufallseinflüsse bedingten Fehler. Vgl. Leffson, U., Wirtschaftsprüfung, S. 251 ff. Zur Kritik an dieser Kategorisierung vgl. Baetge, J., Objektivierung, S. 41 f.

[533] Vgl. Meyer zu Lösebeck, H., Unterschlagungsverhütung, S. 26 f.; Stibi, E., Prüfungsrisikomodell, S. 61. Ergänzend wird in der Literatur zwischen "employee", "lower level manager" und "senior manager" differenziert. Vgl. Kiger, J. E./ Scheiner, J. H., Auditing, S. 207.

[534] Vgl. Ludwig, R., Kriminelle Energien, S. 400, der diese Fehler als als "Bilanzdelikte im engeren Sinn" bezeichnet.

traktivität des Unternehmens bei gegenwärtigen oder potentiellen Anlegern erhöht werden.[535]

Sollte das Management trotz einer ungünstigen wirtschaftlichen Lage des Unternehmens ein positives Ergebnis ausweisen wollen, weil z.B. erfolgsabhängige Prämien vereinbart sind, kann das IKS die manipulierte Bilanzgestaltung zur Verschleierung der tatsächlichen wirtschaftlichen Lage nicht aufdecken.[536] Das IKS ist als Instrument der Unternehmensleitung für die Aufdeckung der durch Mitarbeiter der operativen Ebene verusachten Fehler konzipiert,[537] jedoch nicht geeignet, die Unternehmensleitung selbst zu überwachen[538].

Unbewußte systematische Fehler zeichnen sich dadurch aus, daß bei gleichen oder ähnlichen Voraussetzungen regelmäßig gleichartige Fehler auftreten.[539] Sie umfassen Methodenfehler und Ausführungsfehler. Ein unbewußter systematischer Fehler ist ein **Methodenfehler**, wenn das zur Erfüllung einer Rechnungslegungsaufgabe verwendete Lösungsverfahren fehlerbehaftet ist.[540] Methodenfehler entstehen, auch wenn der Aufgabenträger die vorgegebenen Regeln einhält. Sie können durch das IKS grundsätzlich nicht aufgedeckt werden, da es als Bestandteil des ordnungsorientierten Überwachungssystems lediglich auf die Einhaltung vor-

---

[535] Vgl. Stibi, E., Prüfungsrisikomodell, S. 61.

[536] Vgl. Stibi, E., Prüfungsrisikomodell, S. 154.

[537] Vgl. Baetge, J., Objektivierung, S. 88; Carmichael, D. R., JoA, September 1988, S. 42; Ludewig, R., Kriminelle Energien, S. 403; Stibi, E., Prüfungsrisikomodell, S. 153 f. Bewußte Fehler der Mitarbeiterebene werden im angelsächsischen Schrifttum auch als "employee fraud" bezeichnet. Vgl. z.B. Arens, A. A./ Loebbecke, J. K., Auditing, S. 139.

[538] Vgl. Ludewig, R., Kriminelle Energien, S. 402; Stibi, E., Prüfungsrisikomodell, S. 154.

[539] Vgl. v. Wysocki, K., Prüfungswesen, S. 249.

[540] Vgl. Erfle, W., Optimierung der Kontrolle, S. 4. Bei automatisierten Rechnungslegungsaufgaben stellt fehlerhafte Anwendungssoftware das fehlerbehaftete Lösungsverfahren dar. Fehlerhafte Anwendungssoftware kann auf Konzeptionsfehler, Programmierfehler oder Interpreterfehler zurückzuführen sein. Vgl. Erfle, W., Optimierung der Kontrolle, S. 4; Frühauf, K./Ludewig, J./Sandmayr, H., Software-Prüfung, S. 18, 150 f.

gegebener Regeln ausgerichtet ist.[541] Systematische **Ausführungsfehler** treten auf, wenn ein Aufgabenträger wegen mangelnder Leistungsfähigkeit[542] nicht in der Lage ist, die ihm übertragene Rechnungslegungsaufgabe unter Einhaltung der vorgegebenen Regeln auszuführen oder wenn mangelhafte (ungenaue, lückenhafte) Anweisungen[543] bzw. ungenügende Anleitungen vorgegeben sind.[544] Ob ein unbewußter Fehler systematischer oder zufälliger Natur ist, kann häufig erst durch eine Fehlerursa-

---

[541] Die Aufdeckung von Methodenfehlern zieht eine Veränderung der angewandten Verfahren nach sich (vgl. Erfle, W., Optimierung der Kontrolle, S. 4) und ist deshalb Gegenstand der dispositionsorientierten Überwachung. Zum Verhältnis von ordnungsorientierter und dispositionsorientierter Überwachung vgl. Kap. 1.1.2 auf S. 4. Im Einzelfall ist es möglich, daß auch methodische Fehler in Programmen durch Überwachungsverfahren des IKS aufgedeckt werden. Eine solche Fehleridentifikation ist jedoch rein zufällig (vgl. van Belkum, J. W./van't Klooster, A. J., Kontrolle und Revision, S. 65). Die Aufdeckung methodischer Fehler in der Anwendungssoftware und die sich anschließende Fehlerbeseitigung erfolgt grundsätzlich vor Arbeitsaufnahme des Systems. Nur bis zu diesem Zeitpunkt können systematische Fehler mit vertretbarem Aufwand behoben werden (vgl. Günther, H., Interne Revision, S. 175). Der Aufwand für die Beseitigung von Fehlern in dieser Phase variiert mit dem Typ des Softwarefehlers. Vgl. Frühauf, K./Ludewig, J./Sandmayr, H., Software-Prüfung, S. 18 f. Methoden zur Identifikation von Software-Fehlern sind z.B. in Frühauf, K./Ludewig, J./Sandmayr, H., Software-Prüfung, S. 31 ff. beschrieben, die auch auf Besonderheiten bei objektorientierten und logischen Programmen (S. 129 ff.) eingehen. Zur Prüfung von Software bereits während der Entwicklung beim Ersteller bzw. beim Anwender vor der Inbetriebnahme des Systems durch den Wirtschaftsprüfer als externem Dritten vgl. IDW, Entwurf HFA-Stellungnahme - Software-Bescheinigungen, WPg 1998, S. 555 ff.; IDW, Stellungnahme HFA 4/1997, FN-IDW 1997, S. 522 ff.

[542] Die Leistungsfähigkeit wird bei personellen Aufgabenträgern durch die natürlichen Anlagen eines Menschen und die durch Ausbildung und Übung erworbenen Fähigkeiten bestimmt. Vgl. Göbel, R., Auswahlverfahren, S. 147. Bei maschinellen Aufgabenträgern ergibt sich die Leistungsfähigkeit durch die technische Kapazität.

[543] Eine Lücke in Arbeitsanweisungen ist z.B. festzustellen, wenn nicht geregelt ist, daß die Buchung von Zahlungseingängen auf den Zahlungsbelegen zu vermerken ist. In diesem Fall können Zahlungseingänge mehrfach gebucht werden. Vgl. zu diesem Beispiel Sperl, A., Prüfungsplanung S. 111. Problematisch kann auch eine "weiche" Arbeitsanweisung sein, z.B. daß "sinngemäß zu verfahren" sei.

[544] Als systematische Fehler ordnen auch Sperl und Baetge Fehler ein, die aufgrund falscher oder lückenhafter Organisation von Arbeitsabläufen, fehlender oder unzureichender Arbeitsanweisungen oder einer unzureichender Ausbildung von Mitarbeitern entstehen. Eine Trennung in Methoden- und Ausführungsfehler wird nicht vorgenommen. Vgl. Baetge, J., Objektivierung, S. 69 ff., 74; Sperl, A. Prüfungsplanung, S. 111.

chenanalyse festgestellt werden.[545] Fehler, deren Ursache nicht schlüssig geklärt werden kann und die nicht regelmäßig auftreten, werden als zufällige Fehler eingestuft.[546] Bei personellen Aufgabenträgern entstehen zufällige Fehler z.B. aus einer vorübergehenden Unachtsamkeit.[547]

Die Beschreibung des beurteilungsrelevanten Skalenbereiches für das Kriterium "Fehlerartenspektrum" erfordert wegen der zugrundeliegenden Nominalskala die Enumeration aller relevanten Ausprägungen. Werden aufgedeckte ("x") und nicht aufgedeckte ("-") Fehlerarten kombiniert, entstehen die in Tabelle 11 angegebenen Fehlerartenspektren A bis H als relevante Ausprägungen. Das IKS kann seiner Natur nach durch das Management verursachte bewußte Fehler sowie Methodenfehler als unbewußte systematische Fehler nicht nachweisen. Aus Fehlern dieses Typs können sich deshalb keine beurteilungsrelevanten Unterschiede für Überwachungsverfahren ergeben, so daß diese in den Fehlerartenspektren nicht enthalten sind.

---

[545] Vgl. Berens, W., Fertigungsqualität, S. 24.

[546] Vgl. v. Wysocki, K., Prüfungswesen, S. 249.

[547] Vgl. Sperl, A. Prüfungsplanung, S. 111.

Fehlerarten spektrum	bewußte Fehler	systematische Fehler	zufällige Fehler
A	x	x	x
B	x	x	-
C	x	-	x
D	-	x	x
E	x	-	-
F	-	x	-
G	-	-	x
H	-	-	-

Tabelle 11: Relevante Ausprägungen des Kriteriums Fehlerartenspektrum

Das Fehlerartenspektrum eines Überwachungsverfahrens kann sämtliche der durch das IKS identifizierbaren Fehlerarten umfassen (Spektrum A), sich auf eine Kombination aus zwei feststellbaren Fehlerarten erstrecken (Spektren B, C, D) oder auf eine einzige Fehlerart (Spektren E, F, G) beschränkt sein. Ergänzend ist der Fall zu berücksichtigen, daß es bei einem Fehleridentifikationsverfahren unwahrscheinlich oder ausgeschlossen erscheint, auch nur eine der beurteilungsrelevanten Fehlerart aufzudecken (Spektrum H).

Da grundsätzlich mit dem Auftreten sämtlicher Fehlerarten gerechnet werden muß, kann sich der Abschlußprüfer bei der Aufstellung der Präferenzordnung unterschiedlicher Fehlerartenspektren von der Überlegung leiten lassen, daß sich die Wahrscheinlichkeit für die Nichtaufdeckung wesentlicher Fehler tendenziell erhöht, wenn regelungsbedingt die Identifikation bestimmter Fehlerarten ausgeschlossen oder sehr unwahrscheinlich ist.[548] Die Wahrscheinlichkeit der Nichtaufdeckung wesentlicher Fehler hängt von der Anzahl der regelungsbedingt ausgeschlossenen Fehlerkategorien sowie der Bedeutung ab, die der Abschlußprüfer den Fehlern einer Fehlerkategorie beimißt.

Der Einfluß zufälliger Fehler auf die Ordnungsmäßigkeit des Jahresabschlusses ist in der Regel gering,[549] da bei mehreren zufälligen Fehlern tendenziell ein Fehlerausgleich zu erwarten ist[550]. Systematische Fehler haben grundsätzlich ein größeres Gewicht als zufällige Fehler, weil mehrere Fehler dieser Art in die gleiche Richtung wirken[551] und dadurch den Umfang des Gesamtfehlers erhöhen[552]. Darüber hinaus wird innerhalb der systematischen Fehler den bewußten Fehlern eine größere Bedeutung

---

[548] Die Leistungsfähigkeit von Überwachungsverfahren bei der Fehleridentifikation kann nicht unabhängig von der Art der aufzudecken Fehler beurteilt werden (vgl. Stibi, E., Prüfungsrisikomodell, S. 161 ff.). Da die Verfahren regelmäßig eine gewisse "Spezialisierung" auf bestimmte Fehlerarten aufweisen, sind sie auf die vermutlich tatsächlich auftretenden Fehlerart(en) abzustimmen, damit eine Fehleridentifikation gewährleistet ist. Bei der Konzeption von Überwachungsverfahren besteht deshalb wie bei der Jahresabschlußprüfung das (dort als Nicht-Stichprobenrisiko klassifizierte) Risiko, für eine Fehlerart nicht die adäquate Prüfungshandlung auszuwählen (vgl. Diehl, C., Strukturiertes Vorgehen, S. 197). Die Einsatz bestimmter Prüfungshandlungen/Auswahlverfahren bei der Jahresabschlußprüfung wird deshalb (auch) in Abhängigkeit von der Art der in der Grundgesamtheit vermuteten Fehler festgelegt (vgl. Stibi, E., Prüfungsrisikomodell, S. 162; v. Wysocki, K., Prüfungswesen, S. 248 f.). Mit der hier unterstellten Fehlervermutung werden sämtliche Fehlerarten erfaßt, so daß sich bei einer anderen Fehlervermutung auch die Nutzenfunktion und damit die Beurteilung der Überwachungsverfahren ändert. Zum Nicht-Stichprobenrisiko bei der Jahresabschlußprüfung vgl. auch Dörner, D., Risikoorientierte Abschlußprüfung, S. 341; Quick, R., Risiken, S. 44 f.; Stibi, E., Prüfungsrisikomodell, S. 52 f.

[549] Vgl. Sperl, A., Prüfungsplanung, S. 111.

[550] Vgl. Baetge, J. Objektivierung, S. 74.

[551] Vgl. Baetge, J. Objektivierung, S. 74.

[552] Vgl. Sperl, A., Prüfungsplanung, S. 113.

beigemessen als unbewußten Fehlern,[553] so daß in einer Rangordnung der Fehlerarten nach ihrer Bedeutung bewußte Fehler an erster Stelle stehen. Unbewußte systematische Fehler nehmen ihrer Bedeutung nach eine mittlere Position ein, während zufälligen Fehlern der niedrigste Rang zukommt.

Wird unter Berücksichtigung von Bedeutung und Anzahl der nicht identifizierten Fehlerarten ein Fehlerartenspektrum umso niedriger bewertet, je mehr Fehlerarten von einer Identifizierung ausgeschlossen und je bedeutender diese Fehlerarten für den Abschlußprüfer sind, ergibt sich eine Präferenzordnung, die der Reihenfolge der Fehlerartenspektren in Tabelle 11 entspricht. Das Fehlerartenspektrum A nimmt darin den obersten Rang, Fehlerartenspektrum H den niedrigsten Rang ein.

Das Fehlerartenspektrum H ist eine unbefriedigende Ausprägung des Zielkriteriums, denn wenn bei einem Fehleridentifikationsverfahren die Aufdeckung von Fehlern aller beurteilungsrelevanten Fehlerkategorien unwahrscheinlich oder ausgeschlossen erscheint, kann mit einer Aufdeckung wesentlicher Fehler nicht gerechnet werden.

Die Bildung von Beurteilungsklassen für das Kriterium Fehlerartenspektrum ist aufgrund der geringen Anzahl relevanter Ausprägungen ver-

---

[553] Vgl. Göbel, R., Auswahlverfahren, S. 77. Ebenso Arens, A. A./Loebbecke, J. K., Auditing, S. 234 mit der Begründung, daß Jahresabschlußadressaten einem bewußten Fehler im Hinblick auf die damit verbundene Aussage über die Ehrlichkeit und Verläßlichkeit des Managements und anderen Personals als schwerwiegender erachten werden als einen unbewußten Fehler gleicher Höhe. Bewußte Fehler die darauf abzielen, den Jahresabschlußleser irrezuführen, sind in der Regel wesentlich, weil Verschleierungen/Manipulationen dort vorgenommen werden, wo ihre Wirkung am größten ist. Dies ist bei Informationen der Fall, die für den Jahresabschlußleser entscheidungsrelevant sein können. Vgl. Sperl, A., Prüfungsplanung S. 65. Dieser Typ bewußter Fehler wird dem Top-Management zugerechnet, so daß bei einer Differenzierung nach Fehlerverursachern in Mitarbeiter ohne Leitungsfunktion, untere Führungsebene und oberer Führungsebene, die bewußten Fehler von Mitarbeitern ohne Leitungsfunktion und von Angehörigen der unteren Führungsebene als in der Regel unwesentlich gelten. Vgl. Carmichael, D. R., JoA, September 1988, S. 42; Kiger, J. E./Scheiner, J. H., Auditing, S. 207. Nach anderer Auffassung gelten bewußte Fehler stets als wesentlich. Vgl. Kicherer, H., Abschlußprüfung, S. 208; Stibi, E., Prüfungsrisikomodell, S. 24.

gleichsweise einfach. Werden die Fehlerartenspektren B und C sowie die Spektren D und E als nutzenäquivalent angesehen und wird für alle übrigen Ausprägungen des Fehlerartenspektrums eine gesonderte Klasse vorgesehen, entsteht mit der Abbildung auf die natürlichen Zahlen [0, 2, 4, 6, 8, 10] die in Tabelle 12 gezeigte Nutzenfunktion.

Aufschluß über die wahrscheinlich aufgedeckten und die wahrscheinlich nicht aufgedeckten Fehlerarten geben die Auswahlregeln des Überwachungsverfahrens und die Regelungen der Aufgabenträgerzuordnung.[554] Beurteilungsrelevante Regelungsvarianten der Aufgabenträgerzuordnung sind die Selbstüberwachung und die Fremdüberwachung. Bei der Selbstüberwachung führt derselbe Aufgabenträger den fehlerverursachenden Rechnungslegungsvorgang und den zugehörigen Überwachungsvorgang aus. Bei einer Fremdüberwachung sind diese Vorgänge personell getrennt (sog. Funktionstrennung).[555] Die Selbstüberwachung ist nicht geeig-

---

[554] Die potentielle Leistungsfähigkeit eines Überwachungsverfahrens hinsichtlich der Aufdeckung einer bestimmten Fehlerart hängt grundsätzlich nicht davon ab, ob Fehler diesen Typs tatsächlich aufgetreten sind (vgl. Stibi, E., Prüfungsrisikomodell, S. 162). Umgekehrt besteht jedoch für bewußte Fehler (und bestimmte unbewußte systematische Fehler) ein Zusammenhang zwischen der potentiellen Leistungsfähigkeit bei der Identifikation einer Fehlerart und der Wahrscheinlichkeit, daß Fehler dieser Art auftreten. Ist die Wahrscheinlichkeit für die Identifikation bewußter Fehler hoch, wird der potentielle Fehlerverursacher nicht bereit sein, das Risiko einer Entdeckung einzugehen (vgl. Meyer zu Lösebeck, Unterschlagungsverhütung, S. 107; Odenthal, R., ZIR 1997, S. 249; Sperl, A., Prüfungsplanung, S. 112). Das Fehleridentifikationsverfahren wirkt insoweit präventiv. Aus einer hohen Wahrscheinlichkeit für die Identifikation unbewußter Fehler kann jedoch nicht allgemein auch eine hohe Präventivwirkung für bewußte Fehler abgeleitet werden (A.A. offenbar Sanders, M., Quantitative Analyse, S. 58). Zur Präventivwirkung der Überwachung vgl. Göbel, R., Auswahlverfahren, S. 156 ff.

[555] Vgl. Baetge, J., Überwachung, S. 196 f. Nach Adenauer faßt der Aschlußprüfer "Funktionstrennung" jedoch wesentlich weiter. Vgl. Adenauer, P., Internes Kontrollsystem, S. 79 ff. Erfolgt die Selbstüberwachung unter Mitwirkung einer anderen Person oder wird die Selbstüberwachung unter Aufsicht ausgeübt, liegt eine besondere Ausprägung der Fremdüberwachung vor (vgl. Frysch, J., Kontrollabbau, S. 73; Schnider, J. A., Interne Kontrolle, S. 103). Besteht jedoch keine strenge personelle Trennung, weil es sich bei dem Überwachungsträger um eine Personengruppe handelt, ist es möglich, daß z.B. bei der Aufteilung der Überwachungsobjekte die personelle Trennung aufgehoben wird. Dieser Fall ist wie eine Selbstüberwachung zu beurteilen. Vgl. dazu die Fallbeschreibung bei v. zur Mühlen, R. A., Computer-Kriminalität, S. 71.

net, bewußte Fehler aufzudecken,[556] denn eine Fehleridentifikation ist mit einem Handeln in Fehlerabsicht unvereinbar. Wegen der Nichtbeachtung des Prinzips der Funktionstrennung wird die Selbstüberwachung häufig als wertlos abgelehnt.[557] Verfahren der Selbstüberwachung als generell unwirksam anzusehen ist jedoch nicht sachgerecht, da sie unbewußt begangene Fehler identifizieren können.[558]

Allerdings sind der Selbstüberwachung auch bei unbewußten Fehlern Grenzen gesetzt, da sie mangelnde Fähigkeiten und Fertigkeiten als Fehlerursachen nicht ausschalten kann[559]. Die Aufdeckung systematischer Ausführungsfehler, die auf mangelnder Leistungsfähigkeit des Aufgabenträgers beruhen, ist deshalb unwahrscheinlich.

---

[556] Vgl. Baetge, J., Überwachung, S. 197. Blum, E., Kontrolle, S. 237; Frysch, J., Kontrollabbau, S. 74; Schnider, J. A., Interne Kontrolle, S. 9, 72; Schuppert, A., Routinetätigkeiten, S. 200.

[557] Vgl. z.B. Adenauer, P., Internes Kontrollsystem, S. 83; Ronneberger, R., Innerbetriebliche Überwachung, S. 17. Schnider ordnet die Selbstüberwachung als eine "dem Sinn und Zweck der Internen Kontrolle zuwiderlaufende" Überwachungsform ein. Vgl. Schnider, J. A., Interne Kontrolle, S. 103.

[558] Vgl. Knüppe, W., Forderungen, S. 104. Frysch fordert, daß jeder Mitarbeiter seine keiner Fremdüberwachung unterliegenden Arbeitsergebnisse selbst kontrollieren soll, um einen ordnungsmäßigen Geschäftsgang zu gewährleisten. Vgl. Frysch, J., Kontrollabbau, S. 73. Auch Baetge sieht Fremdüberwachung und Selbstüberwachung nicht als zwei sich ausschließende Alternativen, sondern als sich sinnvoll ergänzende Gestaltungsmöglichkeiten. Vgl. Baetge, J., Überwachung, S. 196.

[559] Vgl. Baetge, J., Überwachung, S. 197.

Fehlerartenspektrum		
Ausprägungsklassen (k_{FIIK5e})	Klasseninhalt	Nutzenwert (n_{FIIK5e})
k_{FIIK56}	Spektrum A: bewußte Fehler, unbewußte systematische Fehler zufällige Fehler	10
k_{FIIK55}	Spektrum B: bewußte Fehler, unbewußte systematische Fehler Spektrum C: bewußte Fehler, zufällige Fehler	8
k_{FIIK54}	Spektrum D: unbewußte systematische Fehler, zufällige Fehler Spektrum E: bewußte Fehler	6
k_{FIIK53}	Spektrum F: unbewußte systematische Fehler	4
k_{FIIK52}	Spektrum G: zufällige Fehler	2
k_{FIIK51}	Spektrum H: keine der relevanten Fehlerarten	0

Tabelle 12: *Beispiel für eine Nutzenfunktion des Kriteriums "Fehlerartenspektrum"*

Erfolgversprechend werden Verfahren der Selbstüberwachung deshalb in erster Linie bei zufälligen Fehlern sein.[560] Der Beschränkung auf die Aufdeckung von zufälligen Fehlern entspricht das Fehlerartenspektrum G.

Bei der Fremdüberwachung ergeben sich aus der Regelung der Aufgabenträgerzuordnung keine Einschränkungen hinsichtlich der aufzudeckenden Fehlerarten. Verfahren der Fremdüberwachung sind insbesondere zur Identifikation von bewußten Fehlern und von unbewußten systematischen Fehler geeignet, die auf mangelnder Leistungsfähigkeit des Fehlerverursachers beruhen.[561] Die bei der Fremdüberwachung gegebene Funktionstrennung ist eine notwendige, jedoch keine hinreichende Bedingung für die Identifikation bewußter Fehler. Die Aufdeckung bewußter Fehler durch Fremdüberwachung hängt davon ab, ob der Fehlerverursacher Kenntnis von dem angewendeten Fehleridentifikationsverfahren besitzt oder erlangen kann.[562] Das Fehleridentifikationsverfahren kann einem Fehlerverursacher z.B. durch den Einsatz eines Self-Auditing-Konzepts im Rahmen der durch die Interne Revision durchgeführten IKS-Prüfung[563] bekannt werden. Kennt ein potentieller Fehlerversursacher das Verfahren hinsichtlich Überwachungszeitpunkt, Auswahlkriterien und Vergleichsobjekt, kann er sich darauf einstellen und durch gezielte Manipulation der Überwachungsobjekte die Aufdeckung seiner Fehler auch bei einer Fremdüber-

---

[560] Vgl. Schnider, J. A, Interne Kontrolle, S. 9, der der Selbstüberwachung ausdrücklich einen "Schutz vor Irrtümern" zuschreibt. Wohl ebenso Blum, E., Kontrolle, S. 237.

[561] Vgl. Baetge, J., Überwachung, S. 198. Die grundsätzliche Eignung eines Verfahrens zur Aufdeckung bewußter Fehler berührt nicht die Tatsache, daß bewußte Fehler wegen der damit verbundenen kriminellen Energie und einer möglichen Verschleierung in der Regel schwerer zu entdecken sind als unbewußte Fehler. Vgl. Carmichael, D. R., JoA, September 1988, S. 43; IDW, Stellungnahme HFA 7/1997, WPg 1998, S. 31, 32; Stibi, E., Prüfungsrisikomodell, S. 61.

[562] Vgl. Blum, E., Kontrolle, S. 238; Meyer zu Lösebeck, H., Unterschlagungsverhütung, S. 172; v. zur Mühlen, R. A. H., Computer-Kriminalität, S. 146.

[563] Im Rahmen eines Self-Auditing-Konzepts werden (u.a.) bei der Prüfung des Internen Kontrollsystems den überwachten Personen ausgewählte Prüfungshandlungen, insbesondere die Feststellung des "Ist-Objektes" von der Internen Revision übertragen. Vgl. zum Self-Auding-Konzept Marden, R./Edwards Randy, Internal Auditing, Fall 1997, S. 15 ff.; Peemöller, V. H./Husmann, R./Dumpert, M., BBK 1998, Fach 28, S. 1129 ff.

wachung verhindern.[564] Sind bei einem Auswahlverfahren Überwachungszeitpunkt und Auswahlkriterien bekannt, werden sich die Fehler in dem nicht überwachten Teil der Grundgesamtheit befinden, so daß sie nicht aufgedeckt werden können. Ob ein Verfahren der Auswahlüberwachung hinsichtlich Überwachungszeitpunkt und Auswahlkriterien vom potentiellen Fehlerverusacher im voraus erkennbar ist, hängt vor allem von der Auswahltechnik[565] und damit von der Ausgestaltung der Auswahlregeln ab.

Bei bewußtgesteuerten Auswahlverfahren können Überwachungszeitpunkte und Auswahlkriterien relativ leicht antizipiert werden, wenn der Überwachungsträger seine Auswahlkriterien über einen längeren Zeitraum beibehält.[566] Zufallsgesteuerte Auswahlverfahren sind in dieser Hinsicht den bewußt gesteuerten Auswahlverfahren überlegen.[567] Da bei bewußten Fehlern jedoch kein "Häufigkeitsfall" sondern der "Möglichkeitsfall" gegeben ist,[568] werden bei zufallsgesteuerten Auswahlverfahren zwar auch bewußte Fehler entdeckt,[569] jedoch nicht mit einer solchen Sicher-

---

[564] Vgl. Giese, R., WPg 1998, S. 458; Göbel, R., Auswahlverfahren, S. 163; v. Wysocki, K., Prüfungswesen, S. 249.

[565] Vgl. Göbel, R., Auswahlverfahren, S. 165.

[566] Vgl. Göbel, R., Auswahlverfahren, S. 165; Meyer zu Lösebeck, H., Unterschlagungsverhütung, S. 277; v. Wysocki, K., Prüfungswesen, S. 176, 178.

[567] Vgl. Göbel, R., Auswahlverfahren, S. 165; v. Wysocki, K., Prüfungswesen, S. 249. Im Einzelfall kommt es auf die Technik der zufallsgesteuerte Auswahl an, wobei Göbel folgende Fälle unterscheidet: Eine Auswahl anhand von Zufallszahlen gewährleistet in jedem Fall, daß die Überwachungsobjekte dem Fehlerverursacher unbekannt bleiben. Für eine systematische Zufallsauswahl gilt dies nur dann, wenn die Auswahl aus einer abgeschlossenen Grundgesamtheit (Los) gezogen wird. Liegt eine abgeschlossene Grundgesamtheit nicht vor und wird "vorgangsbegleitend", z.B. jedes 10. Objekt ausgewählt, kann sich der Überwachte auf diese Systematik einstellen. Dieser Nachteil kann vermieden werden, wenn der Startpunkt häufiger gewechselt wird. Überwachungszeitpunkte und Auswahlkriterien können nicht vorhergesehen werden, wenn eine Zufallsauswahl mit replizierten Ziehungen angewandt wird. Diese setzt allerdings eine abgeschlossene Grundgesamtheit voraus, damit eine Aufteilung in Zonen gleichen Umfangs möglich ist. Vgl. Göbel, R., Auswahlverfahren, S. 165.

[568] Vgl. Leffson, U., Wirtschaftsprüfung, S. 253; Leffson, U./Lippmann, K./Baetge, J., Sicherheit und Wirtschaftlichkeit, S. 27; Odenthal, R., DStR 1996, S. 478.

[569] Vgl. Leffson, U./Lippmann, K./Baetge, J., Sicherheit und Wirtschaftlichkeit, S. 28; v. zur Mühlen, R. A. H., Computer-Kriminalität, S. 190.

heit, daß sie als wahrscheinlich identifizierte Fehlerart gelten können. Bei einem Verfahren der Auswahlüberwachung kann eine ausreichende Sicherheit zur Identifikation bewußter Fehler erreicht werden, wenn der Auswahlumfang einer Vollüberwachung angenähert und/oder eine geeignete Kombination von bewußtgesteuerter und zufallsgesteuerter Auswahl eingesetzt wird.[570] Bewußt- und zufallsgesteuerte Auswahl können dadurch kombiniert werden, daß für den nach einer z.b. detektivischen Auswahl verbleibenden Rest der Grundgesamtheit eine zufallsgesteuerte Auswahl erfolgt.[571]

Auch bei einer Vollüberwachung oder einer dieser angenäherten Auswahlüberwachung kann eine Identifikation bewußter Fehler scheitern, wenn der potentielle Fehlerverursacher das Vergleichsobjekt kennt.[572] Sind mehrere Ausprägungen des Überwachungsobjektes zulässig, besteht die Möglichkeit, das Überwachungsobjekt so zu manipulieren, daß

---

[570] Vgl. Göbel, R., Auswahlverfahren, S. 38; 201 f.; Leffson, U./Lippmann, K./Baetge, J., Sicherheit und Wirtschaftlichkeit, S. 28; Odenthal, R., DStR 1996, S. 478. Zur Unterschlagungsprüfung vgl. Meyer zu Lösebeck, H., Unterschlagungsprüfung, Sp. 2003 ff.

[571] Vgl. Göbel, R., Auswahlverfahren, S. 165; Köster, H., Prüfungsmethoden, S. 164; Sperl, A., Prüfungsplanung, S. 185. Allerdings ist aus der Einbeziehung einer zweiten Auswahlstufe in erster Linie eine Präventivwirkung zu erwarten. Vgl. Göbel, R., Auswahlverfahren, S. 165. Im Hinblick auf die Vorhersehbarkeit kann auch eine Willkürauswahl auf der zweiten Auswahlstufe zielführend sein. Das IDW gibt keine besondere Empfehlung für ein Auswahlverfahren oder Kriterium auf der zweiten Stufe. Vgl. IDW, Stellungnahme HFA 1/1988, WPg 1988, S. 241.

[572] Um z.B. bei der Verwendung von Kontrollsummen ein Bekanntwerden des Vergleichsobjektes zu verhindern, sollte das für die Summenbildung herangezogene Merkmal häufiger gewechselt und nicht veröffentlicht (z.B. auf Ausdrucken) werden. Ergänzend kann durch eine zusätzliche Rechenoperation die Art der Summenbildung für einen potentiellen Fehlerverursacher unkenntlich gemacht werden. Vgl. v. zur Mühlen, R. A. H., Computer-Kriminalität, S. 146. Neben der Kenntnis des Vergleichsobjektes kann ein potentieller Fehlerverursachen auch die Möglichkeit der mittelbaren oder unmittelbaren Einwirkung auf das Vergleichsobjekt besitzen, wie es bei indirekt ermittelten Ist-Vergleichsobjekten der Fall ist. Eine derartige Einwirkungsmöglichkeit berührt die Zuverlässigkeit des Vergleichsobjektes und ist bei der Beurteilung dieses Zielkriteriums erfaßt. Vgl. Kap. 3.2.1.2.3, S. 156.

bei einem Vergleich keine Abweichung festgestellt[573] und damit z.B. eine Unterschlagung verschleiert wird.[574] Wenn im umgekehrten Fall die Übereinstimmung von Überwachungsobjekt und Vergleichsobjekt einen Fehler signalisieren soll,[575] wird die Aufdeckung bewußter Fehler an der gezielten Schaffung geringfügiger Abweichungen scheitern, wenn dem nicht durch eine geeignete Definition des Vergleichsobjektes entgegengewirkt wird.[576] Ein als Vollüberwachung ausgestaltetes Verfahren der Fremdüberwachung unterliegt hinsichtlich der Aufdeckung unbewußter systematischer und zufälliger Fehler grundsätzlich keinen Einschränkungen, so daß der Vollüberwachung in Abhängigkeit von der Vorhersehbarkeit des Verfahrens durch einen potentiellen Fehlerverursacher die Fehlerartenspektren A oder B zugeordnet werden können.[577]

Zufällige Fehler können nicht auf eine eindeutige Fehlerursache zurückgeführt werden, so daß sie kaum vorhersehbar sind und für den Einsatz von bewußt gesteuerten Auswahlverfahren keine Ansatzpunkte bieten.[578]

---

[573] Besteht das Vergleichsobjekt z.B. in einer Betragsgrenze, ergibt sich für im Rahmen dieser Grenze liegende Beträge (Merkmalsausprägungen des Überwachungsobjektes) eine Manipulationsmöglichkeit. Ist dem potentiellen Fehlerverursacher diese Betragsgrenze bekannt, kann er die Merkmalsausprägung des Überwachungsobjektes so manipulieren, daß sie den Grenzwert nicht überschreiten. Vgl. ein ähnliches Beispiel bei Meyer zu Lösebeck, H., Unterschlagungsverhütung, S. 155 sowie das Beispiel auf S. 156 zur Herleitung eines Vergleichsobjektes.

[574] Zur Verschleierungsnotwendigkeit und Verschleierungsmöglichkeiten bei Unterschlagungen vgl. Meyer zu Lösebeck, H., Unterschlagungsverhütung, S. 48, 64 ff.

[575] Das Vergleichsobjekt hat dann die Form eines speziellen Verbots. Vgl. dazu Kap. 3.2.1.2.1 auf S. 139.

[576] Um z.B. mehrfach bezahlte Rechnungen aufzudecken, können bezahlte Rechnungen auf identische Inhalte geprüft werden. Ist eine Übereinstimmung gegeben, liegt eine Mehrfachzahlung vor. Ist einem potentiellen Fehlerverursacher dieses Verfahren bekannt, wird er soweit als möglich einzelne Merkmale verändern. Wird z.B. der Rechnungsbetrag lediglich um Pfennigbeträge variiert, ergibt sich keine Übereinstimmung und der bewußte Fehler bleibt unentdeckt. Hier kann durch die Berücksichtigung von Rundungen Abhilfe geschaffen werden. Vgl. zu diesem Beispiel Odenthal, R., DStR 1996, S. 479.

[577] Fehlerartenspektrum A bedeutet nicht, daß das Verfahren die Aufdeckung aller bewußten Fehler garantiert. Nach den Überwachungsregeln sind jedoch die hier als erforderlich angesehenen Voraussetzungen für eine Aufdeckung bewußter Fehler gegeben.

[578] Vgl. Göbel, R., Auswahlverfahren, S. 190; v. Wysocki, K., Prüfungswesen, S. 249.

Zufällige Fehler können deshalb durch (den isolierten Einsatz) bewußt gesteuerter Auswahlverfahren nicht entdeckt werden.[579] Der Beschränkung bewußt gesteuerter Auswahlverfahren auf systematische Fehler entsprechen die Fehlerartenspektren E und F, wobei es im Einzelfall auf die eingesetzten Auswahlkriterien ankommt. Soweit eine für die Aufdeckung von bewußten und unbewußten Fehlern geeignete Kombination von Auswahlkriterien angewendet wird,[580] ist auch das Fehlerartenspektrum B realisierbar.

Die Erfolgsaussichten bewußtgesteuerter Auswahlverfahren bei der Aufdeckung bewußter und unbewußter systematischer Fehler hängen von der Zweckmäßigkeit der Auswahlkriterien ab. Um detektivisch vorgehen zu können, müssen die Möglichkeiten zur Entstehung unbewußter und bewußter Fehlermöglichkeiten bekannt sein.[581] Es ist nicht auszuschließen, daß ungeeignete Kriterien herangezogen werden und deshalb ein Verfahren mit detektivischer Auswahl bei der Identifikation systematischer Fehler wahrscheinlich versagen wird. Die Auswahlkriterien bei einer detektivischen Auswahl sind ungeeignet, wenn ihnen falsche oder unvollständige Vorstellungen von den Fehlermöglichkeiten des Systems zugrundeliegen.[582] Der Abschlußprüfer wird deshalb von einer Identifikation systematischer Fehler nur dann ausgehen können, wenn er von der Plausibilität des zwischen den Auswahlkriterien und der Fehlervermutung unterstellten kausalen Zusammenhangs[583] überzeugt ist. Erscheint dieser Zusammenhang für sämtliche Auswahlkriterien unplausibel, ist ein Verfahren mit detektivischer Auswahl als unwirksam zu beurteilen, weil es keine der relevanten Fehlerarten identifizieren kann (Fehlerartenspektrum H).

Zu den Verfahren mit bewußtgesteuerter Auswahl gehört auch die Auswahl nach der Bedeutung der Überwachungsobjekte (Konzentrationsaus-

---

[579] Vgl. v. Wysocki, K., Prüfungswesen, S. 249.

[580] Vgl. den Hinweis bei Göbel, R., Auswahlverfahren, S. 51.

[581] Vgl. Göbel, R., Auswahlverfahren, S. 189.

[582] Vgl. Sperl, A., Prüfungsplanung, S. 184.

[583] Vgl. Sperl, A., Prüfungsplanung, S. 184.

wahl)[584]. Bei einer Auswahl nach der Bedeutung der Überwachungsobjekte werden z.b. nur solche Objekte ausgewählt, deren Ausprägungen bei einem quantitativen Merkmal eine zuvor festgelegte Größenordnung überschreitet. Die Konzentrationsauswahl ist deshalb zur Aufdeckung von Fehlern geeignet, die in den für die Auswahl maßgeblichen Schwellenwert überschreitenden Wertansätzen bestehen. Es kann sich dabei um bewußt herbeigeführte Fehler oder um unbewußte Fehler handeln, die auf mangelnder Leistungsfähigkeit oder unzureichenden Arbeitsanweisungen beruhen. Bei diesem Verfahren bleiben Fehler bei solchen Objekten unentdeckt, deren Merkmalsausprägungen bewußt oder unbewußt so niedrig angesetzt sind, daß sie den für die Auswahl maßgeblichen Grenzwert nicht überschreiten.[585] Solche Fehler können aufgedeckt werden, wenn die Konzentrationsauswahl mit anderen Auswahlverfahren kombiniert wird und dadurch auch wertmäßig weniger bedeutende Objekte in die Auswahl gelangen.[586] Zum Beispiel kann die Konzentrationsauswahl mit der detektivischen Auswahl in der Weise zu einem zweistufigen Verfahren kombiniert werden, daß auf der ersten Stufe nach dem Fehlerrisiko auszuwählen ist und sich die Auswahl aus den restlichen Objekten der Grundgesamtheit nach der Bedeutung der Objekte richtet[587]. Sofern keine Informationen über unbewußte systematische Fehler vorliegen, ist die typische Auswahl ein geeignetes Verfahren für die Berücksichtigung möglichst vieler potentieller Fehlerquellen.[588] Zufallsgesteuerte Auswahlverfah-

---

[584] Vgl. z.B. Göbel, R., Auswahlverfahren, S. 52 f.; v. Wysocki, Prüfungswesen, S. 176.

[585] Vgl. Göbel, R., Auswahlverfahren, S. 168; Sperl, A., Prüfungsplanung, S. 185. Gerade bei wertmäßig weniger bedeutenden Objekten können Fehler gehäuft auftreten, wenn diese weniger sorgfältig als bedeutende Objekte bearbeitet werden. Vgl. Göbel, R., Auswahlverfahren, S. 135; Sperl, A., Prüfungsplanung, S. 113.

[586] Vgl. Göbel, R., Auswahlverfahren, S. 53.

[587] Vgl. IDW, Stellungnahme HFA 1/1988, WPg 1988, S. 242.

[588] Vgl. Göbel, R., Auswahlverfahren, S. 153 f.; v. Wysocki, K., Prüfungswesen, S. 249. Definitionsgemäß werden mit diesem Verfahren nur typische Fälle erfaßt, nicht jedoch atypische Fälle, bei denen wegen ihres seltenen Auftretens oder erhöhter Komplexität die Wahrscheinlichkeit von unbewußten systematischen Fehlern aufgrund mangelnder Leistungsfähigkeit besonders groß ist. Die Einbeziehung dieser atypischen Fälle kann im Rahmen einer detektivischen Auswahl gelingen. Vgl. Göbel, R., Auswahlverfahren, S. 154.

ren sind zur Aufdeckung von zufälligen Fehlern[589] und unbewußten systematischen Fehlern[590] geeignet. Bei der Identifikation von bewußten Fehlern bieten sie jedoch keine ausreichende Sicherheit. Der Beschränkung auf unbewußte Fehler entspricht das Fehlerartenspektrum D.

3.2.2 Zielkriterien der Fehlerelimination

3.2.2.1 Zweckmäßigkeit

Mit dem Zielkriterium "Zweckmäßigkeit" werden die Gestaltungsvarianten derjenigen Überwachungsregeln erfaßt, die Art und Umfang der Aktivitäten zur Fehlerelimination festlegen. Bei den Aktivitäten der Fehlerelimination können zwei Phasen unterschieden werden. Die erste Phase umfaßt in Form von Abweichungs- oder Fehleranalysen[591] Maßnahmen zur Vorbereitung der Fehlerbeseitigung. In der zweiten Phase wird die Fehlerbeseitigung an den Überwachungsobjekten und an den Vergleichsobjekten, die wegen ihrer eigenständigen Bedeutung im Rechnungslegungsprozeß

---

[589] Vgl. Göbel, R., Auswahlverfahren, S. 190. Bei einer großen Anzahl zufälliger Fehler und kleinen Auswahlsätzen, ist das Fehleridentifikationspotential jedoch nur gering. Vgl. Baetge, J., Kontrolle, S. 1187; Göbel, R., Auswahlverfahren, S. 189.

[590] Zur Beurteilung verschiedener zufallsgesteuerter Auswahltechniken hinsichtlich der Wahrscheinlichkeit bei der Aufdeckung von unbewußten systematischen Fehlern, die auf mangelnder Leistungfähigkeit beruhen vgl. Göbel, R., Auswahlverfahren, S. 154 ff. Das IDW empfiehlt unter bestimmten Bedingungen für die Aufdeckung systematischer Fehler die ergänzende Anwendung bewußt gesteuerter Auswahlverfahren. Vgl. IDW, Stellungnahme HFA 1/1988, WPg 1988, S. 246.

[591] Abweichungs- oder Fehleranalysen können auf die festgestellten Fehler oder Fehlervermutungen gerichtet sein oder die Fehlerursachen betreffen. Für die Beseitigung der aufgedeckten Fehler ist die Analyse der festgestellten Fehler und Fehlervermutungen ausschlaggebend. Der Fehlerursachenanalyse kommt für die Korrekturwirkung keine Bedeutung zu, da sie darauf abzielt, mit entsprechenden Maßnahmen gleiche oder ähnliche Fehler in Zukunft zu vermeiden. Bei der Fehlerursachenanalyse werden die festgestellten Fehler auf ihren systematischen Ursprung hin überprüft. Soweit die Fehler systematischen Ursprungs sind, schließen sich Entscheidungen über die Behebung der Fehlerursachen an. Lassen sich die Fehlerursachen abstellen, ist eine in die Zukunft gerichtete Lernwirkung gegeben. Zur Fehlerursachenanalyse vgl. Baetge, J., Überwachung, S. 182; Horvath, P./Schäfer, H., Datenverarbeitung, S. 90; Peemöller, V. H./Keller, B., Controlling/Planung, S. 359 ff.; Schuppert, A., Abweichungsanalyse, S. 24; Streitferdt, L., Abweichungsauswertung, S. 31 - 37.

nicht ausschließlich Vergleichszwecken dienen,[592] durchgeführt. Die Durchführung der Fehlerbeseitigung kann in Form einer Neubearbeitung, einer Korrektur oder einer Aussonderung erfolgen,[593] wobei auch Kombinationen aus mehreren Fehlerbeseitigungsformen möglich sind.

Neubearbeitung bedeutet die Wiederholung des Rechnungslegungsvorgangs, der den aufgedeckten Fehler verursacht hat. Das Überwachungsobjekt wird erneut realisiert, denn eine Neubearbeitung verändert nicht nur die fehlerhaften Merkmalsausprägungen, sondern bezieht sich auf sämtliche Merkmale des Überwachungsobjektes. Als Sonderfall der Neubearbeitung kann die Nachholung eines Rechnungslegungsvorgangs zur Beseitigung von Fehlern angesehen werden.

Die Fehlerbeseitigung vollzieht sich als **Korrektur**, wenn die Fehler gezielt durch Nachbearbeitung oder normgerechte Veränderung (z.B. Überschreiben) der fehlerhaften Merkmalsausprägungen des Überwachungsobjektes beseitigt werden sollen. In der zielgerichteten Veränderung der als fehlerhaft beurteilten Merkmalsausprägungen liegt der wesentliche Unterschied zur Neubearbeitung, von der sämtliche und nicht nur die fehlerbehafteten Merkmale betroffen sind.[594]

Eine Fehlerbeseitigung kann auch im Wege der **Aussonderung** erfolgen. Bei einer Aussonderung werden die fehlerhaften Überwachungsobjekte von einer weiteren Verwendung im Rechnungslegungsprozeß ausgeschlossen. Die Aussonderung kann in einem Ausgliedern, Vernichten,

---

[592] Vgl. Schuppert, A., Routinetätigkeiten, S. 197. Vergleichsobjekte mit eigenständiger Bedeutung im Rechnungslegungsprozeß sind individuelle Ist-Vergleichsobjekte, wie z.B. parallel erstellte Ausgangsrechnungen und Versandpapiere. Für individuelle Ist-Vergleichsobjekte wie z.B. Saldenbestätigungen oder Bankauszüge scheidet eine Fehlerbeseitigung wegen ihrer unternehmensexternen Herkunft ohnehin aus.

[593] Vgl. Baetge, J., Überwachung, S. 180; Schuppert, A., Routinetätigkeiten, S. 36 - 40, 194 - 207.

[594] Ebenso Davis, G. B./Adams, D. L./Schaller, C. A., Auditing & EDP, S. 161, die unterscheiden zwischen "complete replacement of the erroneous transaction" und "replacement of only the erroneous portion of the transaction data".

Streichen oder Löschen bestehen. Auch die Neutralisierung der Auswirkungen des Überwachungsobjektes in der Datenbasis des Unternehmens durch Stornierung führt zu einem Ausschluß des Überwachungsobjektes im weiteren Rechnungslegungsprozeß und stellt deshalb eine Aussonderung dar.

Die Beschreibung des beurteilungsrelevanten Skalenbereiches für das Kriterium "Zweckmäßigkeit" erfordert wegen der zugrundeliegenden Nominalskala die Enumeration aller relevanten Ausprägungen. Das Zielkriterium stellt bei der Beurteilung von Überwachungsverfahren ein binäres Merkmal dar, bei dem nur die Ausprägungen "zweckmäßig" und "nicht zweckmäßig" unterschieden werden. Entsprechend genügt eine Kennzeichnung zweckmäßiger Verfahren der Fehlerelimination, um diese gegenüber einem unzweckmäßigen Vorgehen abzugrenzen.

Ein zweckmäßiges Verfahren der Fehlerelimination ist geeignet, die aufgedeckten Fehler zu beseitigen ohne daß zwangsläufig Fehler neu entstehen. Diese Anforderung erfüllen Fehlereliminationsverfahren nur dann, wenn die für die Beseitigung der Fehler gewählte Form auf den Zeitpunkt der Fehlerelimination und die Art der aufgedeckten bzw. vermuteten Fehler abgestimmt ist.[595]

Für die Fehlerarten ist in diesem Zusammenhang eine Fehlersystematik maßgeblich, bei der als Unterscheidungskriterium die Ordnungsmäßigkeitselemente Vollständigkeit, Authentizität, Eindeutigkeit sowie materielle

---

[595] Ähnlich Schuppert, A., Routinetätigkeiten, S. 38. Bei der Beurteilung der Abstimmung zwischen Fehlerbeseitigungsform und Fehlerart wird ausschließlich auf die Überwachungsregeln Bezug genommen. Die Zweckmäßigkeit der Fehlerbeseitigung schließt jedoch Durchführungsfehler nicht aus. Durchführungsfehler können z.B. aus einer falschen Bestimmung der sachlichen Fehlerart resultieren. Geht der Überwachungsträger z.B. davon aus, daß der Forderungsbestand des Debitors A zu niedrig ausgewiesen wird, weil Forderungen gegenüber A nicht eingebucht wurden (Vollständigkeitsfehler) obwohl die Forderungen gegenüber A tatsächlich zu niedrig sind, weil sie auf dem Konto von Debitor B gebucht worden sind (materielle Richtigkeit), und werden die angeblich fehlenden Abbildungsvorgänge im Wege der Neubearbeitung (= fehlerartgerechte Form der Fehlerbeseitigung) mit dem Ziel der Beseitigung der Vollständigkeitsfehler nachgeholt, entstehen Eindeutigkeitsfehler, da die gleichen Sachverhalte dann mehrfach abgebildet sind.

und formelle Richtigkeit herangezogen werden.[596] Danach können als aufgedeckte Fehlerarten Vollständigkeitsfehler, Authentizitätsfehler und Eindeutigkeitsfehler sowie Fehler, welche die materielle und formelle Richtigkeit betreffen, unterschieden werden.[597]

Die Neubearbeitung ist eine zweckmäßige Form der Fehlerbeseitigung für Vollständigkeitsfehler, Eindeutigkeitsfehler und die Richtigkeit betreffende Fehler. Die Nachholung eines Rechnungslegungsvorgangs beseitigt einen Vollständigkeitsfehler, ohne daß es zu einer Neuentstehung von Fehlern kommt. Gleiches gilt für Eindeutigkeitsfehler und die Richtigkeit betreffende Fehler, wenn die fehlerhaften Objekte noch nicht in der Datenbasis des Unternehmens enthalten (gespeichert) sind. Andernfalls verursacht die Wiederholung von Rechnungslegungsvorgängen wegen der Mehrfachabbildung von Geschäftsvorfällen neue Fehler.

Um bei der Beseitigung von Eindeutigkeitsfehlern und die Richtigkeit betreffenden Fehlern eine gleichzeitige Neuentstehung von Fehlern zu verhindern, wenn die fehlerhaften Objekte bereits Elemente der Unternehmensdatenbasis sind, muß die Neubearbeitung mit einer Aussonderung der fehlerhaften Objekte kombiniert werden. Die der Neubearbeitung vorgelagerte Aussonderung bewirkt, daß die Wiederholung des fehlerverursachenden Rechnungslegungsvorgangs unter den gleichen Bedingungen abläuft wie bei der ursprünglichen Erstellung des Überwachungsobjektes[598]. Für die Eliminierung von Authentizitätsfehlern ist die Neubearbeitung auch im Anschluß an eine Aussonderung unzweckmäßig, denn die Anwendung des fehlerverusachenden Rechnungslegungsvorgangs auf einen fiktiven Geschäftsvorfall führt zwangsläufig zur Neuentstehung des bereits aufgedeckten Fehlers.

---

[596] Zu den Ordnungsmäßigkeitselementen vgl. Kap. 2.1.2, S. 32 ff.

[597] Im Hinblick darauf, daß die Ordnungsmäßigkeitselemente Grundlage für die Sachziele des IKS sind, können diese Kategorien auch als "sachliche" Fehlerarten bezeichnet werden.

[598] Ähnlich Schuppert, A., Routinetätigkeiten, S. 36, der eine gleiche oder ähnliche Ausgangssituation für eine Neubearbeitung verlangt.

Korrektur bedeutet Fehlerbeseitigung durch gezielte Veränderung von Merkmalsausprägungen. Deshalb können Korrekturen nur bei Fehlerarten erfolgreich sein, die sich durch eine Veränderung von Merkmalsausprägungen beseitigen lassen. Diese Bedingung ist bei Vollständigkeits-, Authentizitäts- und Eindeutigkeitsfehlern nicht erfüllt. Während Authentizitäts- und Eindeutigkeitsfehler das Objekt als solches und nicht seine Merkmalsausprägungen betreffen, fehlt bei Vollständigkeitsfehlern ein in seinem Zustand zu veränderndes Objekt. Die Korrektur ist nur für Richtigkeitsfehler eine zweckmäßige Form der Fehlerbeseitigung.

Aussonderungen sind nur zur Beseitigung von Authentizitätsfehlern (fiktive Geschäftsvorfälle)[599] und Eindeutigkeitsfehlern (Duplikate) zweckmäßig, da sie bei Vorliegen von Fehlern anderer Kategorien wirkungslos bleiben oder die Neuentstehung von Fehlern verursachen. Wirkungslos bleibt die Aussonderung bei Vollständigkeitsfehlern, weil es bei diesen Fehlern an einem auszusondernden Objekt fehlt. Die Anwendung der Aussonderung auf Objekte, deren Merkmalsausprägungen formell oder materiell falsch sind, eliminiert mit dem fehlerhaften Objekt auch die Falschausprägungen. Mit der Objekteliminierung entstehen dabei zwangsläufig Vollständigkeitsfehler, so daß die Aussonderung für die Beseitigung von die Richtigkeit betreffenden Fehlern ungeeignet ist. Während Authentizitätsfehler durch eine Aussonderung eliminiert werden, ohne daß neue Fehler entstehen, darf die Aussonderung zur Beseitigung von Eindeutigkeitsfehlern nur die "überzähligen" Abbildungen eines Geschäftsvorfalls erfassen. Werden alle Abbildungen eines Geschäftsvorfalls ausgesondert, führt die Beseitigung von Eindeutigkeitsfehlern zwangsläufig zur Entstehung von Vollständigkeitsfehlern.

---

[599] Vgl. Zepf, G., DStR 1996, S. 1261. Schuppert lehnt Aussonderungen im "System der Finanzbuchhaltung" wegen der Verletzung des Vollständigkeitsgrundsatzes undifferenziert ab, während Sanders davon ausgeht, daß Aussonderungen im Rechnungswesen "häufig nicht zulässig" sind. Als Beispiel für eine Aussonderung im Rahmen des Rechnungswesens führt Sanders eine Eingangsrechnung an, die nur aufgrund einer falschen Adressierung in das Unternehmen gelangt ist. Eine solche Eingangsrechnung wird ausgesondert und an den Absender zurückgesandt. Vgl. Sanders, M., Quantitative Analyse, S. 29 f.; Schuppert, A., Routinetätigkeiten, S. 206.

Im Hinblick auf den Zeitpunkt der Fehlerelimination ist ergänzend zwischen vor und nach dem Buchungszeitpunkt liegenden Fehlerbeseitigungen zu unterscheiden, denn bei Fehlerbeseitigungen nach dem Buchungszeitpunkt ist der Grundsatz der Unveränderlichkeit (§ 239 Abs. 3 HGB) zu beachten. Gemäß diesem Grundsatz dürfen Buchungen und andere Aufzeichnungen nicht in solcher Weise nachträglich verändert werden, daß der ursprüngliche Inhalt nicht mehr feststellbar ist.

Aus dem Spektrum der vor dem Buchungszeitpunkt zweckmäßigen Fehlerbeseitigungsformen scheiden deshalb für eine Fehlerelimination nach der journalmäßigen (Erst-) Erfassung im Buchführungssystem[600] diejenigen Varianten aus, die durch eine Verletzung des Grundsatzes der Unveränderlichkeit zwangsläufig neue Fehlern verursachen. Dabei handelt es sich um Aussonderungen durch ersatzloses Streichen oder Löschen[601] und um Korrekturen.[602] Zweckmäßige Formen der Fehlerbeseitigung nach dem Buchungszeitpunkt sind auf Neubearbeitungen und Aussonderungen in Form von Stornierungen bzw. auf deren Kombination eingeengt. Als zweckmäßig gilt nach dem Buchungszeitpunkt z.B. für die materielle oder formelle Richtigkeit betreffende Fehler nur noch die Aussonderung durch Stornierung in Kombination mit einer Neubearbeitung.[603] Die Aussonderung ist erforderlich, weil die fehlerhaften Objekte nach dem Buchungszeitpunkt in der Datenbasis des Unternehmens gespeichert sind.

---

[600] Vgl. ADS, Kommentierung zu § 239 HGB, Tz 44. Der Buchungszeitpunkt ist verfahrensabhängig (Dialog- oder Stapelverarbeitung) und sollte aus der Systemdokumentation ersichtlich sein. Vgl. AWV, GoBS, Tz 3; Fröhlich, M., Finanzbuchführung, S. 148 f. Von den strengen Regeln des § 239 Abs. 3 HGB wird insbesondere die Fehlerelimination derjenigen Überwachungsvorgänge nicht erfaßt, die den "kontrollierten" Eingang der Geschäftsvorfälle in die Buchführung sicherstellen, denn diese bestimmen den Buchungszeitpunkt. Vgl. dazu Kap. 3.2.2.3, S. 220.

[601] Vgl. Bieg, H., Buchführungspflichten und Buchführungsvorschriften, in Beck HdR, Tz 98. Göbel, S./Marx, W., Buchführungssysteme, in Hofbauer/Kupsch, BHR, Tz 123.

[602] Im Ergebnis ebenso Schuppenhauer, R., GoDV, Absch. A, Tz 335 - 339; Schuppert, A., Routinetätigkeiten, S. 38 f., 206.

[603] Vgl. ADS, Kommentierung zu § 239 HGB, Tz 43; Fröhlich, M., Finanzbuchführung, S. 148; Schuppenhauer, R., GoDV, Abschn. A, Tz 336; Schuppert, A., Routinetätigkeiten, S. 39.

Die sich aus diesen Überlegungen ergebenden zweckmäßigen Formen der Fehlerbeseitigung gibt Abbildung 24 wieder.

Die Zweckmäßigkeit von Fehlereliminationsverfahren erstreckt sich ergänzend auf vorbereitende Fehleranalysen, wenn die aus der Fehleridentifikation stammenden Informationen für eine Beseitigung der aufgedeckten Fehler nicht ausreichen. Unzureichende Informationen aus der Fehleridentifikation erlauben es nicht, eine geeignete Form der Fehlerbeseitigung ohne zwangsläufig Neuentstehung von Fehlern auszuwählen, oder die vorgesehene Form der Fehlerbeseitigung mit den verfügbaren Informationen durchzuführen. Insbesondere die Fehlereliminationsverfahren für die an komplexen Überwachungsobjekten aufgedeckten Fehler kommen nicht ohne vorbereitende Fehleranalysen aus. Im Vergleich zu Urteilen über elementare Überwachungsobjekte sind Überwachungsurteile, die sich auf komplexe Überwachungsobjekte beziehen, in ihrer Aussagekraft eingeschränkt. Sie enthalten grundsätzlich keine Aussagen über die Art der aufgedeckten Fehler[604] und keine Fehlerzurechnung zu den elementaren Objekten[605], aus denen sich das komplexe Überwachungsobjekt zusammensetzt. Da das Überwachungsurteil keine einzelobjektbezogene Fehlerzurechnung erlaubt, ist eine auf die Einzelobjekte gerichtete Fehlerbeseitigung nicht möglich. Bei einem zweckmäßigen Fehlereliminationsverfahren ohne vorbereitende Fehleranalyse müßte sich die Fehlerbeseitigung auf das "komplexe Objekt" und damit auf sämtliche integrierten Einzelobjekte beziehen.[606]

---

[604] Für die sog. Kontrollsummenverfahren explizit Dürr, H., Datenverarbeitung, S. 183; Reckel, G., Kontrollsysteme, S. 137. Gleiches läßt aus den Ausführungen bei Davis, G. B./Adams, D. L./Schaller, C. A., Auditing & EDP, S. 158 schließen. Eine Ausnahme besteht für die sog. "record counts", die sich nur auf die Vollständigkeit beziehen. Vgl. van Belkum, J. W./van't Klooster, A. J., Kontrolle und Revision, S. 50. Zu den Kontrollsummenverfahren vgl. Kap. 3.2.1.1, Fn 353, S. 120.

[605] Vgl. Reckel, G., Kontrollsysteme, S. 140 für den Fall der Kontrollsummen.

[606] Beispielsweise würde die Aussonderung eines komplexen Überwachungsobjektes die Aussonderung sämtlicher Einzelobjekte bedeuten, aus denen es sich zusammensetzt. Durch ein solches Vorgehen werden jedoch Vollständigkeitsfehler verursacht, soweit elementare Objekte ohne Authentizitäts- bzw. Eindeutigkeitsfehler aus dem Rechnungslegungsprozeß ausgegliedert werden.

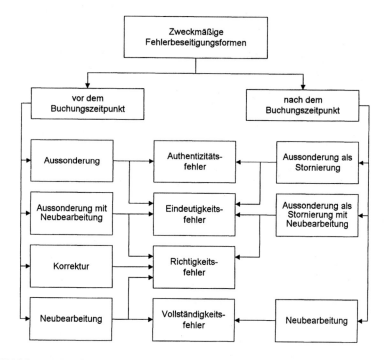

Abbildung 24: *Zweckmäßige Formen der Fehlerbeseitigung in Abhängigkeit von der Art der aufgedeckten Fehler und dem Zeitpunkt der Fehlerbeseitigung*

Bei einer Fehlerbeseitigung nach dem Buchungszeitpunkt führt ein solches Vorgehen schon bei geringen Aggregationsgraden wegen der Verletzung des Grundsatzes der Klarheit zwangsläufig zu neuen Fehlern. Der Grundsatz der Klarheit bedingt, daß Änderungen in der Buchführung auf das unbedingt erforderliche Mindestmaß beschränkt werden.[607] Soweit die Fehlerbeseitigung tatsächlich fehlerfreie Einzelobjekte erfaßt, kommt es zu einer Überschreitung des erforderlichen Mindestmaßes. Auch vor dem Buchungszeitpunkt erfüllt eine auf alle Einzelobjekte gerichtete Fehlerbeseitigung die Anforderungen an ein zweckmäßiges Verfahren nicht. Da

---

[607] Vgl. Bieg, H., Buchführungspflichten und Buchführungsvorschriften, in Beck HdR, Tz 83; Leffson, U., GoB, S. 169. Wohl ebenso Kußmaul, H., Kommentierung zu § 239 HGB, in Küting/Weber, Handbuch der Rechnungslegung, Tz 18; Selchert, F. W., Jahresabschlußprüfung, S. 233.

keine Fehlerbeseitigungsform allen bei der Rechnungslegung auftretenden Fehlerarten gleichermaßen gerecht wird, müssen die Maßnahmen bei bestimmten Fehlerarten stets wirkungslos bleiben oder führen zur Entstehung neuer Fehler. Zweckmäßige Verfahren der Fehlerelimination zur Beseitigung der an komplexen Überwachungsobjekten identifizierten Fehler schließen deshalb vorbereitende Fehleranalysen ein, die in ihrer Aussagekraft den Urteilen über elementare Überwachungsobjekte entsprechen. Liefert die Fehleridentifikation lediglich eine Fehlervermutung, muß geklärt werden, ob diese Vermutung tatsächlich zutrifft.[608]

Soweit von einem Fehler ausgegangen werden kann oder sich die Fehlervermutung nicht widerlegen läßt, schließen sich eine einzelobjektbezo-

---

[608] Zur Bestätigung oder Widerlegung der Fehlervermutung wird durch Befragung der für die überwachten Rechnungslegungsvorgänge verantwortlichen personellen Aufgabenträger nach den Gründen für die festgestellte Abweichung gesucht. Dabei sollten "offene" Fragen Verwendung finden und die Befragung durch bereits vorher durch den Überwachungsträger entwickelte Vermutungen unterstützt werden. Soweit Abweichungen plausibel erklärt und durch entsprechende Nachweise abgesichert werden können, kann das komplexe Überwachungsobjekt als fehlerfrei seiner bestimmungsgemäßen Verwendung zugeführt werden. Kann eine plausible Erklärung für die Abweichung nicht gefunden werden, muß vom Vorliegen eines Fehlers ausgegangen werden. Wird beispielsweise die Entwicklung der monatlichen Verkaufsprovisionen der Entwicklung der entsprechenden Umsatzerlöse im gleichen Zeitraum gegenübergestellt und bestätigt sich im Vergleich die bekannte Interdepenzenz beider Größen nicht, daß mit der Erhöhung der Umsatzerlöse auch ein Anstieg der Verkaufsprovisionen in einem bestimmten Verhältnis verbunden ist, so kann diese Abweichung auf einer veränderten Vertriebspolitik oder auf einer Veränderung der Provisionssätze beruhen und insoweit wirtschaftlich begründet sein. Zum überschlägigen Nachweis kann der durchschnittliche Provisionssatz mit den entsprechenden Umsätzen multipliziert und dem Provisionsaufwand gegenübergestellt werden. Vgl. Gauntt, J. E./Glezen, G. W., Internal Auditor, February 1997, S. 58 ff.

gene Fehlerzurechnung (Fehlerlokalisierung)[609] und eine Fehlerartbestimmung[610] an.

---

[609] Vgl. van Belkum, J. W./van't Klooster, A. J., Kontrolle und Revision, S. 51; Nordsieck, F., ZfhF 1929, S. 151. Zur Fehlerlokalisation wird die Aggregation des komplexen Überwachungsobjektes vollständig oder teilweise rückgängig gemacht. Daraus ergeben sich elementare Überwachungsobjekte oder komplexe Überwachungsobjekte niedrigerer Aggregationsgrade. Diese Überwachungsobjekte müssen "detaillierten" oder "detaillierteren" Vergleichshandlungen unterworfen werden, was ergänzend die Herleitung passender Vergleichsobjekte voraussetzt. Ist die Fehleridentifikation zunächst für monatliche Umsatzerlöse durchgeführt worden, entstehen bei einer Verminderung des Aggregationsgrades auf wöchentliche Umsatzerlöse vier Überwachungsobjekte höheren Detaillierunggrades, die zu einer "Fehlerfeldteilung" führen und es gestatten, den ursprünglich identifizierten Fehler "einzukreisen". Wird das komplexe Überwachungsobjekt vollständig in seine Bestandteile zerlegt, wird im Ergebnis als Anschlußmaßnahme an eine Fehleridentifikation an komplexen Überwachungsobjekten eine Fehleridentifikation an elementaren Überwachungsobjekten durchgeführt. Für die Fehleridentifikation kommt auch eine Auswahl (Stichprobe) von Einzelobjekten in Betracht, so daß das Prozedere dem Vorgehen bei der Jahresabschlußprüfung ähnelt, wenn eine Kombination aus globalen, analytischen Prüfungshandlungen und detaillierten Prüfungshandlungen herangezogen wird. Kommt nicht nur dem Überwachungsobjekt, sondern auch dem Vergleichsobjekt eine eigenständige Bedeutung im Rechnungslegungsprozeß zu, muß sich die Fehleranalyse grundsätzlich auf beide Objekte erstrecken. Die Art der Abbildungsfehler bestimmt Ansatzpunkt und Richtung der weiteren Aktivitäten zur Fehlerlokalisation, so daß der objektbezogenen Fehlerzuordnung zumindest Vermutungen über die Art der Fehler zugrundeliegen müssen. Vgl. Leffson, U., Wirtschaftsprüfung, S. 251. Regelmäßig werden auch diese Fehlervermutungen nicht eindeutig sein können, so daß die Art der zu beseitigenden Fehler erst nach Abschluß der Fehlerzuordnung zu den Einzelobjekten feststeht.

[610] Kann z.B. der festgestellte Rückgang (Anstieg) der Verkaufsprovisionen bei gleichzeitigem Anstieg (Rückgang) der Umsatzerlöse nicht plausibel geklärt werden, muß vom Vorliegen eines Fehlers ausgegangen werden, ohne daß eine eindeutige Zuordnung zu einer sachlichen Fehlerkategorie möglich wäre. Ansatzpunkt für die Bestimmung der sachlichen Fehlerkategorie ist die Feststellung der Richtung der Abweichung, wie z.B. daß die Provisionsaufwendungen gegenüber den Bruttoumsätzen zu niedrig (zu hoch) und/oder die Bruttoumsätze gegenüber den Provisionsaufwendungen zu hoch (zu niedrig) sind. Aus der Richtung der Abweichung können Fehlervermutungen entwickelt werden. Zu geringe Provisionsaufwendungen können auf mangelhafte Vollständigkeit zurückzuführen oder ihre Ursache in einer Verletzung der materiellen Richtigkeit haben, wenn die Provisionsaufwendungen z.B. auf einem falschen Konto gebucht worden sind. Sind die Umsatzerlöse im Vergleich zu den Provisionsaufwendungen zu hoch, kann dies durch Authentizitätsfehler (fiktive Verkäufe), Eindeutigkeitsfehler (mehrfach gebuchte Umsätze) und nicht realisierte Umsätze (materielle Richtigkeit) verursacht werden. Vgl. Dürr, H., Datenverarbeitung, S. 183; Gauntt, J. E./ Glezen, G. W., Internal Auditor, February 1997, S. 58; Meyer zu Lösebeck, H., Unterschlagungsverhütung, S. 318.

Ist zur Fehlerbeseitigung eine Korrektur vorgesehen, müssen aufgedeckte oder vermutete Fehler dem Überwachungsobjekt merkmalsbezogen zugeordnet werden können. Da nur die Verwendung von Soll-Vergleichsobjekten und generellen Ist-Vergleichsobjekten bei der Fehleridentifikation entsprechende Informationen liefern, sind Korrekturen ohne vorbereitende Fehleranalyse nur in Verbindung mit Vergleichsoperationen zweckmäßig, die derartige Vergleichsobjekte verwenden.[611] Bei einer Fehleridentifikation auf der Grundlage individueller Ist-Vergleichsobjekte ergeben sich aus Korrekturen nur in Verbindung mit vorbereitenden Fehleranalysen[612] zweckmäßige Fehlereliminationsverfahren. Neubearbeitungen und Aussonderungen können auch ohne vorherige Fehleranalyse durchgeführt werden.[613]

Da das Zielkriterium "Zweckmäßigkeit" formal einer Nebenbedingung entspricht, ist die Ausprägung "nicht zweckmäßig" als unbefriedigend einzustufen. Zweckmäßige Fehlereliminationsverfahren sind die befriedigende und gleichzeitig bestmögliche Kriterienausprägung. In der Nutzenfunktion bilden diese Kriterienausprägungen jeweils gesonderte Ausprägungsklassen.

---

[611] Vgl. Schuppert, A., Routinetätigkeiten, S. 37, der die Anwendbarkeit von Korrekturen jedoch auf die Verbindung mit Soll-Ist-Vergleichen beschränkt.

[612] Eine solche geeignete Maßnahme besteht z.B. in der Herleitung eines Soll-Vergleichsobjektes und der anschließenden Durchführung eines Soll-Ist-Vergleichs. Die Herleitung des Soll-Vergleichsobjektes kann dabei in einer besonders sorgfältigen Wiederholung der Erstellung des Ist-Vergleichsobjektes und seiner anschließenden Erhebung zur Norm bestehen. Vgl. Baetge, J., Überwachung, S. 180; Sanders, M., Quantitative Analyse, S. 88. Dieses Vorgehen ist beispielsweise bei der Behandlung von Abweichungen zwischen physischen Beständen und Buchbeständen festzustellen. Können die Abweichungen zwischen diesen Ist-Objekten nicht aufgeklärt werden, weil z.B. eine Wiederholung der Bestandsaufnahme nicht möglich ist, wird der Buchbestand korrigiert. Mit einer Korrektur des Buchbestandes wird der physische Bestand zum Soll-Vergleichsobjekt für den Buchbestand erhoben. Zur Behandlung von Abweichungen zwischen physischen Beständen und Buchbeständen vgl. Selchert, F. W., Jahresabschlußprüfung, S. 412; Uhlig, B., Vorratsinventur, in Beck HdR, Tz 56 - 66.

[613] Vgl. Schuppert, A., Routinetätigkeiten, S. 36, 205

Einer bei allen Zielkriterien übereinstimmenden Nutzenzuordnung für die günstigsten und ungünstigsten Ausprägungsklassen entspricht die Abbildung auf die natürlichen Zahlen [0, 10]. Die daraus resultierende Nutzenfunktion zeigt Tabelle 13.

Zweckmäßigkeit		
Ausprägungsklassen ($k._{FEIK1e}$)	Klasseninhalt	Nutzenwert ($n._{FEIK1e}$)
$k._{FEIK12}$	zweckmäßig	10
$k._{FEIK11}$	nicht zweckmäßig	0

Tabelle 13: *Beispiel für eine Nutzenfunktion des Kriteriums "Zweckmäßigkeit"*

3.2.2.2 Wiederholungsgrad

Der aus Fehleridentifikation und Fehlerelimination bestehende Überwachungsvorgang kann bei einem Überwachungsobjekt nicht nur einmal, sondern mehrmals vollzogen werden.[614] Mit dem Zielkriterium "Wiederholungsgrad" wird der Einfluß derjenigen Überwachungsregeln auf die Zielerreichung der Fehlerelimination erfaßt, die die Häufigkeit von Fehleridentifikation und Fehlerelimination festlegen.

Sehen die Überwachungsregeln eine einmalige Durchführung des Überwachungsvorgangs vor, erfolgt nach Abschluß der Fehlerelimination eine Weiterleitung des Überwachungsobjektes an nachfolgende Rechnungslegungsvorgänge. Da die Fehleridentifikation nicht wiederholt wird, besteht keine Gewißheit über die Beseitigung der Fehler.[615] Deshalb wird ein

---

[614] Vgl. Schuppert, A., Routinetätigkeiten, S. 39. Einschränkungen bestehen, wenn die Fehlerbeseitigung durch Aussonderung erfolgt.

[615] Vgl. Schuppert, A., Routinetätigkeiten, S. 197 f.

"kontrolliertes" Vorgehen bei der Fehlerelimination gefordert.[616] Ein kontrolliertes Vorgehen bei der Beseitigung von Fehlern beinhaltet, daß die Überwachungsobjekte nach der Durchführung der Fehlerelimination den gleichen Vergleichsoperationen unterzogen werden, denen sie auch ursprünglich unterlegen haben.[617] Die Wiederholung der Fehleridentifikation erbringt den Nachweis über Erfolg oder Mißerfolg der Fehlerelimination. Mit einer auf die Fehleridentifikation beschränkten Wiederholung Überwachungsvorgangs kann für die wegen einer fehlerhaft durchgeführten Fehlerelimination noch nicht beseitigten oder dabei neu entstanden Fehler[618] jedoch keine Korrekturwirkung erzielt werden.[619] Die Möglichkeit zur Beseitigung dieser Fehler und damit ein Einfluß auf den Zielerreichungsgrad der Fehlerelimination ist erst dann gegeben, wenn auch eine Wiederholung der Maßnahmen zur Fehlerbeseitigung vorgesehen ist.[620]

---

[616] Vgl. Davis, G. B./Adams, D. L./Schaller, C. A., Auditing & EDP, S. 161; Horvath, P./Schäfer, H., Datenverarbeitung, S. 86 f.; Vasarhelyi, M. A./Lin, T. W., Fundamentals, S. 218. Wohl auch ADS, Kommentierung zu § 239 HGB, Tz 7, 36. Schuppert hält eine "unkontrollierte" Freigabe von Überwachungsobjekten im Anschluß an eine Fehlerelimination für ein "nicht generell empfehlenswertes" Vorgehen, das jedoch im Einzelfall sinnvoll sein kann. Vgl. Schuppert, A., Routinetätigkeiten, S. 198.

[617] Vgl. Davis, G. B./Adams, D. L./Schaller, C. A., Auditing & EDP, S. 161; Vasarhelyi, M. A./Lin, T. W., Fundamentals, S. 218.

[618] Das Prozedere zur Beseitigung von Fehlern bei Stapelverarbeitung ist im Vergleich zur Dialogverarbeitung relativ komplex und deshalb fehleranfällig. Bei der Dialogverarbeitung erfolgt eine Fehlermeldung während der Dateneingabe auf dem Bildschirm und die Fehlerbeseitigung muß sofort erfolgen, weil ansonsten der Vorgang nicht abgewickelt werden kann. Bei einer Stapelverarbeitung sind typische Möglichkeiten für die Neuentstehung von Fehlern die doppelte Ausführung von Fehlerbeseitigungensmaßnahmen und eine fehlende Wiedereingliederung der Überwachungsobjekte in den laufenden Rechnungslegungsprozeß. Um die Entstehung solcher Fehler zu verhindern sind besondere Realisierungsformen für die Fehlerbeseitigung entwickelt worden. Vgl. zu dieser Problematik ADS, Kommentierung zu § 239 HGB, Tz 43; Davis, G. B./Adams, D. L./Schaller, C. A., Auditing & EDP, S. 161; Horvath, P./Schäfer, H., Datenverarbeitung, S. 87; Schuppenhauer, R., GoDV, Abschn. A, Tz 335; Vasarhelyi, M. A./Lin, T. W., Fundamentals, S. 218.

[619] Vgl. Baetge, J./Mochty, L., Zuverlässigkeit und Wirtschaftlichkeit, S. 28.

[620] Vgl. Schuppert, A., Routinetätigkeiten, S. 201.

Die Überwachungsregeln können vorschreiben, daß die Überwachungsobjekte den Kreislauf aus fehleridentifizierenden und fehlereliminierenden Maßnahmen nach einer fest vorgegebenen Anzahl von Wiederholungen verlassen müssen.[621] Der Überwachungsvorgang wird solange wiederholt, bis die vorgegebene Anzahl von Wiederholungen erreicht ist oder zu einem früheren Zeitpunkt keine Fehler mehr festgestellt werden. Die bei Erreichen des Abbruchkriteriums noch verbliebenen Fehler können nicht mehr beseitigt, sondern müssen toleriert werden.

Keine Toleranz für die bei der Fehlerelimination neu entstandenen oder noch nicht beseitigten Fehler besteht, wenn der Wiederholungsgrad nicht fest vorgegeben, sondern ausschließlich durch den Erfolg der Fehlerelimination bestimmt wird. In diesem Fall wird das Überwachungsobjekt erst dann für nachfolgende Rechnungslegungsvorgänge freigegeben, falls im Rahmen nochmaliger Vergleichshandlungen kein Fehler aufgedeckt werden konnte.[622]

Toleranzen für die bei der Fehlerbeseitigung verbleibenden oder neu entstandenen Fehler schränken den Zielerreichungsgrad der Fehlerelimination ein, da sie ein Risiko für das Auftreten wesentlicher Fehler im Jahresabschluß implizieren, das bei toleranzfreier Ausgestaltung der Fehlerelimination nicht existiert. Die Wahrscheinlichkeit für das Auftreten toleranzbedingter wesentlicher Fehler im Jahresabschluß hängt von der Bedeutung der tolerierten Fehler für die Ordnungsmäßigkeit des Jahresabschlusses und von der Wahrscheinlichkeit ihres Auftretens ab. Für den Abschlußprüfer ist es nicht möglich, die Bedeutung der bei der Fehlereli-

---

[621] Gründe für eine Beschränkung der Wiederholung können die durch die Wiederholung des Überwachungsvorgangs entstehenden Kosten und/oder die daraus resultierenden zeitlichen Verzögerungen sein. Vgl. Baetge, J./Mochty, L., Zuverlässigkeit und Wirtschaftlichkeit, S. 28; Schuppert, A., Routinetätigkeiten, S. 202. Zum Vorgehen bei Wiederholungen des Überwachungsvorgangs, insbesondere zu den dabei eingesetzten Vergleichsobjekten vgl. Schuppert, A., Routinetätigkeiten, S. 198, 204.

[622] Zur Realisierung eines solchen Verfahrens mit Hilfe eines "circulating error file" vgl. Davis, G. B./Adams, D. L./ Schaller, C. A., Auditing & EDP, S. 162 f.

mination tolerierten Fehler nach Art und Umfang festzustellen.[623] Aus Art und Umfang der tolerierten Fehler können deshalb keine bewertungsrelevanten Unterschiede für fehlertolerante Verfahren der Fehlerelimination abgeleitet werden. Wenn der Abschlußprüfer Toleranzen bei der Fehlerelimination nicht generell ablehnt,[624] kann er sich bei deren Beurteilung an der Wahrscheinlichkeit orientieren, mit der die Fehlerelimination erfolgreich (fehlerfrei) durchgeführt wird. Die Wahrscheinlichkeit für eine erfolgreiche Fehlerelimination wird von der Anzahl der Durchführungen eines Überwachungsvorgangs beeinflußt. Ist dem mit der Fehlerelimination betrauten personellen Überwachungsträger bekannt, daß der Überwachungsvorgang bereits zum wiederholten Male stattfindet, wird er die Maßnahmen zur Beseitigung der Fehler besonders sorgfältig ausführen.[625] Die Wahrscheinlichkeit, daß bei einer wiederholten Fehlerelimination noch Fehler verbleiben oder neu entstehen, ist deshalb geringer als bei der erstmaligen Fehlerelimination.[626] Zwar besteht auch im Anschluß an eine wiederholte Fehlerelimination keine Gewißheit darüber, daß die freigegebenen Überwachungsobjekte tatsächlich fehlerfrei sind, wenn auf eine erneute Fehleridentifikation verzichtet wird. Die erhöhte Zuverlässigkeit einer wiederholten Fehlerelimination läßt jedoch den Schluß zu, daß die Überwachungsobjekte mit großer Wahrscheinlichkeit fehlerfrei sein werden. Der Verzicht auf eine weitere Wiederholung des Überwachungsvorgangs erscheint dann gerechtfertigt.

---

[623] Auch für den Überwachungsträger ist die Ermittlung der Bedeutung der tolerierten Fehler nach Art und Umfang nicht möglich, wenn der Überwachungsvorgang ohne erneute Durchführung einer Fehleridentifikation abgebrochen wird.

[624] Die Ablehnung von Fehlertoleranzen kann sich auch auf bestimmte Rechnungslegungsvorgänge beziehen. In dieser Weise ließen sich ADS interpretieren, die für Fehler bei der Ausstellung des Belegs, der Grundbucherfassung und der weiteren Verarbeitung in jedem Fall eine Korrektur als geboten ansehen. Vgl. ADS, Kommentierung zu § 239 HGB, Tz 37.

[625] Vgl. Sanders, M., Quantitative Analyse, S. 74.

[626] Ob allerdings ein Zusammenhang in der Weise unterstellt werden kann, daß sich die Zuverlässigkeit der Fehlerelimination mit der Anzahl der Wiederholungen erhöht, ist fraglich.

In einer Präferenzordnung nach dem Wiederholungsgrad werden Fehlertoleranzen von Überwachungsverfahren mit Wiederholungsmöglichkeit der Fehlerelimination deshalb vor den Fehlertoleranzen rangieren, die aus einmaligen oder in ihrer Wiederholung auf die Fehleridentifikation beschränkten Überwachungsvorgängen resultieren. Den obersten Rang nimmt ein Wiederholungsgrad ein, der eine toleranzfreie Fehlerelimination gewährleistet. Das Auftreten toleranzbedingter wesentlicher Fehler ist wegen der erhöhten Zuverlässigkeit bereits bei einer einmaligen Wiederholung der Fehlerelimination unwahrscheinlich, so daß die Grenze zwischen befriedigenden und unbefriedigenen Ausprägungen bei einem Wiederholungsgrad von Eins gezogen werden kann. Eine andere Grenze kann sich ergeben, wenn neben der Anzahl der Wiederholungen des Überwachungsvorgangs der Einfluß des Komplexitätsgrades des Fehlereliminationsverfahrens oder der Einfluß der Qualität der Anweisungen zur Beseitigung der Fehler[627] auf die Wahrscheinlichkeit für eine erfolgreiche Fehlerelimination berücksichtigt wird. Wenn einmalige und mehrfache Wiederholungsmöglichkeiten für die Fehlerelimination als nutzenäquivalent angesehen werden, ergeben sich für das Zielkriterium "Wiederholungsgrad" drei Ausprägungsklassen. Die Abbildung dieser drei Klassen auf die natürlichen Zahlen [0, 6, 10] ergibt die in Tabelle 14 gezeigte Nutzenfunktion.

---

[627] Vgl. zu Qualitätsmerkmalen von Korrekturanweisungen Schuppert, A., Routinetätigkeiten, S. 203 und deren Einfluß auf die Zuverlässigkeit mit der die Fehlerelimination durchgeführt wird Göbel, R., Auswahlverfahren, S. 132.

Ausprägungsklassen (k_{FEIK2e})	Wiederholungsgrad Klasseninhalt	Nutzenwert (n_{FEIK2e})
k_{FEIK23}	Fehleridentifikation und Fehlerelimination werden so lange wiederholt, bis keine Fehler mehr festgestellt werden.	10
k_{FEIK22}	Für die Fehlerelimination besteht mit einem Wiederholungsgrad von ≥ 1 eine fest vorgegebene Anzahl von Wiederholungsmöglichkeiten. Die nach Ausschöpfung dieser Wiederholungsmöglichkeiten verbleibenden oder neu entstandenen Fehler werden toleriert.	6
k_{FEIK21}	Wiederholungen der Fehlerelimination sind ausgeschlossen.	0

Tabelle 14: *Beispiel für eine Nutzenfunktion des Kriteriums "Wiederholungsgrad"*

3.2.2.3 Zeitrestriktion

Zeitregeln sind Bedingungen für die Durchführung eines Überwachungsaufgabe. Das Schrifttum fordert eine Ausgestaltung der Zeitregeln in der Weise, daß Überwachungsvorgänge "regelmäßig"[628], "zeitgerecht"[629], "within a reasonable period of time"[630], "zeitnah"[631] oder "unverzüglich"[632] erfolgen. Für die Fehlerelimination legen Zeitregeln fest, unter welchen Bedingungen (wann) die Fehlerelimination zu erfolgen hat und bis zu wel-

---

[628] Budde, W. D./Kunz, K., Kommentierung zu § 238 HGB, in Beck Bil-Komm, Tz 73 für die Abstimmung zwischen Haupt- und Nebenbüchern.

[629] Blum, E., NB 1980, S. 401.

[630] Vasarhelyi, M. A./Lin, T. W., Fundamentals, S. 218.

[631] ADS, Kommentierung zu § 240 HGB, Tz 56 für die Abstimmung zwischen physischen Beständen lt. Inventur und den Buchbeständen.

[632] Uhlig, B., Vorratsinventur, in Beck HdR, Tz 56.

chem Zeitpunkt sie abgeschlossen sein muß.[633] Sie bestimmen damit die für Beseitigung von Fehlern verfügbare Zeit. Das Zielkriterium "Zeitrestriktion" nimmt Bezug auf die Gestaltungsvarianten von Zeitregeln bei der Überwachung und erfaßt deren Auswirkungen im Zielerreichungsgrad der Fehlerelimination.

Der zeitliche Rahmen für die Überwachung wird durch den Zeitpunkt der Fehlerentstehung und den Termin für den Abschluß der Fehlerelimination abgesteckt. Davon kann für die Beseitigung von Fehlern nur die nach der Fehlererkennung verbleibende Zeitspanne genutzt werden. Die Fehlererkennungsspanne[634] als Zeitraum zwischen Fehlerentstehung und Fehlererkennung beeinflußt deshalb die Zeitrestriktionen für die Fehlerelimination. Je geringer der in der Fehlererkennungsspanne zum Ausdruck kommende "time lag" ist, desto mehr Zeit steht bei einem vorgegebenen Termin für die Beseitigung der Fehler zur Verfügung. Die verfügbare Zeit kann zusätzlich durch einen nach dem Zeitpunkt der Fehlererkennung liegenden Beginn der Fehlerbeseitigungsphase verkürzt werden (Abbildung 25). Die Durchführung von Vergleichsoperationen zur Aufdeckung von Fehlern setzt die Erstellung (Realisierung) des Überwachungsobjektes voraus. Art und Umfang der zur Erstellung des Überwachungsobjektes erforderlichen Aktivitäten werden mit der Definition des Überwachungsobjektes festgelegt. Die definitorische Festlegung des Überwachungsobjektes ist deshalb ausschlaggebend dafür, ob der Realisierungszeitpunkt des Überwachungsobjektes mit der Fehlerentstehung übereinstimmt oder auf einen späteren Zeitpunkt fällt.[635]

---

[633] Zu Zeitregeln als Bestimmungsfaktoren einer Aufgabendurchführung vgl. Grochla, E., Gestaltung, S. 174.

[634] Sieper/Müller verwenden den Begriff der "Fehlererkennungszeit". Vgl. Sieper, H./Müller, H., fir, Dezember 1974, S. 5.

[635] Auf die Bedeutung von Realisierungszeitpunkt des Überwachungsobjektes und den Zeitpunkt der Einleitung der Fehleridentifikation weist auch Corsten hin. Vgl. Corsten, H., Kontrolle, S. 475 f.

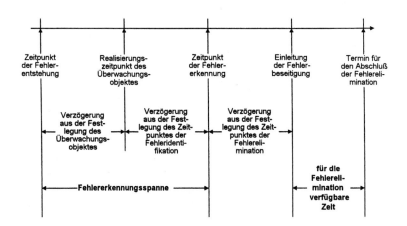

Abbildung 25: Für die Fehlerelimination verfügbare Zeit im Zeitrahmen der Überwachung

Entsteht das Überwachungsobjekt mit seinen Merkmalsausprägungen durch eine wohldefinierte Abfolge von Rechnungslegungsvorgängen mit genau abgrenzbaren (Zwischen-) Ergebnissen,[636] fallen Fehlerentstehung und Realisierung des Überwachungsobjektes zeitlich auseinander. Daraus resultiert eine Verzögerung bei der Fehlererkennung, die auf der Festlegung des Überwachungsobjektes beruht.

Verzögerungen bei der Fehlererkennung sind für komplexe Überwachungsobjekte typisch, denn deren Merkmalsausprägungen ergeben sich aus der Aggregation der Merkmalsausprägungen einer Menge von Einzelobjekten. Die Einzelobjekte sind genau abgrenzbare Ergebnisse aus der meist mehrmaligen Abwicklung eines oder mehrerer Rechnungslegungsvorgänge. Die zeitliche Verzögerung hängt somit vom Aggregationsgrad des Überwachungsobjektes ab.[637] Zeitliche Abgrenzungsregeln bei der Bildung der Objektgruppen liefern einen Anhaltspunkt für das Ausmaß der Verzögerungen. Abgrenzungen mit Monatsfrist führen zu ei-

---

[636] Vgl. Stomberg, R., Organisation der Kontrolle, S. 122. Wohl ebenso Sieper, H./ Müller, H., fir, Dezember 1974, S. 5.

[637] Vgl. Blum, E., Kontrolle, S. 237.

ner geringeren Verzögerung bei der Fehlererkennung als eine Abgrenzung auf Jahresbasis.[638]

Auch bei elementaren Überwachungsobjekten kann sich die Aufdeckung von Fehlern verzögern, wenn deren Merkmalsausprägungen durch mehrere (aufeinanderfolgende) Rechnungslegungsvorgänge entstehen. Beispielsweise kann die Ausprägung der Debitoren-Kontonummer bereits durch den Vorgang der Kundenauftragserfassung festgelegt werden, weil sie gleichzeitig als Kundennummer dient. Die Fehlerentstehung hinsichtlich dieses Merkmals und der Realisierungszeitpunkt des Überwachungsobjektes fallen auseinander, wenn die materielle Richtigkeit der Debitoren-Kontonummer als eines von mehreren Merkmalen des erst zu einem späteren Zeitpunkt (abschließend) realisierten Überwachungsobjektes "Forderung" geprüft wird. Die Verzögerung ist dabei umso größer, je mehr Rechnungslegungsvorgänge an der Erstellung des Überwachungsobjektes beteiligt sind.[639]

Verzögerungen bei der Fehlererkennung sind nicht nur in der Festlegung des Überwachungsobjektes begründet. Erhält der Überwachungsträger die Überwachungsobjekte für die Fehleridentifikation gruppenweise in Form von Losen (z.B. Ausgangsrechnungen einer Arbeitswoche werden als Einzelobjekte oder in aggregierter Form auf Tagesbasis in der darauffolgenden Woche kontrolliert), ergibt sich aus dieser Regelung eine Verzögerung, die auf der Festlegung des Zeitpunktes der Fehleridentifikation beruht. Auf andere Weise entsteht eine solche Verzögerung, wenn das Überwachungsobjekt zunächst an nachfolgende Rechnungslegungsvorgänge weitergegeben wird, bevor die Fehleridentifikation beginnt. In bei-

---

[638] Zu verschiedenen Abgrenzungskriterien bei der Definition von komplexen Überwachungsobjekten vgl. Kap. 3.2.1.1 auf S. 124 f.

[639] Vgl. Blum, E., Kontrolle, S. 237; Sieper, H./Müller, H., fir, Dezember 1974, S. 5. Je mehr Rechnungslegungsvorgänge an der Erstellung des Überwachungsobjektes beteiligt sind, desto größer ist grundsätzlich auch die Überwachungsstrecke, d.h. die Anzahl der Rechnungslegungsvorgänge, bei denen Fehler aufgedeckt werden können.

den Fällen reicht die Fehlererkennungsspanne über den Realisierungszeitpunkt des Überwachungsobjektes hinaus.

Werden die Maßnahmen zur Beseitigung von Fehlern nicht unmittelbar im Anschluß an die Fehlererkennung eingeleitet, entstehen Verzögerungen durch die Festlegung des Zeitpunktes der Fehlerelimination. Die Fehlerelimination kann z.b. für die fehlerhaften Überwachungsobjekte einer Objektgruppe erst dann eingeleitet werden, wenn die Fehleridentifikation für alle Objekte einer Gruppe abgeschlossen ist. Im Gegensatz zu diesen Verzögerungen, kommt den bei der Fehlererkennung auftretenden Verzögerungen besondere Bedeutung zu, da diese nicht nur die zeitlichen Restriktionen bei der Fehlerelimination beeinflussen, sondern auch deren Komplexität und Aufwand bestimmen.

Komplexität und Aufwand der Fehlerelimination hängen insbesondere von der Art der Überwachungsobjekte und der Möglichkeit einer Fehlerfortpflanzung ab.[640] Die Informationen, die Urteile über komplexe Überwachungsobjekte liefern, reichen für eine Beseitigung aufgedeckter Fehler nicht aus. Im Vorfeld der Fehlerbeseitigung ist deshalb die Durchführung von Fehleranalysen erforderlich, um Aussagen über die Art der aufgedeckten Fehler und die damit behafteten Einzelobjekte zu gewinnen.[641] Der Aufwand für eine solche Fehleranalyse wächst mit dem Aggregationsgrad der Überwachungsobjekte.[642]

---

[640] Einfluß auf Komplexität und Aufwand der Fehlerelimination haben auch die Vergleichsobjekte. Handelt es sich um Ist-Vergleichsobjekte mit eigenständiger Bedeutung im Rechnungslegungsprozeß, erstrecken sich Vorbereitung und Durchführung der Fehlerelimination nicht nur auf die Überwachungsobjekte, sondern auch auf die Vergleichsobjekte. In den Fällen, in denen aufgrund des Vergleichsobjektes bei festgestellten Abweichungen lediglich eine Fehlervermutung besteht, erhöht sich der Aufwand für die Fehlerelimination, weil Aktivitäten zur Bestätigung oder Widerlegung dieser Vermutung durchgeführt werden müssen.

[641] Vgl. Kap. 3.2.2.1 auf S. 201.

[642] Vgl. Blum, E., NB 1980, S. 400; Dürr, H., Datenverarbeitung, S. 183; Reckel, G., Kontrollsysteme, S. 138, 140; van Belkum, J. W./van't Klooster, A. J., Kontrolle und Revision, S. 51.

Vorbereitung und Durchführung der Fehlerelimination sind besonders aufwendig, wenn sich Ursprungsfehler in zahlreichen Folgefehlern fortpflanzen können.[643] Ausgehend vom Ursprungsfehler ist eine Lokalisierung und Beseitigung der Folgefehler erforderlich, so daß sich die Fehlerbeseitigungsmaßnahmen auch auf diejenigen Rechnungslegungsvorgänge erstrecken müssen, in die Folgefehler eingeschleppt worden sind. Ein Überwachungsverfahren ist nicht in der Lage Folgefehler zu verhindern, wenn seine Fehlererkennungsspanne über den sog. Fehlerabschnitt hinausreicht.[644] Der Fehlerabschnitt kennzeichnet den Zeitraum von der Fehlerentstehung bis zu dem Zeitpunkt, an dem sich ein Fehler erstmals in Form eines Folgefehlers auswirken kann.[645] Anzeichen für eine über den Fehlerabschnitt hinausreichende Fehlererkennungsspanne sind Verzögerungen bei der Fehlererkennung. Folgefehler entstehen dann, wenn zwischen Fehlerentstehung und Realisierung des Überwachungsobjektes bzw. zwischen Realisierung des Überwachungsobjektes und Einleitung der Fehleridentifikation weitere, sachlogisch abhängige Rechnungslegungsvorgänge abgewickelt werden.[646] Je mehr Rechnungslegungsvorgänge zwischen den relevanten Zeitpunkten abgewickelt werden, desto mehr erhöht sich auch der Aufwand für die Fehlerelimination.[647]

Die Zeitrestriktionen bei der Fehlerelimination lassen sich unter Bezugnahme auf den Zeitrahmen der Überwachung kategorisieren, wenn als Merkmale das Vorliegen oder Fehlen von Verzögerungen aus der Festlegung der Zeitpunkte von Fehlerelimination bzw. Fehleridentifikation sowie das Vorliegen oder Fehlen von Verzögerungen aus der Festlegung des Überwachungsobjektes herangezogen werden. Daraus ergeben sich die

---

[643] Vgl. Knop, W., Kontrollwirkung, S. 1192.

[644] Vgl. Nordsieck, F., ZfhF 1929, S. 151 f., der diesen Fall als "Verspätete Kontrolle" bezeichnet.

[645] Vgl. Nordsieck, F., Schaubildliche Erfassung, S. 58.

[646] Sachlogische Abhängigkeiten zwischen Rechnungslegungsvorgängen bestehen, wenn der Output eines Vorgangs Input eines nachfolgenden Vorgangs ist. Sieper/Müller operieren in diesen Zusammenhang mit dem Begriff der "Merkmalsabhängigkeit". Vgl. Sieper, H./Müller, H., fir, Dezember 1974, S. 5.

[647] Vgl. Blum, E., NB 1980, S. 400; Sieper, H./Müller, H., fir, Dezember 1974, S. 5.

in Tabelle 15 dargestellten Kategorien A bis H, die relevante Ausprägungen des Kriteriums "Zeitrestriktion" darstellen.

Kategorie einer Zeitrestriktion	Verzögerung aus der Festlegung des Zeitpunktes der Fehlerelimination	Verzögerung aus der Festlegung des Zeitpunktes der Fehleridentifikation	Verzögerung aus der Festlegung des Überwachungsobjektes
A	-	-	-
B	x	-	-
C	-	x	-
D	-	-	x
E	x	x	-
F	x	-	x
G	-	x	x
H	x	x	x

Tabelle 15: Kategorien von Zeitrestriktionen bei der Fehlerelimination

Die Zeitrestriktionen bei der Fehlerelimination spiegeln den verzögerungsbedingten Zeitdruck wider, dem personelle Überwachungsträger bei der Beseitigung von Fehlern ausgesetzt sind. Zeitdruck kann die personellen Überwachungsträger "zu Großzügigkeit"[648] verleiten und sich damit negativ auf den Zielerreichungsgrad der Fehlerelimination auswirken. Wegen Zeitmangel können die vorgesehenen Maßnahmen der Fehlerelimination vorzeitig abgebrochen oder gänzlich unterlassen werden.[649] Dadurch werden Überwachungsobjekte an nachfolgende Rechnungslegungsvorgänge entweder ohne die Beseitigung aufgedeckter Fehler oder ohne den Nachweis erfolgreicher Fehlerbeseitigung freigegeben. Der

---

[648] Maul, K., WPg 1977, S. 234.

[649] Zu den Wirkungen von Zeitdruck oder Zeitknappheit auf das Verhalten externer Prüfer bzw. Prüfer der internen Revision vgl. Zünd, A., Revisionslehre, S. 37, 313 - 315; Nourayi, M. M./Azad, A. N., Internal Auditing, Summer 1997, S. 42 ff. m. w. N.

Zeitdruck und damit die Wahrscheinlichkeit für solche Beeinträchtigungen des Zielerreichungsgrades der Fehlerelimination ist umso größer, je komplexer und aufwendiger die Fehlerelimination ist und je weniger Zeit dafür zur Verfügung steht.[650] Um auf der Grundlage dieses Zusammenhangs zu einer Präferenzordnung für die Kategorien von Zeitrestriktionen zu gelangen, sind vereinfachende Annahmen zu treffen.

Die für die Fehlerelimination verfügbare Zeit wird durch Verzögerungen verkürzt. Aus der Daraus resultiert ein verzögerungsbedingter Zeitdruck. Zeitrestriktionen der Kategorie A sind verzögerungsfrei, so daß ein entsprechender Zeitdruck fehlt. Wenn jede Verzögerung den Zeitdruck erhöht, ist der bei einfachen Verzögerungen (Kategorien B, C und D) entstehende Zeitdruck geringer als der von einer mehrfachen Verzögerung (Kategorien E bis H) ausgelöste Zeitdruck. Zeitrestriktionen der Kategorie H sind mit dem größten Zeitdruck verbunden. Ergänzend ist zu berücksichtigen, daß Verzögerungen bei der Fehlererkennung nicht nur die für die Fehlerelimination verfügbare Zeit verkürzen, sondern gleichzeitig Komplexität und Aufwand der Fehlerelimination erhöhen. Verzögerungen bei der Fehlererkennung verursachen deshalb einen größeren Zeitdruck als Verzögerungen, die aus der Festlegung des Zeitpunktes der Fehlerelimination resultieren. Daraus ergibt sich unter Berücksichtigung der Gleichrangigkeit der Kategorien C und D sowie der Kategorien E und F[651] eine Präferenzordnung, die der Reihenfolge der Zeitrestriktionen in Tabelle 15 entspricht. In dieser Präferenzordnung nehmen Zeitrestriktionen den obersten Rang ein, bei denen mit dem Eingreifen der Überwachung unmittelbar im Anschluß an die Fehlerentstehung keine Verzögerung bei der Fehlererkennung existiert[652] und sich die Maßnahmen zur Be-

---

[650] Vgl. Baetge, J., Objektivierung, S. 70; Morgenstern, O., Genauigkeit, S. 43.

[651] Die Gleichrangigkeit ergibt sich aus der Annahme, daß Verzögerungen aus der Festlegung des Zeitpunktes der Fehleridentifikation und Verzögerungen aus der Festlegung des Überwachungsobjektes mit dem gleichen verzögerungsbedingten Zeitdruck verbunden sind.

seitigung von Fehlern ohne Verzögerung unmittelbar an deren Aufdeckung anschließen.

Die Abgrenzung befriedigender von unbefriedigenden Zeitrestriktionen bei der Fehlerelimination kann sich an der Definition des Kontrollrisikos orientieren. Die Definition des Kontrollrisikos enthält die Formulierung, daß wesentliche Fehler durch das IKS "rechtzeitig"[653] bzw. "in angemessener Zeit"[654] aufzudecken und zu beseitigen sind.[655] Zeitrestriktionen bei der Fehlerelimination müssen deshalb der Nebenbedingung einer aus Sicht des Abschlußprüfers "rechtzeitigen" Überwachung genügen.

Ein aus Prüfersicht wirksames IKS verhindert durch seine Korrekturwirkung, daß wesentliche Fehler in den ungeprüften Jahresabschluß gelangen.[656] Daher liefert das Ende der Aufstellungsfrist für den Jahresab-

---

[652] Ebenso Adenauer, P., Internes Kontrollsystem, S. 79; Nordsieck, F., Betriebsorganisation - Textband, Sp. 84; Stomberg, R., Organisation der Kontrolle, S. 122 f. Kürzere Überwachungsfrequenzen bzw. die Verschiebung des Zeitpunktes für die Einleitung der Maßnahmen zur Fehleraufdeckung hin zur Fehlerentstehung werden in der Literatur jeweils positiv bewertet. Vgl. Blum, E., NB 1980, S. 400 f.; Kromschröder, B., Optimierung, S. 46; Maul, K., WPg 1977, S. 234; Sieper, H./ Müller, H., fir, Dezember 1974, S. 4.

[653] Dörner, D., Audit Risk, Sp. 84.

[654] Wiedmann, H., WPg 1993, S. 17.

[655] Die wörtliche Formulierung des AICPA lautet "on a timely basis". Vgl. AICPA, Professional Standards, AU § 312.20 b. In der autorisierten Übersetzung der Verlautbarungen des IFAC wird die Formulierung "zeitnah" verwendet. Vgl. IFAC, International Standards, ISA 400.5.

[656] Vgl. Stibi, E., Prüfungsrisikomodell, S. 105.

schluß[657] einen Anhaltspunkt für den äußerstenfalls zulässigen Termin für den Abschluß der Fehlerelimination aller zum IKS gehörenden Überwachungsverfahren. Wegen sachlogischer Abhängigkeiten zwischen den Rechnungslegungsvorgängen ist es nicht möglich, diesen Zeitrahmen bei allen Überwachungsvorgängen auszuschöpfen. Das Inventar ist z.B. eine wesentliche Grundlage des Jahresabschlusses und muß deshalb vor der Bilanzerstellung angefertigt werden, damit die Frist für die Aufstellung des Jahresabschlusses eingehalten werden kann.[658] Findet der Abgleich von tatsächlichen Beständen und Buchbeständen nicht rechtzeitig statt oder werden die dabei aufgedeckten Fehler nicht entsprechend frühzeitig eliminiert, verzögern sich die mit der Erstellung des Jahresabschlusses unmittelbar verbundenen Rechnungslegungsvorgänge und können möglicherweise nicht mehr fristgerecht abgeschlossen werden. Zeitregeln bei der Überwachung, die zur Folge haben, daß der Jahresabschluß nicht fristgerecht aufgestellt werden kann, erfüllen die Bedingung einer "rechtzeitigen" Überwachung nicht. Die bei der Fehlerelimination geltenden Zeitrestriktionen sind aus Prüfersicht als unbefriedigend einzuordnen.

Der Grundsatz der Zeitgerechtigkeit (§ 239 Abs. 2 HGB), der eine zeitnahe Buchung der Geschäftsvorfälle fordert[659] präzisiert diese allgemeine Nebenbedingung für diejenigen Überwachungsvorgänge, die den "kontrol-

---

[657] Die gesetzlichen Fristen für die Aufstellung des Jahresabschlusses von Kapitalgesellschaften (§ 264 Abs. 1 Satz 2 HGB) und für die unter das Publizitätsgesetz fallenden Unternehmen (§ 5 Abs. 1 Satz 1 PublG) betragen 3 Monate nach Beendigung des Geschäftsjahres. Kleine Kapitalgesellschaften (§ 267 Abs. 1 HGB) können diese Frist auf 6 Monate ausdehnen (§ 264 Abs. 1 Satz 3 HGB). Die Aufstellungsfrist für den Jahresabschluß eingetragener Genossenschaften beträgt 5 Monate (§ 336 Abs. 1 HGB). Die nicht unter das Publizitätsgesetz fallenden Einzelkaufleute und Personengesellschaften haben den Jahresabschluß nach § 243 Abs. 3 HGB innerhalb der einem ordnungsmäßigen Geschäftsgang entsprechenden Zeit aufzustellen. Als zulässig wird dabei ein sechs Monate überschreitender Zeitraum angesehen. Die Aufstellung des Jahresabschlusses muß spätestens 12 Monate nach Ablauf des Geschäftsjahres erfolgt sein. Vgl. Budde, W. D./Kunz, K., Kommentierung zu § 243 HGB, in Beck Bil-Komm, Tz 93.

[658] Vgl. ADS, Kommentierung zu § 240 HGB, Tz 61.

[659] Vgl. ADS, Kommentierung zu § 239 HGB, Tz 26.

lierten" Eingang der Geschäftsvorfälle in die Buchführung[660] gewährleisten. Diese Überwachungsvorgänge beeinflussen den Buchungszeitpunkt, denn die Geschäftsvorfälle gelten erst dann als gebucht, wenn Fehleridentifikation und ggf. auch Fehlerelimination abgeschlossen sind.[661] Die Zeitrestriktionen der Fehlerelimination müssen es daher erlauben, die Geschäftsvorfälle zeitgerecht, innerhalb der "üblich gewordenen Fristen"[662] zu buchen. Für die Kreditgeschäfte eines Monats reicht diese Frist bis zum Ende des folgenden Monats[663], während für Kassenbewegungen eine taggenaue Buchung erforderlich ist.[664]

Für Überwachungsvorgänge, die den kontrollierten Eingang der Geschäftsvorfälle in die Buchführung gewährleisten, wird deshalb der spätest mögliche Abschluß der Fehlerelimination mit dem Zeitpunkt der spätest möglichen, noch zeitgerechten journalmäßigen Erst-Erfassung im Buchführungssystem zusammenfallen. Soweit die Eintragung in Grund- und Hauptbuch nicht gleichzeitig erfolgt, muß sich die Terminierung bei der Beseitigung von Fehlern an den strengeren Anforderungen hinsichtlich der

---

[660] Vgl. dazu ADS, Kommentierung zu § 238 HGB, Tz 52, AWV, GoBS, Tz 3.1; Göbel, S./Marx, W., Buchführungssysteme, in Hofbauer/Kupsch, BHR, Tz 125. Wohl ebenso Reckel, G., Kontrollsysteme, S. 144 mit der Forderung, daß bei einer Stapelverarbeitung bestimmte Überwachungsvorgänge nicht nach der Verarbeitung sondern "in der Eingabephase" zu liegen haben.

[661] Vgl. AWV, GoBS, Tz 3.1; Göbel, S./Marx, W., Buchführungssysteme, in Hofbauer/ Kupsch, BHR, Tz 125. Die GoBS nehmen dabei Bezug auf die Ordnungsmäßigkeitselemente Vollständigkeit und formelle Richtigkeit, während Göbel/Marx sich auf die für die "Eingabe vorgesehenen Kontrollen" beziehen. Insoweit bleibt unklar, welche Rechnungslegungsvorgänge hinsichtlich welcher Überwachungssachziele durch diese Überwachungsvorgänge abgedeckt werden sollen und ob besondere Anforderungen z.B. hinsichtlich des Zielerreichungsgrade der Fehleridentifikation bestehen.

[662] Bieg, H., Buchführungspflichten und Buchführungsvorschriften, in Beck HdR, Tz 91. Die Zeit zwischen der Entstehung eines buchungspflichtigen Geschäftsvorfalls und seiner Abbildung im System der Buchführung richtet sich nach den Verhältnissen der Unternehmung und der Art des Geschäftsvorfalls. Vgl. ADS; Kommentierung zu § 239 HGB, Tz 26 - 30; Bieg, H., Buchführungspflichten und Buchführungsvorschriften, in Beck HdR, Tz 94.

[663] Vgl. R 29 Abs. 1 Satz 4 EStR 1996.

[664] Vgl. ADS, Kommentierung zu § 239 HGB, Tz 27.

Zeitnähe der Grundbucheintragung[665] orientieren. Die Überwachung erfolgt nicht "rechtzeitig", wenn z.B. die Fehlererkennung oder der Zeitpunkt für die Einleitung der Fehlerelimination mit dem spätest möglichen zeitgerechten Buchungszeitpunkt zusammenfällt, denn die Geschäftsvorfälle können in diesem Fall nur dann zeitgerecht gebucht werden, wenn keine Fehler aufgedeckt worden sind.[666] Auch fehlende oder ungenau fixierte zeitliche Vorgaben für die Fehlerelimination sind unbefriedigend, weil sie Verzögerungen zur Folge haben können, die eine zeitgerechte Verrechnung von Geschäftsvorfällen verhindern.[667] Deshalb kann keine der hier unterschiedenen Kategorien von Zeitrestriktionen generell als befriedigend oder unbefriedigend klassifiziert werden.

Ist die Nebenbedingung einer "rechtzeitigen" Überwachung erfüllt, ergeben sich für befriedigende Zeitrestriktionen fünf Ausprägungsklassen, wenn die Kategorien G und H als nutzenäquivalent angesehen werden. Diese werden ergänzt um die Klasse der als unbefriedigend einzuordnenden Zeitrestriktionen und präferenzerhaltend auf die natürlichen Zahlen [0, 2, 4, 6, 8, 10] abgebildet. Die daraus resultierende Nutzenfunktion zeigt Tabelle 16.

---

[665] Vgl. ADS, Kommentierung zu § 239 HGB, Tz 28.

[666] So könnten auch Heigl/Peemöller verstanden werden, die ohne nähere Erläuterung Kontrollen als unwirksam bezeichnen, die mit zeitlicher Verzögerung stattfinden und deshalb Fehler zu spät entdecken. Vgl. Heigl, A./Peemöller V. H., ZIR 1995, S. 10.

[667] Vgl. Zepf, G., DStR 1996, S. 1261.

\	Zeitrestrition	
Ausprägungs-klassen (k_{FEIK3e})	Klasseninhalt	Nutzenwert (n_{FEIK3e})
k_{FEIK36}	Kategorie A: keine Verzögerung bei Fehlererkennung oder Fehlerbeseitigung	10
k_{FEIK35}	Kategorien B: Verzögerung aus der Festlegung der Fehlerelimination, die zu keinem zusätzlichen Aufwand bei der Fehlerbeseitigung führt.	8
k_{FEIK34}	Kategorie C, D: Einfache Verzögerungen bei der Fehlererkennung, die mit zusätzlichem Aufwand bei der Fehlerbeseitigung verbunden sind.	6
k_{FEIK33}	Kategorien E, F: Mehrfache Verzögerungen bei der Fehlererkennung und aus der Festlegung der Fehlerelimination, die zu zusätzlichem Aufwand bei der Fehlerbeseitigung führen.	4
k_{FEIK32}	Kategorien G, H: Mehrfache Verzögerungen bei Fehlererkennung und Fehlerbeseitigung, die erheblichen Zusatzaufwand bei der Fehlerbeseitigung verursachen.	2
k_{FEIK31}	Zeitrestriktionen aller Kategorien, die mangels rechtzeitiger Überwachung die fristgerechte Abwicklung von Rechnungslegungsvorgängen gefährden oder ausschließen.	0

Tabelle 16: *Beispiel für eine Nutzenfunktion des Kriteriums "Zeitrestriktion"*

3.3 Kombination, Zerlegung und Vervielfachung von Überwachungsverfahren

Im Scoring-Modell ist für jede Kategorie von Überwachungssachzielen (Vollständigkeit, Authentizität usw.) ein eigenes Zielsystem vorgesehen. Für die Herleitung jedes Zielsystems wird die Systemaufgabe in Teilaufgaben zerlegt, wobei sich die Zerlegung an den durch den Abschlußprüfer abgegegrenzten Rechnungslegungsvorgängen orientiert. Für die Bewertung der Lösungsverfahren der Überwachungsaufgaben geht das Scoring-Modell von der idealtypischen Situation aus, daß zu jeder Überwachungsaufgabe in den verschiedenen Zielsystemen des Prüfers im Soll-IKS des Unternehmens genau ein Überwachungsverfahren existiert (Abbildung 26).

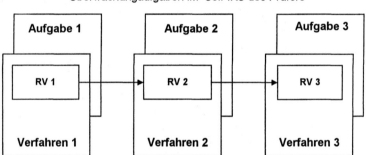

Abbildung 26: Idealtypischer Zusammenhang zwischen Überwachungsaufgaben im Soll-IKS des Prüfers und Überwachungsverfahren im Soll-IKS des Unternehmens

Liegt dem Aufgabensystem des Unternehmens-Soll-IKS eine von der des Prüfers abweichende Aufgabenzerlegung zugrunde, können im Soll-IKS des Unternehmens Überwachungsverfahren vorgesehen sein, die sich auf mehrere Überwachungsaufgaben im Soll-IKS des Prüfers beziehen. Ferner können im umgekehrten Fall mehrere Überwachungsverfahren des Unternehmens-Soll-IKS für die Lösung einer Überwachungsaufgabe des

Prüfer-Soll-IKS konzipiert sein. Bei den vom idealtypischen Zusammenhang zwischen Überwachungsaufgaben im Prüfer-Soll-IKS und Überwachungsverfahren im Unternehmens-Soll-IKS abweichenden Konstellationen lassen sich die Kombination, die Trennung und die Vervielfachung von Überwachungsverfahren unterscheiden. Sie bedürfen bei der Verfahrensbewertung bzw. bei der Ermittlung des Systemnutzenwertes besonderer Beachtung.

Bezieht sich ein Überwachungsverfahren im Soll-IKS des Unternehmens auf mehrere Überwachungsaufgaben des Prüfer-Soll-IKS, sind vom Standpunkt des idealtypischen Aufgaben-Verfahren-Zusammenhangs aus betrachtet, mehrere Verfahren zu einem einheitlichen Verfahren kombiniert. Es liegt eine **Verfahrenskombination** vor, die für die Lösung mehrerer Überwachungsaufgaben vorgesehen ist.[668] Die Überwachungsaufgaben, auf die sich das kombinierte Verfahren bezieht, können bezüglich der Überwachungssachzielkategorie dem gleichen und/oder verschiedenen Zielsystemen angehören.

Handelt es sich um Überwachungsaufgaben verschiedener Zielsysteme,[669] wird das Verfahren mehrfach, jeweils im Rahmen der unterschiedlichen Zielsysteme bewertet und beeinflußt damit den Zielerreichungsgrad des beurteilten IKS bei mehreren Überwachungssachzielen. Eine gesonderte Bewertung ist dabei nur insoweit erforderlich, als der

---

[668] Verfahrenskombination bedeutet nicht notwendigerweise auch die Bündelung der Überwachungsaufgaben bei nur einem Überwachungsträger.

[669] Beispielsweise sind viele der sog. Kontrollsummenverfahren und auch die sog. analytischen Verfahren nicht auf nur ein Überwachungssachziel "spezialisiert", sondern können regelmäßig neben Vollständigkeitsfehlern auch Authentizitätsfehler, Eindeutigkeitsfehler und die Richtigkeit betreffende Fehler aufdecken. Meist steht bei der Aufdeckung eines Fehlers noch nicht fest, um welche Art von Fehler es sich handelt. Vgl. dazu Kap. 3.2.2.1 auf S. 201. Auch die Fehleridentifikation an elementaren Überwachungsobjekten kann durch kombinierte Verfahren erfolgen, wenn die verglichenen Merkmale für mehrere Sachziele gelten. Ein Vergleichsobjekt, daß die Buchung von Ausgangsrechnungen nur auf Debitorenkonten zuläßt (materielle Richtigkeit) kann gleichzeitig die formelle Richtigkeit betreffende Fehler aufdecken. Ergibt der Vergleich eine Abweichung, handelt es sich um einen die materielle Richtigkeit betreffenden Fehler, wenn das angesprochene Konto im Kontenplan vorgesehen ist. Andernfalls betrifft der Fehler die formelle Richtigkeit.

Nutzenwert eines Verfahrens sachzielabhängig ist. Eine Sachzielabhängigkeit kann z.B. bei den Zielkriterien Aggregationsgrad der Überwachungsobjekte und Zweckmäßigkeit des Fehlereliminationsverfahrens gegeben sein.

Ein kombiniertes Überwachungsverfahren, das zur Erfüllung mehrerer Überwachungsaufgaben innerhalb eines Zielsystems vorgesehen ist, soll Fehler aus mehreren, parallel oder sequentiell abgewickelten Rechnungslegungsvorgängen aufdecken und beseitigen.[670] Abbildung 27 zeigt diese Situation beispielhaft für ein kombiniertes Verfahren (Verfahren 2/3), mit dem die Überwachung zweier sequentiell abgewickelter Rechnungslegungsvorgänge (RV2 und RV3) realisiert werden soll.

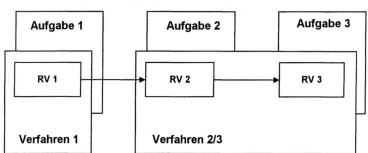

Abbildung 27: Kombiniertes Überwachungsverfahren zur Erfüllung mehrerer Überwachungsaufgaben

Das Scoring-Modell läßt sich auch für kombinierte Verfahren anwenden, wenn das Zielsystem entsprechend angepaßt und eine Neugewichtung vorgenommen wird, denn für die Anwendung der Zielkriterien bei der Be-

---

[670] Vgl. Adenauer, P., Internes Kontrollsystem, S. 79; Blum, E., Kontrolle, S. 237; Blum, E., NB 1980, S. 400. Im Sinne von Erfle unterstellt das Scoring-Modell idealtypisch einen "Kontrollumfang" von 1 (Fehleridentifikation und Fehlerelimination aus nur einem Rechnungslegungsvorgang), während die Überwachungsverfahren in der Praxis auch einen größeren "Kontrollumfang" haben können. Vgl. Erfle, W., Optimierung der Kontrolle, S. 17, 29, 63 f.

wertung kombinierter Verfahren ergeben sich keine Besonderheiten. Die Anpassung des Zielsystems betrifft die Zusammenfassung der vorgangsbezogenen Überwachungsaufgaben, die durch das kombinierte Verfahren abgedeckt werden. Im Beispiel entsteht aus der Zusammenfassung der Aufgaben 2 und 3 die Überwachungsaufgabe 2/3. Wenn die aggregierte Überwachungsaufgabe sich auf sequentiell abgewickelte Rechnungslegungsvorgänge bezieht,[671] sind von der Neugewichtung alle Überwachungsaufgaben im Zielsystem betroffen. Die Verschiebung in den Gewichten resultiert aus einer Reduktion der globalen, vorgangsübergreifenden (präventiven) Wirkung der Überwachung. Durch das Verfahren 2/3 im Beispiel kann nicht verhindert werden, daß Fehler aus dem Rechnungslegungsvorgang 2 in den Vorgang 3 eingeschleppt werden. Die präventive Wirkung, die mit einer gesonderten Überwachung des Vorgangs 2 verbunden wäre, entfällt. Im Vergleich zur ursprünglichen Gewichtung der drei Überwachungsaufgaben mit 3/6, 2/6 und 1/6[672] erhöht sich mit 3/5 das relative Gewicht für Aufgabe 1 und das Gewicht der Überwachungsaufgabe 2/3 ist mit 2/5 geringer als die Summe der ursprünglichen Gewichte der Aufgaben 2 und 3. Beziehen sich die durch das kombinierte Verfahren abgedeckten Überwachungsaufgaben auf parallel abgewickelte Rechnungslegungsvorgänge,[673] betrifft die Neugewichtung nur die neugewonnene, aggregierte Überwachungsaufgabe. Deren Gewicht entspricht der Summe der Gewichte der ursprünglichen Einzelaufgaben.

Beziehen sich mehrere Überwachungsverfahren im Soll-IKS des Unternehmens auf eine Überwachungsaufgabe, liegt eine **Verfahrenstrennung** vor, wenn eine (überschneidungsfreie) Aufteilung der elementaren Über-

---

[671] In diesem Fall entsteht das für das Verfahren relevante Überwachungsobjekt erst mit der Beendigung des jeweils letzten der sequentiellen Vorgänge.

[672] Vgl. Kap. 3.1.6.2 auf S. 103.

[673] In diesem Fall sind die Ergebnisse der Rechnungslegungsvorgänge nicht nur Überwachungsobjekte, sondern übernehmen für den jeweils anderen Vorgang auch die Rolle der (Ist-)Vergleichsobjekte. Ein typisches Beispiel ist der Vorgang der Journalbuchung mit paralleler Fortschreibung des Hauptbuches. Der Vergleich erfolgt zwischen der Journalbuchung und der Buchung im Hauptbuch. Vgl. dazu das bei Baetge, J., Überwachung, S. 195 angeführte Beispiel und Kap. 3.2.1.2.1 auf S. 144.

wachungsobjekte gegeben ist. Die Aufteilung der elementaren Überwachungsobjekte kann in einer Teilung der Objektmenge[674] und/oder in einer Teilung die Merkmale der Objekte bestehen. (Abbildung 28).

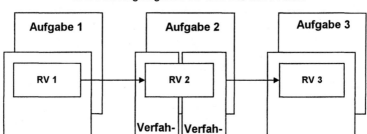

Abbildung 28: Getrennte Überwachungsverfahren zur Erfüllung einer Überwachungsaufgabe

Im Soll-IKS des Unternehmens getrennte Überwachungsverfahren lassen sich auf unterschiedliche Weise bei der Ermittlung des Systemnutzenwertes berücksichtigen. Eine Möglichkeit besteht darin, die Verfahren getrennt zu bewerten und ihre Nutzenwerte zu einem Gesamtnutzenwert zusammenzufassen. Dafür ist das Zielsystem zu modifizieren. Die Modifikation des Zielsystems folgt der Verfahrenstrennung im Soll-IKS des Unternehmens. Sie besteht in einer Zerlegung der vorgangsbezogenen Überwachungsaufgabe in die der Anzahl der Verfahren entsprechende Anzahl von Teilaufgaben. Der Gewichtungsfaktor der Überwachungsaufgabe wird beibehalten. Aus diesem wird das relative Gewicht der Teilaufgaben abgeleitet. Dabei kann sich die relative Gewichtung der Teilaufgaben nach ihrer Anzahl richten oder z.B. dem Aufteilungsverhältnis der Überwachungsobjekte folgen. Bei diesem Vorgehen ist trotz Verfahrenstrennung eine Aussage über die Wahrscheinlichkeit von Fehleridentifika-

---

[674] Zur Mengenteilung als Regelung der Arbeitsteilung vgl. Grochla, E., Gestaltung, S. 167.

tion und Fehlerelimination der durch den überwachten Vorgang verursachten Fehler möglich. Die Zusammenfassung der Nutzenwerte der einzelnen Verfahren kann additiv oder multiplikativ erfolgen. Bei muliplikativer Verknüpfung ist der Gesamtnutzenwert der Verfahren gleich Null, wenn nur eines der Verfahren als unwirksam beurteilt wird. Eine multiplikative Verknüpfung erscheint nicht sachgerecht, wenn zumindest eines der beteiligten Verfahren als wirksam eingestuft werden kann. Bei einer additiven Verknüpfung ist der Gesamtnutzenwert nur dann gleich Null, wenn alle an der Überwachung des Rechnungslegungsvorgangs beteiligten Verfahren nicht wirksam sind.

Eine isolierte Bewertung und additive Verknüpfung der Verfahrensnutzenwerte stellt eine Vereinfachung dar, die der Gesamtwirkung der Verfahren nicht immer gerecht wird. Sie gibt die Gesamtwirkung nicht zutreffend wieder, wenn der summarisch ermittelte Zielerreichungsgrad der Einzelverfahren von dem Zielerreichungsgrad abweicht, der sich aus einer Bewertung ergibt, bei der die Trennung der Einzelverfahren durch eine ganzheitliche Betrachtung für die Bewertung aufgehoben wird. Der Aufhebung der Verfahrenstrennung entspricht bei ganzheitlicher Betrachung die Bildung einer Bewertungseinheit.

Sind beispielsweise die Überwachungsobjekte mit gleichem Anteil auf zwei Verfahren aufgeteilt, können bei isolierter Betrachtung zwei Auswahlverfahren mit willkürlicher Auswahl und einem Auswahlsatz von 50 % gegeben sein. Bei einer Einzelbewertung wird diesen Verfahren nach der Nutzenfunktion des Zielkriteriums "Fehleridentifikationspotential"[675] jeweils ein absoluter Nutzenwert von 2 zugeordnet. Wird aus beiden Verfahren eine Bewertungseinheit gebildet, ergibt sich dagegen eine Vollüberwachung mit einem absoluten Nutzenwert von 10. Ohne Berücksichtigung anderer Zielkriterien weist die Bewertungseinheit ein höheren Zielerreichungsgrad auf, denn der absolute Nutzenwert der Bewertungseinheit ist höher als die Summe der absoluten Nutzenwerte (4) bei Einzelbewertung.

---

[675] Vgl. Tabelle 10 auf S. 175.

Auch wenn der absolute Nutzenwert der Bewertungseinheit mit der Summe der Nutzenwerte aus einer Einzelbewertung übereinstimmt, kann die Bewertungseinheit einen höheren Zielerreichungsgrad aufweisen, weil bei Einzelbewertung die Nutzenwerte der Verfahren im Rahmen der Wertsynthese nur anteilig, der Nutzenwert der Bewertungseinheit jedoch in vollem Umfang berücksichtigt wird. Besonders große Differenzen bei den Zielerreichungsgraden dürften sich regelmäßig ergeben, wenn bei Einzelbewertung die Verfahren (teilweise) als unwirksam eingestuft werden, die Bewertungeinheit jedoch als wirksam beurteilt wird. Betragen z.b. bei zwei getrennten Verfahren mit repräsentativer Auswahl die Auswahlsätze 5 % und 15 %, wird nach der Nutzenfunktion des Zielkriteriums "Fehleridentifikationspotential" das Verfahren mit dem Auswahlsatz von 15 % als wirksam (Nutzenwert 2) und das andere als unwirksam (Nutzenwert 0) beurteilt. Bei der Bildung einer Bewertungseinheit liegt ein Verfahren mit repräsentativer Auswahl und einem Auswahlsatz von 20 % (Nutzenwert 2) vor. Hinsichtlich dieses Zielkriteriums stimmen die absoluten Nutzenwerte der Bewertungseinheit und die Summe der absoluten Nutzenwerte bei Einzelbewertung zwar überein, in der summarischen Ermittlung des Zielerreichungsgrades fehlt jedoch der anteilige Nutzenbeitrag des als unwirksam eingestuften Verfahrens, so daß die Bewertungseinheit (ohne Berücksichtigung weiterer Zielkriterien) einen höheren Zielerreichungsgrad aufweist. Ähnliche Wirkungen kann die Bildung von Bewertungseinheiten auch bei dem Zielkriterium "Fehlerartenspektrum" haben. Die Bewertungseinheit verbindet möglicherweise unterschiedliche Auswahltechniken, so daß die Bewertungseinheit ein anderes Fehlerartenspektrum mit höherem absoluten Nutzenwert aufweist.[676]

---

[676] Mit der Bildung von Bewertungseinheiten kann ein breiteres Spektrum von Wirkungen erfaßt werden als nur "kompensatorische Effekte", die sich lediglich auf den Ausgleich von "Schwächen" durch "Stärken" beziehen. Kompensatorische Effekte erwähnen Blum, J. D./Di Antonio, A. E., JoA, December 1979, S. 54 und das IDW, WP-Handbuch Bd. I 1996, Abschn. P, Tz 154. Zustimmend wohl auch Quick, R., Risiken, S. 374. Da in dem genannten Schrifttum kompensatorische Wirkungen nur erwähnt, nicht jedoch erläutert werden bleibt unklar, ob die Autoren diese Wirkung als Folge einer Bewertungseinheit ansehen, oder ob diese aus einer Verfahrensvervielfachung resultiert.

Für andere Zielkriterien wirft die Bildung von Bewertungseinheiten Schwierigkeiten auf, die bei einer summarischen Einzelbewertung nicht auftreten. Bei einer Einzelbewertung kann z.b. von zwei getrennten Verfahren ein Verfahren hinsichtlich der Fehlerelimination als zweckmäßig, das andere als unzweckmäßig beurteilt werden. Wird eine Bewertungseinheit gebildet, kann die für das Zielkriterium "Zweckmäßigkeit" beispielhaft angeführte Nutzenfunktion[677] nicht angewendet werden, weil eine "mittlere" Ausprägung fehlt. Um derartige Fälle zu berücksichtigen, könnte die Nutzenfunktion um Zwischenausprägungen wie z.B. "teilweise zweckmäßig" oder "überwiegend zweckmäßig" ergänzt werden.

Ähnliche Schwierigkeiten treten bei den Kriterien "Aggregationsgrad der Überwachungsobjekte" und "Zuverlässigkeit der Vergleichsobjekte" sowie den Kriterien "Wiederholungsgrad" und "Zeitrestriktion" für die Fehlerelimination auf. Der eingeschränkten Anwendbarkeit der Nutzenfunktionen verschiedener Zielkriterien auf Bewertungseinheiten pauschal durch die Modifikation der hier beispielhaft angeführten Nutzenfunktionen oder durch die Vorgabe von ergänzender Bewertungsregeln zu begegnen, erscheint nicht sachgerecht. Denn die Schwierigkeiten können als zweckdienlicher Hinweis auf die Grenzen und damit auf die hier nicht weiter untersuchten Anwendungsvoraussetzungen von Bewertungseinheiten verstanden werden.

Beziehen sich mehrere Überwachungsverfahren des Unternehmens-Soll-IKS auf eine Überwachungsaufgabe des Prüfer-Soll-IKS, liegt eine **Verfahrensvervielfachung** vor, soweit es bei den elementaren Überwachungsobjekten zu Überschneidungen kommt. Die Überschneidung kann in einer vollständigen oder partiellen Übereinstimmung der Objektmenge und/oder der Merkmale der Objekte bestehen. Die Überschneidung hat eine Mehrfachüberwachung zur Folge (Abbildung 29).

---

[677] Vgl. Tabelle 13 auf S. 206.

Aus Abbildung 29 geht hervor, daß im Soll-IKS des Unternehmens zur Überwachung der Rechnungslegungsvorgänge 2 und 3 (RV2, RV3) mehrere Verfahren vorgesehen sind. Während die Verfahren 2 und 3 jeweils zur Lösung einer der Überwachungsaufgaben 2 bzw. 3 vorgesehen sind, handelt es sich bei Verfahren 2/3 um ein kombiniertes Verfahren, daß sich auf beide Überwachungsaufgaben bezieht.

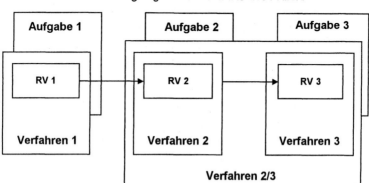

Abbildung 29: Vervielfachung von Überwachungsverfahren

Das Verfahren 2/3 erfaßt sowohl die Überwachungsobjekte von Verfahren 2 als auch von Verfahren 3, so daß es zu einer Mehrfachüberwachung der Rechnungslegungsvorgänge 2 und 3 kommt. Die Mehrfachüberwachung führt zur einer "Überwachung der Überwachung". Es entsteht eine Überwachungshierarchie.[678] Im Beispiel erstreckt sich die Korrekturwirkung des Verfahrens 2/3 auch auf Fehler, die bei der Anwendung der Verfahren 2 und 3 nicht aufgedeckt und beseitigt worden sind.

Der Korrekturwirkung einer Mehrfachüberwachung kann das Scoring-Modell wegen der überschneidungsfreien Definition der Ziele nicht unmittel-

---

[678] Vgl. die angeführten Beispiele bei Baetge, J./Mochty, L., Zuverlässigkeit und Wirtschaftlichkeit, S. 32; Erfle, W., Optimierung der Kontrolle, S. 63 f. Auch das Beispiel der zusätzlichen Endüberwachung durch einen Supervisor bei Baetge, J., Überwachung, S. 216 f. gehört dazu.

bar Rechnung tragen. Das Scoring-Modell verfügt über ein Zielsystem, das zwar hierarchisch aufgebaut ist, jedoch die Existenz von Überwachungshierarchien vernachlässigt, weil in der Verhaltensspezifikation des IKS eine Mehrfachüberwachung als Soll-Vorstellung des Abschlußprüfers keine Berücksichtigung gefunden hat. Bei der Ermittlung des Systemnutzenwertes kann deshalb nur jeweils eines der mehrfach auftretenden Verfahren berücksichtigt werden. Es besteht ferner die Möglichkeit, verschiedene Systemnutzenwerte/Kontrollrisiken zu ermitteln. Für das in Abbildung 29 angeführte Beispiel könnte ein Kontrollrisiko unter Berücksichtigung der Verfahren 1, 2 und 3 und ergänzend ein Kontrollrisiko unter Berücksichtigung von Verfahren 1 und Verfahren 2/3 ermittelt werden. Die Entscheidung für einen Systemtest wird dann in Abhängigkeit von dem jeweils niedrigeren Risikowert getroffen. Auf diese Weise lassen sich die bei Mehrfachüberwachung entstehenden kompensatorischen Effekte zumindest indirekt erfassen.[679]

---

[679] Damit dürfte der gleiche Effekt erzielt werden, wie die von Blum, J. D./Di Antonio, A. E., JoA, December 1979, S. 54 und vom IDW, WP-Handbuch Bd. I 1996, Abschn. P, Tz 154 vorgeschlagenen Vorgehensweisen zur Berücksichtigung kompensatorischer Effekte. Eine differenziertere Erfassung der Korrekturwirkung von Überwachungshierarchien ist mit analytischen Methoden möglich. Vgl. z.B. Erfle, W., Optimierung der Kontrolle, S. 63 ff.

4 Zusammenfassung

Die Verläßlichkeitsprüfung als erste Phase der Prüfung von IKS ist auf die vorläufige Beurteilung des IKS auf der Grundlage eines Soll-Soll-Vergleichs gerichtet. Dabei wird das Unternehmens-Soll-IKS mit dem Prüfer-Soll-IKS verglichen.

Scoring-Modelle sind Instrumente, mit denen Auswahlentscheidungen bei Mehrfachzielsetzungen unterstützt und begründet werden können. Der Einsatz eines Scoring-Modells im Rahmen der Verläßlichkeitsprüfung bedingt das Vorliegen einer Entscheidungssituation und die Möglichkeit, die Vorstellungen des Abschlußprüfers über ein die Ordnungsmäßigkeit des Rechnungslegungsprozesses im geprüften Unternehmen verläßlich sicherndes IKS mit den Elementen von Scoring-Modellen abzubilden. Elemente von Scoring-Modellen sind ein hierarchisch aufgebautes Zielsystem mit operationalen Zielkriterien auf der untersten Hierarchieebene, Nutzenskalen mit denen die Kriterienausprägungen in Nutzenwerte transformiert werden können und eine Aggregationsfunktion, mit der die rechnerische Ermittlung des Gesamtnutzenwertes aus Teilnutzenwerten geregelt wird.

Nach der Kennzeichnung der Entscheidungssituation des Abschlußprüfers bei der Beurteilung des Unternehmens-Soll-IKS wird ausgehend vom Aufgabensystem des Prüfer-Soll-IKS das Zielsystem des Scoring-Modells entwickelt. Auf diese Weise wird bei der Entwicklung des Zielsystems berücksichtigt, daß das Beurteilungsobjekt der Verläßlichkeitsprüfung nicht in dem unternehmensweiten, den gesamten Rechnungslegungsprozeß überwachenden IKS besteht, sondern Urteile über abgegrenzte IKS-Teilsysteme abgegeben werden sollen, die Teilprozesse der Rechungslegung überwachen. Im Hinblick auf das weitere prüferische Vorgehen sind differenzierte Urteile über den Grad der Zielerreichung bezüglich der einzelnen Überwachungssachziele (Sicherstellung von Vollständigkeit, Authentizität, Eindeutigkeit sowie der formellen und materiellen Richtigkeit) erforderlich, so daß Zielsysteme nach den verschiedenen Überwachungssachziele getrennt zu entwickeln sind. Jedes für die Beurteilung eines Unternehmens-Soll-IKS im Scoring-Modell entwickelte Zielsystem repräsentiert daher einen Ausschnitt aus dem Aufgabensystem des Prüfer-Soll-IKS.

Ausgangspunkt zur systematischen Erstellung jedes Zielsystems ist das bei der Beurteilung jeweils relevante Überwachungssachziel, das die Außensicht der Überwachungsaufgabe des zu beurteilenden IKS-Teilsystems unter Bezugnahme auf den zu überwachenden Rechnungslegungsteilprozeß kennzeichnet (Systemziel). Die zweite Ebene der Zielhierarchie setzt sich aus den Sachzielen der Überwachungsaufgaben zusammen, die im Aufgabensystem des Prüfer-Soll-IKS aus einer der Struktur des überwachten Rechnungslegungsprozesses folgenden Zerlegung der IKS-(Teil-)Systemaufgabe entstanden sind. Da im Aufgabensystem des Prüfer-Soll-IKS für jeden Rechnungslegungsvorgang als Element des zu überwachenden Rechnungslegungsprozesses eine Überwachungsaufgabe vorgesehen ist, wird mit der Übernahme der Sachziele dieser Aufgaben die Soll-Vorstellung des Abschlußprüfers von einer "lückenlosen Kontrolle jeder Arbeit" auch für das Zielsystem des Scoring-Modells übernommen. Die Ziele auf der zweiten Ebene des Zielsystems des Scoring-Modells sind durch den Bezug zum überwachten Rechnungslegungsvorgang "vorgangsspezifische Ausprägungen" des übergeordneten Systemziels. Jede vorgangsbezogene Überwachungsaufgabe wird für die Entwicklung der dritten Hierarchieebene in die Teilaufgaben Fehleridentifikation und Fehlerelimination zerlegt, um die aus der Aufdeckung und Beseitigung von Fehlern resultierende Korrekturwirkung der Überwachung im Scoring-Modell explizit abzubilden. Die vierte Hierarchieebene des Zielsystems bilden die Zielkriterien. Es wurden exemplarisch für die Fehleridentifikation vier Zielkriterien und für die Fehlerelimination drei Zielkriterien entwickelt. Die Zielkriterien erfassen Gestaltungsalternativen für verschiedene Klassen von Überwachungsregeln in ihren Auswirkungen auf den Zielerreichungsgrad der Fehleridentifikation bzw. den Zielerreichungsgrad der Fehlerelimination. Jede Kombination von Zielkriterienausprägungen beschreibt ein Überwachungsverfahren.

Die Analyse des auf diese Weise entstandenen Zielsystems ergibt, daß Ziele und Zielkriterien nicht vollständig nutzenunabhängig sind. Durch die Festlegung von Soll-Grenzen bei den Kriterienausprägungen wird eine bedingte Nutzenunabhängigkeit erreicht. Dadurch ist eine unabhängige Bewertung der Ausprägungen eines Zielkriteriums innerhalb der vorgegebenen Soll-Grenzen von den Ausprägungen anderer Kriterien möglich.

Die besondere Entscheidungssituation des Abschlußprüfers erfordert Nutzenskalen mit kardinalem Meßniveau. Die Nutzenskalen des Scoring-Modells unterstellen die Abbildung der Präferenzen des Abschlußprüfers auf Verhältnisskalen. Die zur Gewährleistung der bedingten Nutzenunabhängigkeit definierten Soll-Grenzen (Nebenbedingungen) für die Ausprägungen aller Zielkriterien liefern empirisch begründet fixierte Nullpunkte. Insoweit haben die Nutzenskalen der Zielkriterien tatsächlich Verhältnisskalenniveau. Die Gesamtheit unterschiedlicher Kombinationen von die jeweiligen Nebenbedingungen erfüllenden Kriterienausprägungen ergibt einen Katalog der aus Prüfersicht wirksamen Überwachungsverfahren, der den Überwachungsverfahren im Soll-IKS des Unternehmens als Vergleichsobjekt gegenübergestellt wird.

Die Zielgewichtung im Scoring-Modell folgt Bedeutungsunterschieden von Überwachungsaufgaben. Bedeutungsunterschiede von Überwachungsaufgaben werden durch die ablauforganisatorische Positionierung des überwachten Rechnungslegungsvorgangs in der Vorgangskette und der dadurch determinierten Reichweite der Überwachungswirkungen begründet. Aufbauend auf diesen Überlegungen wurde ein einfaches Vorgehen zur numerischen Bestimmung der Gewichtungsfaktoren entwickelt. Um das Kontrollrisiko unabhängig vom Inhärenten Risiko zu ermitteln, werden bei der Zielgewichtung Bedeutungsunterschiede von Überwachungsaufgaben, die sich aus der Zuverlässigkeit des überwachten Rechnungslegungsvorgangs ergeben, nicht berücksichtigt.

Bei der rechnerischen Ermittlung des Systemnutzenwertes werden absolute in relative Nutzenwerte transformiert. Die Wertsynthese erfolgt unter

Verwendung einer gemischt additiven und multiplikativen Amalgamierungsregel. Die Ermittlung des Nutzenwertes eines Überwachungsverfahren vollzieht sich durch Anwendung der multiplikativen Amalgamierungsregel bei exponentieller Gewichtung. Die additive Amalgamierungsregel mit multiplikativer Gewichtung wird zur Ermittlung des Systemnutzenwertes aus den Nutzenwerten der beteiligten Verfahren eingesetzt. Das Kontrollrisiko ergibt sich als Komplement des Systemnutzenwertes und stellt eine (gewogene) Durchschnittsgröße dar. Als Durchschnittsgröße ist der Kontrollrisikowert durch dieselben Vor- und Nachteile gekennzeichnet, die jeder Durchschnittsbildung anhaften.

Die Quantifizierungsproblematik für das Kontrollrisiko bei Akzeptanz eines kardinalen Meßniveaus[680] mit einem Punktbewertungsschema zu lösen, ist keineswegs neu. Gegenüber anderen Lösungsansätzen zeichnet sich das hier vorgeschlagene Konzept jedoch durch eine differenziertere Beurteilung aus. Denn mit der Unterscheidung zwischen Fehleridentifikation und Fehlerelimination ist nicht nur das geplante Vorgehen bei der Aufdeckung von Fehlern sondern sind auch die im Unternehemns-Soll-IKS vorgesehenen Regelungen zur Beseitigung von Fehlern Gegenstand der Beurteilung. Das Ergebnis dieser Beurteilung kommt in Zielerreichungsgraden für die Fehleraufdeckung und für die Fehlerbeseitigung zum Ausdruck. Bei anderen Scoring-Modellen zur vorläufigen Beurteilung von IKS wird nicht explizit zwischen Fehleridentifikation und Fehlerelimination unterschieden. Soweit nicht lediglich das "Vorhandensein" oder "Fehlen" einer "Kontrolle" zu beurteilen ist,[681] schließen die zu ermittelnden Wirkungsgrade sowohl die Aufdeckung als auch die Beseitigung von Fehlern ein[682]. Die explizite Bezugnahme auf Fehleridentifikation und Fehlerelimination reduziert nicht nur die Komplexität des Beurteilungsvorgangs, sondern schafft auch die Voraussetzung für eine differenzierte, nachvollziehbare Einschätzung des Wirkungsgrades des Überwachung, die qualitativen Beurteilunskonzepten

---

[680] Zur Kritik am kardinalen Meßniveau vgl. Eberle, D., Weiterentwicklung der Nutzwertanalyse, S. 25 ff.

[681] Vgl. Brown, R. G., JoA, November 1962, S. 52.

[682] In dieser Weise wohl Hanisch, H./Kempf, D., Revision und Kontrolle, S. 383 ff..

und anderen Scoring-Modellen fehlt.[683] Mit der Entwicklung der Zielkriterien für Fehleridentifikation und Fehlerelimination und ihren Nutzenfunktionen werden (möglicherweise) ohnehin anzustellende Überlegungen formalisiert. Die Anwendung der Nutzenfunktionen bewirken eine nachvollziehbare Beurteilung von Überwachungsverfahren des Unternehmens-Soll-IKS und liefern gleichzeitig Ansatzpunkte für eine aus der Sicht des Abschlußprüfers wirksamere Ausgestaltung der Überwachung. Da das Scoring-Modell die im Rahmen der Wertsynthese gebildeten Urteile über einzelne Überwachungsverfahren dokumentiert, liefert es differenzierte Informationen für nachfolgende Prüfungsphasen. Ein Informationsverlust aus der Bildung des Gesamturteils über das IKS-Teilsystem wird dadurch ausgeglichen.

Die Analyse des Beurteilungskonzeptes hat ergeben, daß sich durch eine Gewichtung jeder Überwachungsaufgabe im Verhältnis zur Bedeutung aller anderen Überwachungsaufgaben jeder Gewichtungsfaktor implizit auch die Bedeutung aller anderen Überwachungsaufgaben ausdrückt. Dadurch wirkt sich die Unwirksamkeit oder das Fehlen von Überwachungsverfahren entsprechend der Bedeutung der Überwachungsaufgaben aus.

Für die Bewertung der Überwachungsverfahren geht das Scoring-Modell von der idealtypischen Situation aus, daß die Aufgabenzerlegung des Soll-IKS des Unternehmens mit der Aufgabenzerlegung im Prüfer-Soll-IKS korrespondiert. Insoweit wird unterstellt, daß zu jeder Überwachungsaufgabe im Prüfer-Soll-IKS genau ein Überwachungsverfahren im Unternehmens-Soll-IKS existiert. Abweichungen von dieser idealtypischen Situation bedürfen besonderer Vorgehensweisen bei der der Aufstellung des Zielsystems, der Zielgewichtung und der Verfahrensbewertung. Diese Vorgehensweisen werden hier nur ansatzweise diskutiert. Dabei sind abweichende Aufgabenzerlegungen zwischen Prüfer-Soll-IKS und Unternehmens-Soll-IKS als mögliche Ursache für die in der Prüfungsliteratur

---

[683] Vgl. Hanisch, H./Kempf, D., Revision und Kontrolle, S. 383 ff.; Zaeh, P. E., Entscheidungsunterstützung, S. 222 ff.; 386 ff.

erwähnten "kompensatorischen Wirkungen von Kontrollen" erkannt worden. Eine systematische Analyse und Beschreibung der Abweichungen zwischen den Aufgabenzerlegungen ist deshalb Voraussetzung für eine adäqate Berücksichtigung kompensatorischer Wirkungen bei der Systembeurteilung.

Scoring-Modelle zielen darauf ab, das Wertsystem eines Entscheidungsträgers so abzubilden, daß gefällte Entscheidungen bei Kenntnis dieses Wertsystems und des Entscheidungsfeldes intersubjektiv nachprüfbar (nachvollziehbar) werden.[684] Die Verwendung eines Scoring-Modells zur vorläufigen Beurteilung von IKS zwingt den Abschlußprüfer zur expliziten und operationalen Formulierung seiner Zielvorstellungen von einem die Ordnungsmäßigkeit des Rechnungslegungsprozesses des geprüften Unternehmens verläßlich sichernden IKS. Die dafür erforderliche Präzisierung und Offenlegung seiner Präferenzstruktur machen den Beurteilungsvorgang und die Entscheidung über die Durchführung eines Systemtests transparent.[685] Durch eine möglichst präzise Definition und Abgrenzung der Ausprägungsklassen der Zielkriterien entstehen exakte Zuordnungsvorschriften zwischen Kriterienausprägungen und Nutzenwerten, so daß die Anwendung der vorgegebenen Nutzenskalen (im Gegensatz zu ihrer Bildung) nachvollziehbar ist. Dadurch ist die Gleichbehandlung (gleiche Bewertung) übereinstimmender Sachverhalte (Kriterienausprägungen) innerhalb einer Wirtschaftsprüfungsgesellschaft gewährleistet, auch wenn die mit der vorläufigen Beurteilung von IKS betrauten Mitarbeiter wechseln.[686] Wegen der Vorgabe der Amalgamierungsregel zur Ermittlung des Systemnutzenwertes ist die Nachvollziehbarkeit auch für Gewinnung des Gesamturteils über das beurteilte Teilsystem des IKS aus den Teilurteilen über die zum IKS gehörenden Überwachungsverfahren und deren Elemente gewährleistet. Anhand der zur Ableitung der Teilurteile herangezogenen Prüfungsnachweise ist eine Plausibilitätskontrolle der Prü-

---

[684] Vgl. Strebel, H., Forschungsplanung, S. 45.

[685] Vgl. Becker, W./Weber, J., Scoring-Modelle, S. 359.

[686] Vgl. Strebel, H., Forschungsplanung, S. 78.

fungsergebnisse möglich,[687] so daß die Verwendung eines Scoring-Modells bei der vorläufigen Beurteilung von IKS einen Beitrag zur Qualitätssicherung in der Wirtschaftsprüfung leistet.[688] Bei kontinuierlicher Anwendung wird ein Zeitvergleich über mehrere Jahre hinweg ermöglicht. Auf diese Weise ist die Fortentwicklung oder Vernachlässigung des IKS eines geprüften Unternehmens erkennbar.[689]

In Scoring-Modellen können beliebig viele Ziele berücksichtigt werden.[690] Diese Flexibilität von Scoring-Modellen wird genutzt, indem das Zielsystem an die Struktur des Rechnungslegungsprozesse angepaßt wird, den das zu beurteilenden Teilsystem des IKS überwachen soll. In Abhängigkeit von der Anzahl der zum überwachten Prozeß gehörenden Rechnungslegungsvorgänge variiert die Anzahl der Ziele auf der zweiten Ebene des Zielsystems. Die flexible Anpassung des Zielsystems öffnet das Beurteilungskonzept auch für die Einbeziehung weiterer Zielkriterien, wenn die Korrekturwirkung der Überwachung differenzierter beschrieben werden soll. Die für das Fehleridentifikationsziel verwendeten Zielkriteriengruppe läßt sich durch weitere Kriterien ergänzen. Beispielsweise könnte als zusätzliches Zielkriterium "Merkmale der Vergleichsobjekte" verwendet werden, um Relevanz und Vollständigkeit der an Überwachungsobjekten geprüften Merkmale im Hinblick auf das Überwachungssachziel zu beurteilen. Es ist ferner denkbar, den Einfluß von Gestaltungsvarianten der zum Überwachungsvorgang gehörenden Aktivität der Abweichungs- bzw. Fehleranalyse auf die Erreichung des Fehlereliminationsziels in einem eigenen Beurteilungskriterium zu erfassen.

Das Kernelement des hier vorgestellten Lösungsansatzes zur vorläufigen Beurteilung von IKS ist die Bewertung von Überwachungsverfahren. Die

---

[687] Vgl. Becker, W./Weber, J., Scoring-Modelle, S. 359.

[688] Zur Forderung nach Durchsicht der Prüfungsergebnisse als Bestandteil der Qualitätssicherung in der Wirtschaftsprüfung vgl. IDW/WPK, VO 1/95 - Qualitätssicherung, S. 530h.

[689] Vgl. Bankmann, J., WPg 1963, S. 396; Brown, R. G., JoA, November 1962, S. 53.

[690] Vgl. Kern, W./Schröder, H., Forschung und Entwicklung, S. 217.

Zielkriterien und ihre Ausprägungen sind überwachungsspezifisch, im Gegensatz zur Bewertung der Kriterienausprägungen jedoch nicht auf die hier unterschiedenen Sachziele beschränkt. Wenn bei der Aufstellung der Nutzenfunktionen der Sachzielbezug Berücksichtigung findet, läßt sich ohne Veränderung der Grundkonzeption die Korrekturwirkung von IKS auch bezüglich der Erfüllung anderer Sachziele ermitteln (z.b. der Sicherstellung der Autorisation durch Überwachung).

Der Anwendungbereich der Grundkonzeption ist nicht auf die Überwachung der Rechnungslegung oder die Verläßlichkeitsprüfung von IKS durch den Jahresabschlußprüfer beschränkt. Sie kann unternehmensintern bei der Bewertung unterschiedlicher Gestaltungsalternativen des IKS und zur Verläßlichkeitsprüfung durch die Interne Revision oder eine der Internen Revision vergleichbare externe Instanz eingesetzt werden. Darüber hinaus läßt sie sich auf die Beurteilung der Korrekturwirkung anderer ordnungsorientierter Überwachungssysteme übertragen. Insoweit erlangt das hier vorgestellte Konzept auch Bedeutung für die (vorläufige) Beurteilung des Soll-Überwachungssystems, das die Einhaltung der nach § 91 Abs. 2 AktG getroffenen Maßnahmen zur Erfassung und Kommunikation bestandsgefährdender Risiken sicherstellen soll.[691]

Überwachungsverfahren können nicht nur im Hinblick auf ihre Korrekturwirkung, sondern auch auf ihre Verhaltenswirkung beurteilt werden, denn auch die verhaltensbeeinflussenden Wirkungen der Überwachung hängen von der Ausgestaltung der Überwachungsverfahren ab.[692]. Die Struktur des hier vorgelegten Konzepts zeigt eine Möglichkeit zur Erfassung der beabsichtigten verhaltensbeeinflussenden Wirkungen von Überwachungsverfahren auf. Während die Korrekturwirkung eine Zieldifferenzierung in Fehleraufdeckung und Fehlerbeseitigung verlangt, zieht eine als Fehlerverhinderung verstandene Verhaltensbeeinflussung eine Unterscheidung in Lern-, Präventiv- und Sicherheitswirkung nach sich. Zur Er-

---

[691] Zur Prüfung dieses Überwachungssystems vgl. Giese, R., WPg 1998, S. 458; IDW, EPS 400, Tz 26, 29.

[692] Vgl. Göbel, R., Auswahlverfahren, S. 153 ff., S. 163 ff., 168 ff.

mittlung des Zielerreichungsgrades könnten zumindest teilweise die zur Feststellung des Zielerreichungsgrades der Fehleridentifikation verwendeten Zielkriterien eingesetzt werden, wenn die aus der abweichenden Zielsetzung resultierende Veränderung der Präferenzordnung[693] der Kriterienausprägungen in den Nutzenfunktionen Berücksichtigung findet. Wird die Fehlerverhinderungswirkung der Überwachung als eigenständige Komponente im Rahmen des Prüfungsrisikomodells erfaßt, lassen sich für Teilsysteme des IKS nach dem gleichen Schema wie für die Ermittlung der Korrekturwirkung entsprechende Zielsysteme aufstellen. Die hier vorgeschlagene Vorgehensweise bei der Gewichtung der Überwachungsaufgaben erscheint auch bei veränderter Zielsetzung plausibel. Bei einer Erfassung der Fehlerverhinderungswirkung im Rahmen des Inhärenten Risikos, fließt die Fehlerverhinderungswirkung der Verfahren risikomindernd in einzelne Risikofaktoren ein.

---

[693] Vgl. z.B. die abweichende Beurteilung zwischen Auswahlüberwachung und Vollüberwachung für die Präventivwirkung bei Göbel, R., Auswahlverfahren, S. 163.

Literaturverzeichnis

1. Monographien, Aufsätze, Beiträge in Sammelwerken

Adenauer, Patrick	Berücksichtigung des Internen Kontrollsystems bei der Jahresabschlußprüfung, Köln 1989 (Internes Kontrollsystem).
AICPA	Codification of Statements on Auditing Standards Numbers 1 to 72, Stand: 1. Januar 1994, New York 1994 (Professional Standards).
Arens, Alvin A. Loebbecke, James K.	Auditing - An Integrated Approach, 6. Aufl., Englewood Cliffs, New Jersey 1994 (Auditing).
Arthur Andersen Wirtschaftsprüfungsgesellschaft, Steuerberatungsgesellschaft mbH	Fachwörterbuch Rechnungslegung, Steuern, Bankwesen, EDV, 4. Aufl., Stuttgart 1996 (Fachwörterbuch).
AWV	Gesetzliche Anforderungen an moderne Verfahren zur Erfassung und Übermittlung von Buchhaltungsdaten, AWV-Schrift 09-528, Berlin 1993 (Buchhaltungsdaten).
AWV	Grundsätze ordnungsmäßiger DV-gestützter Buchführungssysteme (GoBS), AWV-Schrift 09-546, Eschborn 1995 (GoBS).
Baetge, Jörg	Auswahlprüfungen auf der Basis der Systemprüfung. In: Wirtschaft und Wissenschaft im Wandel, Festschrift für Carl Zimmerer zum 60. Geburtstag, o. Hg., Frankfurt/Main 1986, S. 45 - 63 (Auswahlprüfungen).
Baetge, Jörg	Grundsätze ordnungsmäßiger Buchführung. In: DB 1986, Beilage Nr. 26, S. 1 - 15.

Baetge, Jörg	Kontrolle. In: Vahlens großes Wirtschaftslexikon Bd. 1, hrsg. von Erwin Dichtl/Otmar Issing, 2. Aufl., München 1993, S. 1187.
Baetge, Jörg	Möglichkeiten der Objektivierung des Jahreserfolges, Düsseldorf 1970 (Objektivierung).
Baetge, Jörg	Überwachung. In: Vahlens Kompendium der Betriebswirtschaftslehre, hrsg. von Michael Bitz, Bd. 2, 3. Aufl., München 1993, S. 176 - 218 (Überwachung).
Baetge, Jörg Schuppert, Arno	Zur Wirtschaftlichkeit der Überwachung von Routinetätigkeiten. In: ZfB 1991, S. 1045 - 1061, 1131 - 1148.
Baetge, Jörg Feidicker, Markus	Vermögens- und Finanzlage, Prüfung der. In: HWRev, hrsg. von Adolf G. Coenenberg/Klaus von Wysocki, 2. Aufl. Stuttgart 1992, Sp. 2086 - 2107 (Vermögens- und Finanzlage)
Baetge, Jörg Mochty, Ludwig	Die Zuverlässigkeit und Wirtschaftlichkeit Interner Kontrollsysteme. In: Anwendung der Systemtheorie in Wirtschaft und Verwaltung, hrsg. von Harry Hauptmann/Karl-Ernst Schenk, Berlin 1980, S. 1 - 63 (Zuverlässigkeit und Wirtschaftlichkeit).
Baetge, Jörg Mochty, Ludwig	Entzieht sich die Kontrolle der Kontrolle? In: Information in der Wirtschaft, Verhandlungen auf der Arbeitstagung der Gesellschaft für Wirtschafts- und Sozialwissenschaften - Verein für Socialpolitik - in Graz 1981, hrsg. von Erich Streißler, Berlin 1982, S. 225 - 227 (Kontrolle der Kontrolle).
Bankmann, Jörg	Möglichkeiten der Beurteilung betrieblicher Kontrollsysteme unter besonderer Berücksichtigung des Internal Control Fragebogens. In: WPg 1963, S. 395 - 396.

Bauer, Jörg	Grundlagen einer handels- und steuerrechtlichen Rechnungspolitik der Unternehmung, Wiesbaden 1981 (Rechnungspolitik).
Bea, Franz Xaver Schnaitmann, Hermann	Begriff und Struktur betriebswirtschaftlicher Prozesse. In: WiSt 1995, S. 278 - 282.
Becker, Jörg Rosemann, Michael Schütte, Reinhard	Grundsätze ordnungsmäßiger Modellierung. In: WI 1995, S. 435 - 445.
Becker, Wolfgang Weber, Jürgen	Scoring-Modelle. In: Management-Enzyklopädie Bd. 8, 2. Aufl., München 1984, S. 345 - 359.
Berens, Wolfgang	Prüfung der Fertigungsqualität, Wiesbaden 1980 (Fertigungsqualität).
Berg, Claus C.	Organisationsgestaltung, Stuttgart 1981.
Berthel, Jürgen	Ziele. In: Lexikon der BWL, hrsg. von Hans Corsten, 3. Aufl., München/Wien 1995, S. 1072 - 1078.
Bieg, Hartmut	Buchführung und Buchführungsvorschriften, A 100. In: Beck HdR Bd. I, hrsg. von Edgar Castan/Gerd Heymann/ Eberhard Müller/ Dieter Ordelheide/ Eberhard Scheffler, München, Loseblattsammlung: Stand April 1998.
Bindlingmaier, Johannes Schneider, Dieter J. G.	Ziele, Zielsysteme und Zielkonflikte. In: HWB, hrsg. von Erwin Grochla/Waldemar Wittmann, 4. Aufl., Stuttgart 1976, Sp. 4731 - 4740 (Ziele).
Bitz, Michael Schneeloch, Dieter Wittstock, Wilfried	Der Jahresabschluß, 2. Aufl., München 1995 (Jahresabschluß).
Blocher, Edward Patterson, George F.	The Use of Analytical Procedures. In: JoA, February 1996, S. 53 - 55.

Blum, Egon	Betriebsorganisation, 3. Aufl., Wiesbaden 1991 (Betriebsorganisation).
Blum, Egon	Instrumente der Internen Kontrolle (1). In: NB 1980, S. 398 - 404.
Blum, Egon	Kontrolle, interne. In: HdVO, hrsg. von Hans Strutz, Köln 1982, S. 234 - 239 (Kontrolle).
Blum, James D. Di Antonio, Angelo E.	Sequence for studying, evaluating and testing internal control. In: JoA, December 1979, S. 53 - 56.
Böhmer, Georg-August Hengst, Franz-Josef Hofmann, Rolf Müller, Otto Puchta, Rudi	Interne Revision, Berlin 1981.
Bohr, Kurt	Wirtschaftlichkeit. In: HWR, hrsg. von Klaus Chmielewicz/ Marcel Schweitzer, 3. Aufl., Stuttgart 1993, Sp. 2181 - 2188.
Borchert, Dierk	Transaction Flow Auditing. In: HWRev, hrsg. von Adolf G. Coenenberg und Klaus von Wysocki, 2. Aufl., Stuttgart 1992, Sp. 1939 - 1950.
Boynton, William C. Kell, Walter G.	Modern Auditing, 6. Aufl., New York u.a. 1996.
Bretzke, Wolf-Rüdiger	Prognoseprüfung. In: HWRev, hrsg. von Adolf G. Coenenberg/Klaus von Wysocki, 2. Aufl., Stuttgart 1992, Sp. 1436 - 1443.
Brown, R. Gene	Objective Internal Control Evaluation. In: JoA, November 1962, S. 50 - 56.
Büchel, Alfred	Systems Engineering - Eine Einführung. In: IO 1969, S. 373 - 385.

Buchner, Robert	Rechnungslegung und Prüfung der Kapitalgesellschaft, 2. Aufl., Stuttgart 1992 (Rechnungslegung).
Budde, Wolfgang Dieter Kunz, Karlheinz	Kommentierung zu § 238 HGB. In: Beck BilKomm, 3. Aufl., München 1995.
Budde, Wolfgang Dieter Kunz, Karlheinz	Kommentierung zu § 243 HGB. In: Beck BilKomm, 3. Aufl., München 1995.
Carmichael, D. R.	The auditor's new guide to errors, irregularities and illegal acts. In: JoA, September 1988, S. 40 - 48.
Carmichael, Douglas R. Willingham, John J.	Auditing Concepts and Methods: A Guide to Current Auditing Theory an Practice, 4. Aufl., New York 1987 (Concepts and Methods).
Chmielewicz, Klaus	Unternehmungsziele und Rechnungswesen. In: HWR, hrsg. von Erich Kosiol/Klaus Chmielewicz/Marcell Schweitzer, 2. Aufl., Stuttgart 1981, Sp. 1606 - 1616 (Unternehmungsziele).
Churchman, C. West Ackoff, Russell L.	An Approximate Measure of Value. In: OR, May 1954, S. 172 - 187.
Corsten, Hans	Kontrolle. In: Lexikon der BWL, hrsg. von Hans Corsten, 3. Aufl., München/ Wien 1995, S. 475 - 479.
Daenzer, Walter F.	Systems engineering, Köln 1976.
Davis, Gordon, B. Adams, Donald, L. Schaller, Carol, A.	Auditing & EDP, 2. Aufl., New York 1983.
Defliese, Philip L. Jaenicke, Henry R. O'Reilly, Vincent M. Hirsch, Murray B.	Montgomery's Auditing, 11. Aufl., New York u.a. 1990.

Dellmann, Klaus	Ziele der Unternehmung. In: HWR, hrsg. von Klaus Chmielewicz/Marcell Schweitzer, 3. Aufl., Stuttgart 1993, Sp. 2245 - 2252.
Diehl, Carl-Ulrich	Risikoorientierte Abschlußprüfung - Gedanken zur Umsetzung in der Praxis. In: DStR 1993, S. 1114 - 1121.
Diehl, Carl-Ulrich	Strukturiertes Prüfungsvorgehen durch risikoorientierte Abschlußprüfung. In: Aktuelle Fachbeiträge aus Wirtschaftsprüfung und Beratung, Festschrift zum 65. Geburtstag von Hans Luik, hrsg. von der Schitag-Ernst & Young-Gruppe, Stuttgart 1991, S. 187 - 215 (Strukturiertes Vorgehen).
Dinkel, Fritz	Bilanz und Bewertung, Berlin 1974.
Dinkelbach, Werner:	Modell - ein isomorphes Abbild der Wirklichkeit. In: Modell- und Computergestützte Unternehmensplanung, hrsg. von Erwin Grochla/ Norbert Szyperski, Wiesbaden 1973, S. 151 - 162 (Isomorphes Abbild).
Dörner, Dietrich	Audit Risk. In: HWRev, hrsg. von Adolf G. Coenenberg/Klaus von Wysocki, 2. Aufl., Stuttgart 1992, Sp. 81 - 96.
Dörner, Dietrich	Risikoorientierte Abschlußprüfung. In: Risiken erkennen - Risiken bewältigen: Eine Aufgabe für Unternehmen, Berater und Prüfer, Bericht über die Fachtagung des IDW 1988, hrsg. vom IDW, Düsseldorf 1989, S. 339 - 350.
Dörner, Dietrich	Von der Wirtschaftsprüfung zur Unternehmensberatung. In: WPg 1998, S. 302 - 318.
Drexl, Andreas Salewski, Frank	Grundlagen für eine expertensystembasierte Beurteilung des Internen Kontrollsystems bei Abschlußprüfungen. In: ZfB 1991, S. 755 - 776.

Dubber, Oliver Franz, Peter	Über den Nutzen und Wert der Nutzwertanalyse in der öffentlichen Verwaltung, Speyer 1984 (Nutzwertanalyse).
Dürr, Heinz	Datenerfassung in der kommerziellen Datenverarbeitung, Berlin 1973 (Datenverarbeitung).
Eberle, Dieter	Fallbeispiele zur Weiterentwicklung der Standardversion der Nutzwertanalyse, Hannover 1981 (Weiterentwicklung der Nutzwertanalyse).
Egner, Henning	Betriebswirtschaftliche Prüfungslehre, Berlin 1980 (Prüfungslehre).
Eisele, Wolfgang	Die Technik des betriebliches Rechnungswesens: Buchführung - Kostenrechnung - Sonderbilanzen, 3. Aufl., München 1988 (Rechnungswesen).
Eisenführ, Franz Weber, Martin	Rationales Entscheiden, Berlin u.a. 1993.
Elliott, Robert K. Rogers, John R.	Relating Statistical Sampling to Audit Objectives. In: JoA, July 1972, S. 46 - 55.
Erfle, Walter	Die Optimierung der Kontrolle regelmäßig wiederkehrender Arbeitsprozesse, Würzburg/Wien 1985 (Optimierung der Kontrolle).
Euler, Karl August	Interne Kontrollen im Unternehmen, Berlin 1984 (Interne Kontrollen).
Faßnacht, Karl	Ziel-Mittel-Schema und Planung. In: HWP, hrsg. von Norbert Szyperski, Stuttgart 1989, Sp. 2296 - 2301 (Ziel-Mittel-Schema).
Ferstl, Otto K. Sinz, Elmar J.	Der Ansatz des Semantischen Objektmodells (SOM) zur Modellierung von Geschäftsprozessen. In: WI 1995, S. 209 - 220.

Ferstl, Otto K. Sinz, Elmar J.	Geschäftsprozeßmodellierung. In: WI 1993, S. 589 - 592.
Ferstl, Otto K. Sinz, Elmar J.	Grundlagen der Wirtschaftsinformatik Band 1, 3. Aufl., München 1998 (Wirtschaftsinformatik).
Fischer, Thomas	Die Gestaltung der internen Kontrolle bei elektronischer Datenverarbeitung, Winterthur 1976 (Gestaltung).
Franken, Rolf Frese, Erich	Kontrolle und Planung. In: HWP, hrsg. von Norbert Szyperski, Stuttgart 1989, Sp. 888 - 898.
Freiling, Claus	Systeme unternehmungsinterner Überwachung. In: WiSt 1978, S. 297 - 301.
Freiling, Claus Lück, Wolfgang	Interne Überwachung und Jahresabschlußprüfung. In: ZfbF 1986, S. 996 - 1006.
Freiling, Claus Lück, Wolfgang	Zusammenarbeit von Abschlußprüfer und Interner Revision. In: ZIR 1992, S. 268 - 276.
Frese, Erich	Arbeitsteilung und -bereicherung. In: HWProd, hrsg. von Werner Kern, Stuttgart 1979, Sp. 147 - 160 (Arbeitsteilung).
Frese, Erich	Aufgabenanalyse und -synthese. In: HWO, hrsg. von Erwin Grochla, 2. Aufl., Stuttgart 1980, Sp. 207 - 217.
Fröhlich, Martin	Finanzbuchführung mit Personal Computern, Düsseldorf 1988 (Finanzbuchführung).
Frühauf, Karol Ludewig, Jochen Sandmayr, Helmut	Software-Prüfung. Eine Anleitung zum Test und zur Inspektion, 3. Aufl., Zürich 1997.
Frysch, Jochen	Kontrollabbau in Kreditinstituten, Berlin 1995 (Kontrollabbau).

Gaebert, Hans-Joachim	Ist die Forderung nach Funktionstrennung und Vier-Augen-Prinzip heute noch sinnvoll? In: ZIR 1992, S. 277 - 279.
Gaitanides, Michael	Prozeßorganisation, München 1983 (Prozeßorganisation).
Gärtner, Michael	Analytische Prüfungshandlungen im Rahmen der Jahresabschlußprüfung, Marburg 1994 (Analytische Prüfungshandlungen).
Gärtner, Michael	Die Anwendung von analytischen Prüfungshandlungen. In: DB 1994, S. 949 - 951.
Gauntt, James E. Glezen, G. William	Analytical Auditing Procedures. In: Internal Auditor, February 1997, S. 56 - 60.
Giese, Rolf	Die Prüfung des Risikomanagementsystems einer Unternehmung durch den Abschlußprüfer gemäß KonTraG. In: WPg 1998, S. 451 - 458.
Göbel, Horst	Buchführung. In: Lexikon der Rechnungslegung und Abschlußprüfung, hrsg. von Wolfgang Lück, 2. Aufl., Marburg 1989, S. 162 - 164.
Göbel, Reimund	Interne Überwachung mit Hilfe von Auswahlverfahren, Berlin 1990 (Auswahlverfahren).
Göbel, Stefan	Risikoorientierte Datenprüfung bei unscharfen Informationen, Berlin 1998 (Datenprüfungen).
Göbel, Stefan Marx, Werner	Buchführungssysteme - Ordnungsmäßigkeit und Prüfung. In: Hofbauer/Kupsch, BHR, 2. Aufl., Bonn, Loseblattsammlung: Stand Februar 1999 (Buchführungssysteme).
Graham, Lynford E.	Audit Risk - Part I. In: The CPA Journal, August 1985, S. 12 - 21.
Graham, Lynford E.	Audit Risk - Part II. In: The CPA Journal, September 1985, S. 34 - 40.

Graham, Lynford E.	Audit Risk - Part III. In: The CPA Journal, October 1985, S. 36 - 43.
Grewe, Wolfgang	Kommentierung zu § 317 HGB. In: Hofbauer/Kupsch, BHR, 2. Aufl., Bonn, Loseblattsammlung: Stand Februar 1999.
Grochla, Erwin	Automation und Organisation, Wiesbaden 1966 (Automation).
Grochla, Erwin	Einführung in die Organisationstheorie, Stuttgart 1978 (Organisationstheorie).
Grochla, Erwin	Grundlagen der organisatorischen Gestaltung, Stuttgart 1982 (Gestaltung).
Grochla, Erwin	Management, Düsseldorf 1974.
Grochla, Erwin Meller, Friedrich	Datenverarbeitung in der Unternehmung. Band I: Grundlagen, Reinbek bei Hamburg 1974 (Datenverarbeitung Bd. I).
Günther, Hans-Ulrich	Interne Revision und Datenverarbeitung, Göttingen 1968 (Interne Revision).
Hagest, Joachim	Zur Logik der prüferischen Überzeugungsbildung bei Jahresabschlußprüfungen, München 1975 (Überzeugungsbildung).
Hamel, Winfried	Zielplanung. In: HWP, hrsg. von Norbert Szyperski, Stuttgart 1989, Sp. 2302 - 2316.
Hanisch, Heinz	Jahresabschlußprüfung bei Datenbanksystemen, Frankfurt/Main 1986 (Jahresabschlußprüfung).
Hanisch, Heinz Kempf, Dieter	Revision und Kontrolle von EDV-Anwendungen im Rechnungswesen, München 1990 (Revision und Kontrolle).
Harrmann, Alfred	Zum internen Kontrollsystem als Prüfungsgegenstand. In: DB 1980, S. 1083 - 1085.

Heigl, Anton Peemöller, Volker H.	Interne Revision in einer Rezessionsphase. In: ZIR 1995, S. 1 - 20.
Heinen, Edmund	Betriebswirtschaftliche Kostenlehre, 5. Aufl., Wiesbaden 1978 (Kostenlehre).
Heinen, Edmund	Grundfragen der entscheidungsorientierten Betriebswirtschaftlehre, München 1976 (Grundfragen).
Hermanson, Roger H. Strawser, Jerry R. Strawser, Robert H.	Auditing Theory and Practice, 4. Aufl., Homewood, Illinois 1987 (Auditing).
Hoffmann, Friedrich	Aufgabe. In: HWO, hrsg. von Erwin Grochla, 2. Aufl., Stuttgart 1980, Sp. 200 - 207 (Aufgabe).
Hofmann, Rolf	Unternehmensüberwachung, 2. Aufl., Berlin 1993.
Homburg, Christian	Modellgestützte Unternehmensplanung, Wiesbaden 1991 (Unternehmensplanung).
Horvath, Peter	Internes Kontrollsystem, allgemein. In: HWRev, hrsg. von Adolf G. Coenenberg/ Klaus von Wysocki, 2. Aufl., Stuttgart 1992, Sp. 881 - 896 (Internes Kontrollsystem).
Horvath, Peter Schäfer, Hans-Thomas	Prüfung bei automatisierter Datenverarbeitung, Herne/ Berlin 1983 (Datenverarbeitung).
IDW	Entwurf einer HFA-Stellungnahme: Erteilung und Verwendung von Software-Bescheinigungen. In: WPg 1998, S. 555 - 569.
IDW	EPS 400: Entwurf IDW Prüfungsstandard: Die Prüfung des Risikofrüherkennungssystems nach § 317 Abs. 4 HGB. In: WPg 1998, S. 927 - 931.

IDW	Fachgutachten 1/1988: Grundsätze ordnungsmäßiger Durchführung von Abschlußprüfungen. In: WPg 1989, S. 9 - 19.
IDW	Stellungnahme HFA 1/1988: Zur Anwendung stichprobengestützter Prüfungsmethoden bei der Jahresabschlußprüfung. In: WPg 1988, S. 240 - 247.
IDW	Stellungnahme HFA 4/1997: Projektbegleitende Prüfung EDV-gestützter Systeme. In: FN-IDW 1997, S. 522 - 525.
IDW	Stellungnahme HFA 7/1997: Zur Aufdeckung von Unregelmäßigkeiten im Rahmen der Jahresabschlußprüfung. In: WPg 1998, S. 29 - 33.
IDW	Wirtschaftsprüfer-Handbuch 1996, Handbuch für Rechnungslegung, Prüfung und Beratung, Bd. I, 11. Aufl., Düsseldorf 1996 (WP-Handbuch Bd. I 1996).
IDW/WPK	VO /1995: Zur Qualitätssicherung in der Wirtschaftsprüferpraxis. Gemeinsame Stellungnahme der WPK und des IDW. In: Beilage FN-IDW Nr. 12/1995, S. 530a - 530x.
IFAC	International Standards on Auditing (ISAs) - Autorisierte Übersetzung der Verlautbarungen der IFAC, hrsg. von der Wirtschaftsprüferkammer, Stand: April 1998, Stuttgart 1998 (International Standards).
Jäger, M./Oswald, P. Hohwieler, M. Steinhauser, R.	Finanzbuchhaltung. In: Betriebswirtschaftliche Anwendungen des integrierten Systems SAP R/3, hrsg. von Paul Wenzel, 2. Aufl., Wiesbaden 1996, S. 113 - 166.
Johnson, Kenneth P. Jaenicke, Henry R.	Evaluating Internal Control: Concepts, Guidelines, Procedures, Documentation, New York 1980 (Internal Control).

Kargl, Herbert	Fachentwurf für DV-Anwendungssysteme, München/Wien 1989 (DV-Anwendungssysteme).
Kendall, Robin	Risk Management, Wiesbaden 1998.
Kern, Werner Schröder, Hans-Horst	Forschung und Entwicklung in der Unternehmung, Reinbek bei Hamburg 1977 (Forschung und Entwicklung).
Kicherer, Hans-Peter	Grundsätze ordnungsmäßiger Abschlußprüfung, Berlin 1970 (Abschlußprüfung).
Kiger, Jack E. Scheiner, James H.	Auditing, Boston 1994 (Auditing).
Knop, Wolfgang	Eine Möglichkeit zur optimalen Planung einer einzelnen Jahresabschlußprüfung unter besonderer Berücksichtigung des internen Kontrollsystems, Frankfurt/Main 1983 (Möglichkeit zur optimalen Planung).
Knop, Wolfgang	Kommentierung zu § 240 HGB. In: Küting/ Weber, Handbuch der Rechnungslegung, 4. Aufl., Stuttgart 1995.
Knop, Wolfgang	Kontrollwirkung. In: Vahlens großes Wirtschaftslexikon Bd. 1, hrsg. von Erwin Dichtl/ Otmar Issing, 2. Aufl., München 1993, S. 1192 - 1193.
Knoth, Joachim	Progressive und retrograde Prüfung. In: HWRev, hrsg. von Adolf G. Coenenberg und Klaus von Wysocki, 2. Aufl., Stuttgart 1992, Sp. 1459 - 1468.
Knüppe, Wolfgang	Grundsätze ordnungsmäßiger Abschlußprüfung für Forderungen, Düsseldorf 1984 (Forderungen).
Köhler, Richard	Modelle. In: HWB, hrsg. von Erwin Grochla/ Waldemar Wittmann, 4. Aufl., Stuttgart 1975, Sp. 2701 - 2716.

Kosiol, Erich	Aufgabenträger. In: HWO, hrsg. von Erwin Grochla, Stuttgart 1969, Sp. 232 - 236.
Kosiol, Erich	Bausteine der Betriebswirtschaftslehre, Bd. 1, Methodologie, Grundlagen und Organisation, Berlin 1973 (Bausteine).
Kosiol, Erich	Modellanalyse als Grundlage unternehmerischer Entscheidungen. In: ZfhF 1961, S. 318 - 334.
Kosiol, Erich	Organisation der Unternehmung, Wiesbaden 1962 (Organisation).
Kosiol, Erich	Pagatorische Bilanz, Berlin 1976 (Pagatorische Bilanz).
Köster, Heinrich	Computer-gestützte Prüfungsmethoden, Düsseldorf 1974 (Prüfungsmethoden).
Krallmann, Hermann	Systemanalyse im Unternehmen, München 1994 (Systemanalyse).
Kreikebaum, Hartmut	Die Anpassung der Betriebsorganisation - Effizienz und Geltungsdauer organisatorischer Regelungen, Wiesbaden 1975 (Anpassung).
Krelle, Wilhelm Coenen, Dieter	Präferenz- und Entscheidungstheorie, Tübingen 1968 (Entscheidungstheorie).
Kromschröder, Bernhard	Ansätze zur Optimierung des Kontrollsystems der Unternehmung, Berling 1972 (Optimierung).
Kroneberger, Wolf	Die Auswertung des internen Kontrollsystems im Rahmen der Jahresabschlußprüfung. In: Wirtschaftprüfung und Wirtschaftsrecht, Beiträge zum 75jährigen Bestehen der Treuhand-Vereinigung AG, hrsg. von der Treuhand-Vereinigung AG, Stuttgart 1980, S. 201 - 234 (Internes Kontrollsystem).

Krüger, Wilfried	Techniken der organisatorischen Problemanalyse, Wiesbaden, o.Jg. (Problemanalyse).
Kupsch, Peter	Risikomanagement. In: Handbuch der Unternehmensführung, hrsg. von Hans Corsten/ Michael Reiß, Wiesbaden 1995, S. 530 - 543.
Kupsch, Peter	Unternehmungsziele, Stuttgart 1979 (Unternehmungsziele).
Kupsch, Peter Achtert, Frank	Der Grundsatz der Bewertungseinheitlichkeit in Handels- und Steuerbilanz. In: BB 1997, S. 1403 - 1411.
Kußmaul, Heinz	Kommentierung zu § 239 HGB. In: Küting/ Weber, Handbuch der Rechnungslegung, 4. Aufl., Stuttgart 1995.
Lachnit, Laurenz	Globalabstimmung und Verprobung. In: HWRev, hrsg. von Adolf G. Coenenberg/ Klaus von Wysocki, 2. Aufl., Stuttgart 1992, Sp. 719 - 742.
Lanfermann, Josef	Stichprobenprüfung, bewußte Auswahl. In: HWRev, hrsg. von Adolf G. Coenenberg/ Klaus von Wysocki, 2. Aufl., Stuttgart 1992, Sp. 1855 - 1862 (Bewußte Auswahl).
Leffson, Ulrich	Bilanzanalyse, 3. Aufl., Stuttgart 1984.
Leffson, Ulrich	Die Grundsätze ordnungsmäßiger Buchführung, 7. Aufl., Düsseldorf 1987 (GoB).
Leffson, Ulrich	Wirtschaftsprüfung, 4. Aufl., Wiesbaden 1988.
Leffson, Ulrich Lippmann, Klaus Baetge, Jörg	Zur Sicherheit und Wirtschaftlichkeit der Urteilsbildung bei Prüfungen, Düsseldorf 1969 (Sicherheit und Wirtschaftlichkeit).
Leopold, Heinzgeorg	Effektivität und Effizienz der Jahresabschlußprüfung. In: BFuP 1985, S. 308 - 322.

Leslie, Donald A.	Materiality - The concept and its application to auditing, Toronto 1985 (Materiality).
Lippmann, Klaus	Der Beitrag des ökonomischen Gewinns zur Theorie und Praxis der Erfolgsermittlung, Düsseldorf 1970 (Ökonomischer Gewinn).
Löffelholz, Josef	Wirtschaftlichkeit und Rentabilität. In: HWB, hrsg. von Erwin Grochla/Waldemar Wittmann, 4. Aufl., Stuttgart 1976, Sp. 4461 - 4467 (Wirtschaftlichkeit).
Lohse, Dieter	Wirtschaftskriminalität. In: WPK 1996, S. 144 - 150.
Lück, Wolfgang	Internes Überwachungssystem (IÜS). In: Stbg 1997, S. 424 - 431.
Lück, Wolfgang	Neuere Entwicklungen auf dem Gebiet der Internen Revision - auch von Interesse für den Wirtschaftsprüfer? In: WPK 1995, S. 195 - 205.
Lück, Wolfgang	Wirtschaftsprüfung und Treuhandwesen, Stuttgart 1991 (Wirtschaftsprüfung).
Lück, Wolfgang Makowski, Andreas	Internal Control. In: WPK 1996, S. 157 - 160.
Ludewig, Rainer	Abschlußprüfung und kriminelle Energien im Unternehmen. In: Internationale Wirtschaftsprüfung, Festschrift zum 65. Geburtstag von Hans Havermann, hrsg. von Josef Lanfermann, Düsseldorf 1995, S. 397 - 412 (Kriminelle Energien).
Marden, Ronald Edwards, Randy	Using Control Self-Assessment to Maintain Growth. In: Internal Auditing, Fall 1997, S. 15 - 19.
Martin, Albert S. Johnson, Kenneth P.	Assessing internal accounting control: A workable approach. In: Financial Executive, May 1978, S. 24 - 35.

Maul, Karl-Heinz	Grundlagen eines Internen Kontrollsystems. In: WPg 1977, S. 229 - 236.
Mednick, Robert	Transaction Flow Auditing. In: Financial Executive, July 1979, S. 58 - 64.
Meyer zu Lösebeck, Heiner	Unterschlagungs- und Veruntreuungsprüfung. In: HWRev, hrsg. von Adolf G. Coenenberg/ Klaus von Wysocki, 2. Aufl. Stuttgart 1992, Sp. 2003 - 2013 (Unterschlagungsprüfung).
Meyer zu Lösebeck, Heiner	Unterschlagungsverhütung und Unterschlagungsprüfung, Düsseldorf 1983 (Unterschlagungsverhütung).
Minz, Rainer	Computergestützte Jahresabschlußprüfung, Düsseldorf 1987 (Jahresabschlußprüfung).
Morgenstern, Oskar	Über die Genauigkeit wirtschaftlicher Beobachtungen, 2. Aufl., Wien/Würzburg 1965 (Genauigkeit).
Müller, Christian Kropp, Manfred	Die Überprüfung der Plausibilität von Jahresabschlüssen. In: DB 1992, S. 149 - 158.
Müller, Otto	Revision und Internal Control. In: ZIR 1979, S. 129 -137.
Müller, Wolfgang	Kontrolle, Organisation der. In: HWO, hrsg. von Erwin Grochla, 2. Aufl., Stuttgart 1980, Sp. 1082 - 1091 (Kontrolle).
Nagel, Thomas	Risikoorientierte Jahresabschlußprüfung, Sternenfels/Berlin 1997 (Jahresabschlußprüfung).
Nath, G. Stoeckmann, H.	Buchführung für steuer- und wirtschaftsberatende Berufe, 10. Aufl., Köln 1992 (Buchführung).

Nieschlag, Robert Dichtl, Erwin Hörschgen, Hans	Marketing, 14. Aufl., Berlin 1985.
Nordsieck, Fritz	Betriebsorganisation - Lehre und Technik, Tafelband, 2. Aufl., Stuttgart 1972 (Betriebsorganisation - Tafelband).
Nordsieck, Fritz	Betriebsorganisation - Lehre und Technik, Textband, 2. Aufl., Stuttgart 1972 (Betriebsorganisation - Textband).
Nordsieck, Fritz	Betriebsorganisation, 4. Aufl., Stuttgart 1961.
Nordsieck, Fritz	Die schaubildliche Erfassung und Untersuchung der Betriebsorganisation, 6. Aufl., Stuttgart 1962 (Schaubildliche Erfassung).
Nordsieck, Fritz	Graphische Darstellung der formalen Fehlerkontrollen in der Bankbuchhaltung unter besonderer Berücksichtigung der Kontokorrentkontrollen. In: ZfhF 1929, S. 145 - 169.
Nordsieck, Fritz Nordsieck-Schröer, Hildegard	Aufgabe. In: HWO, hrsg. von Erwin Grochla, Stuttgart 1969, Sp. 191 - 199.
Nourayi, Mahmoud M. Azad, Ali N.	The Impact of Time Budget Pressure on Internal Auditor's Behavior. In: Internal Auditing, Summer 1997, S. 42 - 50.
Odenthal, Roger	Unterschlagungsprüfung und -prophylaxe mit Hilfe von EDV-Unterstützung. In: DStR 1996, S. 477 - 481.
Odenthal, Roger	Verfahren und Instrumente zur Aufdeckung wirtschaftskrimineller Handlungen (I). In: ZIR 1997, S. 241 - 249.
Peemöller, Volker H. Husmann, Rainer Dumpert, Michael	Self-Auditing als Instrument der Internen Revision. In: BBK 1998, Fach 28, S. 1129 - 1138.

Peemöller, Volker H. Keller, Bettina	Controlling/Planung. In: Handbuch der Betriebswirtschaftlichen Beratung, hrsg. von Karlheinz Küting, Herne/Berlin 1998, S. 323 - 371.
Philipp, Mathias	Ordnungsmäßige Informationssysteme im Zeitablauf - Umsetzung der GoBS im Informationssystem-Lebenszyklus. In: WI 1998, S. 312 - 317.
Post, Kurt Post, Manfried	Die Unterschlagung im Betrieb und ihre Bekämpfung unter Berücksichtigung der elektronischen Datenverarbeitung, 3. Aufl., Köln 1971 (Unterschlagung).
Quick, Reiner	Die Risiken der Jahresabschlußprüfung, Wiesbaden 1996 (Risiken).
Reckel, Gerhard	Zum Aufbau wirksamer Kontrollsysteme der betrieblichen Datenverarbeitung, Frankfurt/Main 1974 (Kontrollsysteme).
Reinhardt, Fritz Soeder, Heinrich	dtv-Atlas zur Mathematik, Bd. 1: Grundlagen, Algebra und Geometrie, München 1987 (Mathematik).
Reuter, Andreas	Maßnahmen zur Wahrung von Sicherheits- und Integritätsbedingungen. In: Datenbank Handbuch, hrsg. von Lockemann, P. C./ Schmidt, J. W., Berlin/Heidelberg 1987, S. 336 - 479 (Integritätsbedingungen).
Richter, Martin	Gewinnrealisierung bei langfristiger Fertigung. In: US-amerikanische Rechnungslegung, hrsg. von Wolfgang Ballwieser, Stuttgart 1995, S. 125 - 151 (Langfristige Fertigung).
Ronneberger, Rudolf	Das innerbetriebliche Kontroll-System (Internal Control-System) als Organisations-Grundsatz. In: ZfO, Januar/Februar 1961, S. 19 - 22.

Ronneberger, Rudolf	System und Grundsätze der innerbetrieblichen Überwachung, hrsg. vom AWV, Arbeitskreis "Das innerbetriebliche Überwachungssystem als Grundsatz der Betriebsorganisation", AWV-Schriftenreihe Nr. 112, Berlin 1964 (Innerbetriebliche Überwachung).
Rückle, Dieter	Zur Diskussion um systemkonforme Prüfungsansätze. In: BFuP 1980, S. 54 - 73.
Sanders, Michael	Quantitative Analyse Interner Kontrollsysteme, Berlin 1987 (Quantitative Analyse).
SAP AG	Das Vertriebssystem der SAP (System R/3), Walldorf 1994 (Vertriebssystem).
Scherff, Jürgen	Gewährleistung der semantischen Datenintegrität von relationalen Datenbanken. In: HMD 1992, Nr. 163, S. 62 - 79.
Schlageter, Gunter Stucky, Wolffried	Datenbanksysteme: Konzepte und Modelle, Stuttgart 1983 (Datenbanksysteme).
Schmick, Hinrich	EDV-Buchführung, A 121. In: Beck HdR Bd. I, hrsg. von Edgar Castan/Gerd Heymann/ Eberhard Müller/Dieter Ordelheide/Eberhard Scheffler, München, Loseblattsammlung: Stand April 1998.
Schmidt, Horst	Betriebsorganisation und Informationswesen, Herne/Berlin 1976 (Betriebsorganisation).
Schnider, Josef Alois	Interne Kontrolle, Winterthur 1972.
Schrammel, Rudolf	Kontrolle und Revision bei maschineller Datenverarbeitung, Berlin 1969 (Kontrolle und Revision).
Schruff, Lothar	Der neue Bestätigungsvermerk vor dem Hintergrund internationaler Entwicklungen. In: WPg 1986, S. 181 - 185.

Schulte, Elmar B.	Quantitative Methoden der Urteilsgewinnung bei Unternehmensprüfungen, Düsseldorf 1970 (Quantitative Methoden).
Schulze, Hans Herbert	Computer-Enzyklopädie, Reinbek bei Hamburg 1989.
Schulze, Hans-Herbert	Zum Problem der Messung des wirtschaftlichen Handelns mithilfe der Bilanz, Berlin 1966 (Messung).
Schuppenhauer, Rainer	Die neuen GoBS - wie stehen sie zur Beweiskraft der Buchführung? In: WPg 1996, S. 691 - 702.
Schuppenhauer, Rainer	Grundsätze für eine ordnungsmäßige Datenverarbeitung. Handbuch der EDV-Revision, 4. Aufl., Düsseldorf 1992 (GoDV).
Schuppert, Arno	Abweichungsanalyse. In: Vahlens großes Wirtschaftslexikon Bd. 1, hrsg. von Erwin Dichtl/Otmar Issing, 2. Aufl., München 1993, S. 24 - 25.
Schuppert, Arno	Die Überwachung betrieblicher Routinetätigkeiten, Frankfurt/Main 1985 (Routinetätigkeiten).
Schury, Frank	Outsourcing der Internen Revision? In: ZIR 1995, S. 265 - 268.
Schwaderer, Jörg Dinnebier, Olaf	Kontrollsystem bei EDV-Verfahren. In: ZIR 1979, S. 197 - 214.
Schwarz, Horst	Betriebsorganisation als Führungsaufgabe, 8. Aufl., München 1977 (Betriebsorganisation).
Schweitzer, Marcell	Struktur und Funktion der Bilanz, Berlin 1972 (Struktur und Funktion).
Selchert, Friedrich Wilhelm	Jahresabschlußprüfung der Kapitalgesellschaften, 2. Aufl., Wiesbaden 1996 (Jahresabschlußprüfung).

Sieben, Günter Duck, Klaus Minz, Rainer Swart, Christoph	Prüfung von Dialog-Buchführungssystemen, Herne/Berlin 1987 (Dialog-Buchführungssysteme).
Sieben, Günter Schildbach, Thomas	Betriebswirtschaftliche Entscheidungstheorie, 4. Aufl., Düsseldorf 1994 (Entscheidungstheorie).
Sinz, Elmar J.	Ansätze zur fachlichen Modellierung betrieblicher Informationssysteme - Entwicklung, aktueller Stand und Trends, Bamberger Beiträge zur Wirtschaftsinformatik Nr. 34, Bamberg 1995.
Sieper, H.-P. Müller, H.	Kostenoptimierung der Qualitätskontrolle mit Hilfe EDV-gestützter Simulation. In: fir, Dezember 1974, S. 1 - 24.
Sikorski, Ralf	Buchführung, 3. Aufl., München 1994.
Sobol, Michael I.	Prüfung von Anwendungssoftware. In: Ein praktischer Führer zur Revision in der Datenverarbeitung, hrsg. von James Hannan, Braunschweig 1990, S. 147 - 156 (Anwendungssoftware).
Sperl, Andreas	Prüfungsplanung, Düsseldorf 1978.
Spieth, Eberhard	Interne Revision und Wirtschaftsprüfung. In: ZIR 1979, S. 41 - 50.
Stachowiak, Herbert	Allgemeine Modelltheorie, Wien/New York 1973 (Modelltheorie).
Steinbuch, Pitter A.	Organisation, 9. Aufl., Ludwigshaven 1995.
Stibi, Eva	Prüfungsrisikomodell und Risikoorientierte Abschlußprüfung, Düsseldorf 1995 (Prüfungsrisikomodell).

Stomberg, Rolf	Organisation der Kontrolle aus entscheidungstheoretischer Sicht, Hamburg 1969 (Organisation der Kontrolle).
Strebel, Heinz	Forschungsplanung mit Scoring-Modellen, Baden-Baden 1975 (Forschungsplanung).
Strebel, Heinz	Scoring-Methoden als Entscheidungshilfen bei der Wahl von Forschungs- und Entwicklungsprojekten. In: Rechnungswesen und Betriebswirtschaftspolitik, Festschrift für Gerhard Krüger, hrsg. von Manfred Layer/Heinz Strebel, Berlin 1969, S. 215 - 278 (Scoring-Methoden).
Strebel, Heinz	Scoring-Modelle im Lichte neuer Gesichtspunkte zur Konstruktion praxisorientierter Entscheidungsmodelle. In: DB 1978, S. 2181 - 2186.
Streitferdt, Lothar	Entscheidungsregeln zur Abweichungsauswertung, Würzburg 1983 (Abweichungsauswertung).
Swart, Christoph	Systemprüfung, Düsseldorf 1988.
Thieme, Hans-Rudolf	Verhaltensbeeinflussung durch Kontrolle, Berlin 1982 (Verhaltensbeeinflussung).
Thom, Norbert	Kontrolle. In: HWR, hrsg. von Klaus Chmielewicz/ arcell Schweitzer, 3. Aufl., Stuttgart 1993, Sp. 1140 - 1145.
Thomas, Axel	Beiträge zum Auf- und Ausbau eines IKS bei SAP-Anwendern. In: WI 1994, S. 215 - 222.
Thomas, Axel	IKS - in und mit qualifizierter Standard-Anwendungssoftware - dargestellt am Beispiel SAP. In: WPg 1994, S. 137 - 144.
Treuz, Wolfgang	Betriebliche Kontroll-Systeme. Struktur und Verhalten in der Betriebspraxis sowie ihre Bedeutung für die Unternehmensführung, Berlin 1974 (Kontroll-Systeme).

Uhlig, Bernhard	Vorratsinventur, A 220. In: Beck HdR Bd. I, hrsg. von Edgar Castan/Gerd Heymann/ Eberhard Müller/Dieter Ordelheide/ Eberhard Scheffler, München, Loseblattsammlung: Stand April 1998.
Ulrich, Hans	Die Unternehmung als produktives soziales System, 2. Aufl., Bern/Stuttgart 1970 (Unternehmung).
van Belkum, Johannis W. van't Klooster, Albertus J.	Kontrolle und Revision bei automatischer Datenverarbeitung, Wiesbaden 1967 (Kontrolle und Revision).
Vasarhelyi, Miklos A.	A Taxonomization of Internal Controls and Errors for Audit Research. In: Auditing Symposium V, University of Kansas, Kansas 1980, S. 41 - 58 (Taxonomization).
Vasarhelyi, Miklos A. Lin, Thomas W.	Fundamentals of EDP and Statistical Audit Technology, Reading, Massachusetts 1988 (Fundamentals).
von Wysocki, Klaus	Grundlagen des betriebswirtschaftlichen Prüfungswesens, 3. Aufl., München 1988 (Prüfungswesen).
von Wysocki, Klaus Brand, Hans	Wirtschaftsprüfung und Wirtschaftsprüfungswesen. In: HdWW Bd. 9, hrsg. von Willi Albers/Karl Erich Born u.a., Stuttgart 1982, S. 206 - 238.
von zur Mühlen, Rainer A. H.	Computer-Kriminalität, Neuwied 1973.
Wallace, Wanda A.	Auditing, 3. Aufl., Cincinnati, Ohio 1995.
Waller, William S.	Auditors' Assessments of Inherent and Control Risk in Field Settings. In: AR, October 1993, S. 783 - 803.

Wanik, Otto	Internes Kontrollsystem, Prüfung. In: HWRev, hrsg. von Adolf G. Coenenberg/Klaus von Wysocki, 2. Aufl., Stuttgart 1992, Sp. 896 - 908 (Internes Kontrollsystem).
Weber, Martin Krahnen, Jan Weber, Adelheid	Scoring-Verfahren - häufige Anwendungsfehler und ihre Vermeidung. In: DB 1995, S. 1621 - 1626.
Weißenberger, Barbara E.	Die Informationsbeziehung zwischen Management und Rechnungswesen, Wiesbaden 1997 (Informationsbeziehung).
Wiedmann, Harald	Ansätze zur Fortentwicklung der Abschlußprüfung. In: WPg 1998, S. 338 - 350.
Wiedmann, Harald	Der risikoorientierte Prüfungsansatz. In: WPg 1993, S. 13 - 25.
Wittmann, Alois:	Systemprüfung und ergebnisorientierte Prüfung, Regensburg 1981 (Systemprüfung).
Wöhe, Günter	Einführung in die Allgemeine Betriebswirtschaftslehre, 17. Aufl., München 1990 (Allgemeine BWL).
Wolff, Gerhardt	Die Aussagefähigkeit der Steuerbilanz für die Prüfung der Kreditwürdigkeit einer Personengesellschaft, Berlin 1977 (Aussagefähigkeit).
Zaeh, Philipp E.	Entscheidungsunterstützung in der risikoorientierten Abschlußprüfung: prozeßorientierte Modelle zur EDV-technischen Quantifizierung der Komponenten des prüfungsrisikos unter besonderer Würdigung der Fuzzy-Logic, Landsberg/Lech 1998 (Entscheidungsunterstützung).
Zangemeister, Christof	Nutzwertanalyse in der Systemtechnik, 4. Aufl., München 1976 (Nutzwertanalyse).
Zens, Manfred	Geschäftsvorfall. In: Lexikon der Betriebswirtschaft, hrsg. von Wolfgang Lück, Landsberg/Lech 1993, S. 499.

Zepf, Günter	Buchführungssysteme und Grundsätze ordnungsmäßiger Buchführung. In: HdJ, hrsg. von Klaus von Wysocki/Joachim Schulze-Osterloh, Köln, Loseblattsammlung, Abt. I/3, 2. Bearbeitung 1998 (Buchführungssysteme).
Zepf, Günter	Grundsätze ordnungsmäßiger DV-gestützter Buchführungssysteme - Erläuterungen zu den GoBS für die Praxis. In: DStR 1996, S. 1259 - 1263.
Zillessen, Wolfgang	Systemprüfung datenbankgestützter Informationssysteme, Berlin 1985 (Systemprüfung).
Zimmermann, Werner Fries, Hans-Peter	Betriebliches Rechnungswesen, 6. Aufl., München 1995 (Rechnungswesen).
Zünd, Andre	Revisionslehre, Winterthur 1982.

2. Kommentare

Adler, Hans Düring, Walther Schmaltz, Kurt	Rechnungslegung und Prüfung der Unternehmen: Kommentar zum HGB, AktG, GmbHG, PublG nach den Vorschriften des Bilanzrichtlinien-Gesetzes, Teilband 6, 6. Aufl., Stuttgart 1998 (ADS).
Adler, Hans Düring, Walther Schmaltz, Kurt	Rechnungslegung und Prüfung der Unternehmen: Kommentar zum HGB, AktG, GmbHG, PublG nach den Vorschriften des Bilanzrichtlinien-Gesetzes, Loseblattausgabe Sammelordner III, 5. Aufl., Stuttgart 1987 (ADS 1987).
Beck'scher Bilanz-Kommentar	Handels- und Steuerrecht - §§ 238 bis 339 HGB - bearb. von Wolfgang Dieter Budde/ Hermann Clemm/Helmut Ellrott/ Gerhardt Förschle/Christian Schnicke, 3. Aufl., München 1995 (Beck Bil-Komm).
Bonner Handbuch Rechnungslegung	Textsammlung - Einführung - Kommentierung, hrsg. von Max A. Hofbauer/Werner Albrecht/ Wolfgang Grewe/Peter Kupsch/ Gerhard Scherrer, 2. Aufl., Bonn, Loseblattsammlung: Stand Februar 1999 (Hofbauer/Kupsch, BHR).
Küting, Karlheinz Weber, Claus-Peter	Handbuch der Rechnungslegung, Kommentar zur Bilanzierung und Prüfung, Band. Ia, 4. Aufl., Stuttgart 1995 (Küting/Weber, Handbuch der Rechnungslegung).

Peter Lang · Europäischer Verlag der Wissenschaften

Thomas Reichmann / Monika Palloks (Hg.)

Kostenmanagement und Controlling

Frankfurt/M., Berlin, Bern, New York, Paris, Wien, 1998.
VIII, 303 S., zahlr. Graf.
Schriften zum Controlling. Herausgegeben von Thomas Reichmann. Bd. 18
ISBN 3-631-32280-1 · br. DM 78.–*

Die rezessiven Entwicklungen und die Diskussion um die schlanken Unternehmen seit Beginn der 90er Jahre haben zu einer Verlagerung der Informationsadressaten des Controlling geführt. Damit verbunden sind weitaus höhere Ansprüche an die konzeptionelle und anwendungsbezogene Ebene des Controlling. Bei allem Wandel ist das interne Rechnungswesen, und hier insbesondere die betriebliche Kostenrechnung, der zentrale Informationslieferant für das Controlling geblieben, denn die Aufgabe besteht nach wie vor darin, entscheidungsrelevante Informationen bereitzustellen. Wurde mit der Kostenrechnung lange Zeit fast ausschließlich die Unterstützung operativer Entscheidungen intendiert, geht heute das Verständnis von Kostenbeeinflussung weiter und stellt ein auf die Flexibilisierung von Kostenstrukturen ausgerichtetes Controlling in den Mittelpunkt der Kostengestaltung. In diesem Buch werden neuere Entwicklungen des modernen Kostenmanagement vorgestellt und Lösungsansätze zur Aufdeckung von Rationalisierungspotentialen entlang der gesamten Wertschöpfungskette diskutiert.

Aus dem Inhalt: Management und Controlling · Neuere Entwicklungen im kennzahlengestützten Controlling · DV-Lösungen und -Applikationen im Controlling

Frankfurt/M · Berlin · Bern · New York · Paris · Wien
Auslieferung: Verlag Peter Lang AG
Jupiterstr. 15, CH-3000 Bern 15
Telefax (004131) 9402131
*inklusive Mehrwertsteuer
Preisänderungen vorbehalten